陰謀論はなぜ生まれるのか

Qアノンとソーシャルメディア

マイク・ロスチャイルド

烏谷昌幸・昇亜美子 訳

慶應義塾大学出版会

本書をわたしの知るもっとも聡明な人物、
ジョン・C・ガーナーに捧げる

日本の読者のみなさんへ

本書に関心をもってくださり、誠にありがとうございます。Qアノンはアメリカで生まれ、主としてアメリカの政治にかかわる陰謀論を生み出してきましたが、瞬く間に国際的な陰謀論のムーブメントにまで成長を遂げました。アメリカ以外の国におけるQ信仰の詳細は、それぞれの国の文化や政治によって異なりますが、その根底にあるものは同じです。すなわち、いずれの国においても、Q信者たちは「答え」と「秩序」を求め、真実が隠されていると信じ、専門家やメディアのいうことを信用せず、秘密の知識こそが「悪い連中」の恐怖の支配を終わらせる鍵なのだと信じているのです。

本書を通じて、読者の皆様がQアノンへの理解を深めて下さることを願ってやみません。同時に、なぜ陰謀論がこれほど猛威をふるうのかについても深く知っていただければと思います。陰謀論的な思考と一切無縁な社会や人間の集団というものは存在しません。にもかかわらず、今日陰謀論の問題が特別深刻な意味合いを持つのは、あまりにも多くの地球規模の動乱が同時多発的に発生しており、ソーシャルメディアがそれらについての噂をかつてないほどの速さで拡散しているためです。陰謀論のムーブメントがなぜ人々の心をとらえるのかを理解することは、陰謀論にハマってしまった人たちを助け出す上でも決定的に重要なことです。そうであればこそ、本書を手に取った読者のみなさんが、陰謀論への理解を深めるための一歩を踏み出して下さることに感謝する次第です。

二〇二三年一〇月一八日

マイク・ロスチャイルド

目次

日本の読者のみなさんへ　v

イントロダクション　世界を救うための計画　1

第Ⅰ部　起源

第1章　地図の読み方を学べ――Qアノンについての基礎知識　12
Qアノンとは何か／二つの真実と多くの嘘／Qドロップ／Qを取り巻く人々／デジタル兵士／ディープステート／Qとは誰か／ラビット・ホール

第2章　嵐のまえの静けさ――Qアノンはいかにして始まったのか　29
Q誕生のきっかけをつくったトランプの発言／4chanにおける「匿名インサイダー」たち／全体像を理解する者たち／4chanからレディットへ／Qドロップはなぜ曖昧な表現になったのか

第3章　君たちは本当にすごい――Qアノンの成功　54
大統領の側近／ベビーブーマー世代／ワトキンス親子の登場／アレックス・ジョーンズの応援／ロザンヌ・バーの称賛／フーバーダム封鎖事件／タンパ集会

第4章　決戦の日は近づいている――Qアノンを生み出した詐欺と陰謀論　77
反ユダヤ主義／血の中傷／オメガ詐欺／ネサラ詐欺／ディナール詐欺

第5章　われわれがニュースだ――Qアノン躍進の二〇一九年　102
ベストセラーとなった『大いなる覚醒への招待』／陰謀論者の「解読」方法／ヘイトの巣窟

第6章　神は勝利する――なぜ人々はQアノンを信じるのか　126
人はなぜ陰謀論を信じるのか／現実となった陰謀／ジュデイジョの場合／正しい旅、間違った方法／自分自身のアイディアの魅力

第Ⅱ部　深刻化

第7章　これはゲームではない――Qアノン信者たちの犯罪　150
Qアノンの暴力性／アルパロス・スライマンの場合／フランク・カリの死／ペンタゴン小児性愛問題タスクフォース／アブクッグとペトリ・ブランチャードの事件／その他の犯罪事件／リックの場合

第8章　子どもたちを救え――二〇二〇年、パンデミックがQアノンを変えた　172
オプラ・ウィンフリーに関するデマ／MMSとHCQ／Qアノンママ／子どもたちを救え

／グローバル化するQアノン現象

第9章　ミームが動き出す――Qアノンとソーシャルメディアの戦い　195
ソーシャルメディアで成長を遂げたQアノン／武器としてのミーム／カリフォルニア州上院法案第一四五号／フェイスブックの不作為／遅すぎたソーシャルメディアの規制

第10章　打者交代か？――Qアノンと二〇二〇年アメリカ大統領選挙　222
二〇一八年中間選挙とQアノン／選挙に出馬するQアノン系候補者たち／操り人形としてのジョー・バイデン／一体化するトランプとQアノン／不正選挙を阻止せよ／#ルビコン川を渡れ

第Ⅲ部　後遺症

第11章　あなた自身を見つめさせる唯一のカルト――専門家たちが語るQアノン　250
Qアノンはカルトなのか／Qアノンは宗教なのか／Qはロシアの手先なのか／ゲームとしてのQアノン

第12章　到底ありえないこと――Qアノンとその予言の虚偽を暴く　276
Qドロップとは何か／Qプルーフ／差分ゼロ／Qの失敗例の数々／Qのネタ元

第13章　Q信者たちの孤独な旅――Qアノンから抜け出す人々　300
やるべきこと／してはいけないこと／糸のほつれ／ビーの場合

エピローグ　Qアノンの遺産――次なるQアノンとは何か　323
謝　辞　333
訳者解説　337
Qアノン用語解説　362

彼が最初にQアノンの動画を見せてくれた時のことを、今でも鮮明に覚えています。彼は馬鹿にして笑っていました。誰がこんなものを信じるんだって。それから数カ月経って、何かが変わってしまったんです。

（メールで届いたメッセージ。匿名）

凡例

・本文中の（　）は原著者による補足、〔　〕は訳者による補足である。
・内容についての注番号は（　）で側注とし、原著の出典注の番号は†で記している。
・側注のうち、（訳注）とあるもの以外は原注である。
・原著の出典注については、以下の二次元バーコードからアクセスされたい。

イントロダクション　世界を救うための計画

二〇二一年一月六日、ドナルド・トランプを支持する武装した暴徒たちが、アメリカの連邦議会議事堂を襲撃した。それはかつて南部連合軍の兵士やナチの突撃隊員、アル・カイーダのジハーディストたちの誰もがなし得なかったことだ。

トランプは、二期目の大統領選挙に敗れてから二カ月にわたって、何百万もの支持者に向けて自分は負けてなどいないし、それどころか本当は地滑り的な大勝利だったのだと繰り返し懸命に語っていた。一月六日は、その最終幕だったのだ。トランプに言わせれば、彼は大統領選に勝利した。しかし、リベラルたちのディープステート〔闇の政府〕とその手先であるメディア関係者やグローバリストたちが、必死になってそのことを国民に知らせないようにした。そのため、議会がバイデンを大統領選の勝者として正式に承認するための投票を行う際に、熱烈なトランプ支持者たちは抗議のために寒空のもと集まったのであった。

大統領の任期満了が目前に迫っていたトランプは、群衆を前に轟《とどろ》きわたる演説を行い、次のように力説した。「ここにいる皆で、すぐにでも議事堂まで行進していけばいい。平和的、愛国的なやり方で自分たちの声を届けるんだ」。トランプは群衆に向かって「死ぬ気で戦え」さもなくば「祖国を奪われてしまう」

とも語り、自分もその行進に加わるとまで訴えた。[†1]

だが彼は行進に参加しなかったし、その行進が平和的に行われることもなかった。群衆の多くは、大統領選の投票結果に問題がある場合、マイク・ペンス副大統領が各州の選挙人の投票結果を無効にする法律上の権限を持っているという誤った情報を得て興奮状態にあった。さらにトランプを神皇帝、金髪の英雄と仰ぎ讃《たた》える一団がいた。彼らはトランプのために戦い、血を流す準備ができていた。そして彼らは、その通りのことをやってのけたのである。

忠実な数千ものトランプ信者たちが、議事堂に襲いかかった。彼らはカエサルがルビコン川を越えたときのように、後戻りできない一線を自分たちの意志で越えようとしたのだった。そしてひとたび襲いかかるや、彼らが止まることはなかった。建物の内側にいる人間のいくらかの手助けがあったようにも思われるが、彼らは武器を使って議事堂の障壁を破壊して突入した。警備にあたっていた人間ひとりを殺し、機密資料を盗み、警察官を旗のポールで殴りつけ、議事堂周辺エリアを数時間にわたって占拠した。襲撃のさなか暴徒らはあわや審議中の上院議場に「マイク・ペンスを吊るせ」[†2]と叫びながら突入するところであった。

暴徒らは、皆総じて怒り狂っていた。それぞれが軍人のような服装をしており、どの程度軍人らしくみえるかは人それぞれであったが、皆一様に怒り狂っていた。だが、彼らがその日の最終目的として考えていた内容は様々であった。ある者はペンスが選挙結果の承認手続きを阻止しなかったがゆえに死に値する裏切り者であると信じていた。ある者は流血沙汰に備えて拳銃や爆弾を所持し、人質用のプラスチック製拘束手錠まで持っていた。議会ホール周辺で有頂天になって自撮り写真を撮ったり、ナンシー・ペロシ下院議長の机から文書を盗み出したりした者もいたようだ。単にあの場所についてきただけのトランプ信者もいれば、新しいメンバーを探しに来たネオナチ、金になるライブ動画配信のコンテンツを見つけてやってきた人間もいた。秘密の軍事作戦に参加するという念願の夢を叶《かな》えるためにやってきた軍人気取りの人間や、武器や戦術に長《た》けているところを誇示したい元軍人や元警官、民主主義を転覆させてやろうと思いついてやってきた連中もいた。大半の人間がものの数日で逮捕されたが、それは多くの人間が携帯のGPSをオンにしたままであったこと、マスクをすることを拒否していたこと、識別可能な民兵の記章を身につけていたこと、ライブ動画配信の間、自分のフルネームを表示していたことなどが大いに役立った結果であった。

このように動機や能力、胸に抱いている大義は人それぞれで雑多なものであったが、もうひとつの共通点がみられた。襲撃者の多くは、Qアノンと呼ばれるカルト的陰謀論を信じる人々であったのだ。一月六日の狂乱のさなか、いたるところにQアノンのシンボルがみられた。例えば、議事堂の守備隊を攻撃し、警官と激しく衝突した最初の暴徒たちの中にQアノンのTシャツを着た男がいた。事件を伝えたメディアはこぞって、顔にペイントをして、毛皮と角のついた被《かぶ》りものを頭に載せた「Qシャーマン」の画像を取り上げた。Qのスローガンが書かれた旗がはためいていた。暴徒たちがある報道メディアのカメラ機材を破壊した際に、8chanに書き込まれたQアノンの暗号めいた「ドロップ〔Qが匿名掲示板に投稿するメッセージのこと。第1章参照〕」の文章を叫んだ。あの日死んだ人間のうち幾人かは、死の直前までソーシャルメディア上でQアノンを信奉していることを声高に語り、トランプのために死ぬ覚悟があると表明していた。[†3]

暴徒たちは、投票集計機が不正に操作されていたと信じていたし、中国がこの不正選挙に一部関わっていたと思っていた。トランプが本当の勝者だと信じていたし、選挙結果を否認する努力は、いずれ法的に報われるであろうと考えていた。それればかりか、もしその法的手段が成功しなければ、軍隊が出動してトランプが終身大統領になり、リベラルたちや裏切り者が絞首刑になって自由な世界が生まれるだろうと信じていた。さらには、暴徒の多くは、自分たちが死に至る病を治癒する秘密の薬を与えられたと信じていたし、経済的な安定と繁栄を約束され、新しい強力なテクノロジーを手に入れる権利を与えられ、ひょっとするとエイリアンについての真実さえ教えてもらえると信じていたのである。

議会襲撃事件はQアノン現象の一部でしかない。Qアノンとは、カルトであり、大衆運動であり、ひとつの難問であり、コミュニティであり、悪と戦うための方法であり、新興宗教である。また、数え切れないほどの愛し合う者たちの仲を引き裂いた存在であり、国内におけるテロの脅威であり、そして何よりも、あらゆる物事についての陰謀論を提供する存在なのである。

実際のところ、Qアノン以上にトランプ政権時代の狂気を物語る陰謀論は存在しない。二〇一七年一〇月に荒らし行為の巣窟である4chan掲示板にいくつかの投稿が行われて以来、Qアノンとその複雑な神話的世界観は保守系の思想やメディアを圧倒するほど成長してきた。どれだけの数の人間がQアノンを信じているのか把握することは実際のところ不可能であるが、Qアノンの世界観を部分的にでも受け入れている人の数は、アメリカだけでなく世界全体でみるならば、少なくとも数百万人にのぼるであろう。多くの人は自分の信じているものがQアノンと関係があるなどとは知りもしない。人によっては「クレイジーな人々だ」と公然と距離をとるだろう。一方で、Tシャツやバンパーステッカー、ボートに旗を掲げてQへの忠誠を示す人たちもいる。Qの支持者たちの中には、集会や会議を開催している人もいるし、Qについての本を書いたりソーシャルメディアでインフルエンサーになる人たちもいる。

議事堂への襲撃によってQアノンが世界中で注目されるニュースになる前に、すでにQアノンの運動は共和党の中に浸透していた。国家安全保障問題担当大統領補佐官のマイケル・フリンは、ディープステートの人間を騙して内部に潜伏しているとQアノン信者に信じられており、彼自身英雄視される自分の地位を積極的に受け入れてきた。ロジャー・ストーンはQの美徳を激賞し、トランプに二〇二〇年の選挙に向けて（Qアノンの神話的世界観において極めて重要な物語である）戒厳令の発令を促してきた。トランプの息子のドナルド・ジュニアやエリックを含む筋金入りの保守主義者たち、その他多くの保守評論家らが運動に対して迎合するようになった。二〇一八年から二〇二〇年の間、一〇〇人近くの共和党の候補者たちがQ信者であることを宣言し、実際にそのうちの何人かは選挙で勝利を収めたのであった。トランプも自身のアカウントが凍結される以前、何百人ものQ支持者たちのツイートをリツイートし、Qアノンの暴力的な空想や奇怪なミーム〔ネット上に拡散される冗談めかした画像や動画のこと。詳しくは、第9章を参照〕を数千万の人々に拡散させていった。ホワイトハウスの記者団からQを非難するよう差し向けられたときも、トランプは言葉を濁して「彼らがわたしのことを非常に好きだということは理解しているし、感謝しているのだけど、運動のことをあまりよく知らないんだ」と返答したのであった。[†4]

　トランプ政権が終わりを迎える頃、Qアノンはアメリカのあらゆる主流メディアによって報道されるようになっていた。大統領の大好きなフォックスニュースを含むあらゆるケーブルチャンネルが放映するようにもなっていた。『ニューヨークタイムズ』やＮＰＲ〔米国公共ラジオ放送〕、世界中のテレビ局の人間がこぞってQとは一体何か、どういうものなのか、Qを信じる人々をどう扱えばいいかについて頭を悩ませていたのである。それなのに、これら多くの報道関係者は、陰謀論に酔って見当違いの怒りに燃えた暴徒らが議会議事堂を襲撃したとき、ショックを受けたのであった。

　彼らがショックを受けるのはおかしな話だった。Qアノンは最初から一貫して暴力的な傾向が強かった。

議事堂に野蛮な襲撃を加える以前にも、Qアノンの名のもとに何件かの殺人を犯し、多くの国内テロ事件を引き起こし、何度も児童誘拐の計画を企て、警察の追撃を受けていた。さらに、失敗に終わったもののジョー・バイデンを殺害しようとしたり、新型コロナウイルスの病院船を破壊しようとしたこともあった。大量の逮捕者と処刑者をもたらす「嵐〔大規模な粛清〕」が、腐敗と小児性愛者を一掃し、政府からリベラルたちを永遠に追放するという考え方がQアノン運動の前提にはある。だからQの信者たちが長らく約束されてきた粛清を実行に移そうと決意したからといって、報道関係者らはそれほど衝撃を受けるべきではなかったのだ。

問われるべき問題はまだある。無秩序な匿名掲示板4chanから始まったものが、右翼思想に影響を及ぼし、議事堂前の芝生の上にQアノン信者が絞首台をつくるまでに至ったわけだが、その一連の経緯がいかなるものであったかということだ。[†5] この疑問に答えるためには、Qアノンとは何であるかについて考えるばかりでなく、それがどこからきて、どのようにしてかくも頑強にQ信者たちの心の中に居座ることになったのかを詳細に検討してみる必要がある。

部外者にとってほとんど理解不能なQアノンの神話に注目するならば、Qアノンの陰謀論は、自分たちのことをQと呼ぶ軍の匿名インサイダーの人間たちを中心に展開していく。トランプの命を受けているとされるこの愛国主義的な軍人たちは、迫り来る「嵐」と呼ばれる出来事について人々に教えようとしている。「嵐」は世界を変革する出来事であり、Qはその秘密を人々に教えるための情報をリークし、秘密を解き明かすよう促しているのである。これらの「ドロップ」と呼ばれる書き込みはオンライン上で誰でも読めるが、その内容を理解できるのはQと徹底的に一体化した信者のみである。これらの信者は、自分たちのことを善と悪の間の秘密の戦争（自由の敵が虐殺されて終わることになる戦争）において中枢の役割を担う存在とみなしている。

　Qアノンは日ごとに人気を高めていった。ソーシャルメディア上で野放しにされたまま成長を遂げ、無定型で巨大な数の人々を引き込んできた。あなたの知っている誰かもそこに含まれているだろう。

　もし仮に、憲法に優越する命令を受けた愛国者たちが、平和のための大虐殺を実行するなどといわれれば、誰でも困惑するはずである。問題は、すべての人々がQをファシストの妄想として拒絶するわけではなく、その同じ妄想に特別な魅力を感じる人たちもいるということだ。

　Qアノンには「あらゆるものについての陰謀論」という側面もある。そのため、権威に疑問を抱き、メディアに不信感を抱き、自らリサーチしようとする人々をQアノンは幅広く歓迎するのである。彼らはもともと銃や爆弾をもって戦うのではなく、ミームをつくりディープステートの発信する情報を解読することで戦う人々である。彼らはワクチン接種や新型コロナウイルス対策のためのマスク着用を拒否し、「本当に起きていること」を何も知らない一般人の友人たちに教えて覚醒させることで戦うのである。Qアノンの戦場はツイッターのリプ欄であり、携帯電話のテキストメッセージ画面であり、Qを信じない人々との小さなやりとりなのである。

　その秘密の戦争は「デジタル兵士」たちを夢中にさせるが、陰謀論の外側にいる人々は置き去りにされてしまう[†6]。Q信者は自分たちのオンラインコミュニティを信奉し、彼らの「秘密の知識」が暴力と狂気に凝り固まっているため、友人や愛する人たちを遠ざけてしまうのである。特に年配のソーシャルメディアユーザーは、自分たちが騙されていることに気づくデジタルリテラシーに欠けているし、愛国主義者たちが集う気の合うコミュニティが楽しいものだから始末に負えない。ベビーブーマーがフェイスブック上でフェイクニュースを共有しがちであることは、これまでの研究においても指摘されている。Qアノンはこ

の世代の人々を有望な顧客の鉱脈として発掘してきたのである。[†7]

Qアノンがもたらす危険は、明らかに現実のものである。だがそれにしても、人々はなぜQアノンを信じるのだろうか。Qアノンたちは、自分たちが軍の高官から秘密の戦争についての情報を知らされていると本当に信じているのだろうか。彼らはロシアの諜報機関のカモなのだろうか。人々をイラつかせるネタを投稿するのが楽しいシニカルな荒らし屋なのだろうか。巨額の信用詐欺の被害者なのだろうか。われわれは彼らをあざ笑うべきなのか、それとも、憐れむべきなのか。彼らを蔑《さげす》むべきなのか、それとも、助けるべきなのか。彼らを幻想の世界から離脱させて、社会復帰させるような方法があるのだろうか。

この本は、これらの疑問に対して何とか回答しようと試みた末にできあがったものである。わたしに対して、どうすれば愛する人を助けることができるだろうかと相談してくる人は後を絶たない。これらの人々の問いかけに答えたいと思ったのである。

わたしは二〇一八年の一月以来、Qアノンについて書き続けてきた。それは議事堂襲撃事件の象徴的なイメージとして脚光を浴びた、あのコスチュームをまとったQシャーマンが登場するよりずっと以前のことである。最初にQアノン関係の話題が目にとまったのは、陰謀論界隈が#WWG1WGAや#FollowTheWhiteRabbitといったハッシュタグをつけて、ジョン・マケインとヒラリー・クリントンについて騒いでいるときだった。マケインもヒラリーも医療用の歩行用ブーツを履いていた。

「なぜこんなことで大騒ぎしているのだろう」とツイートしたところ、Qのフォロワーがすかさず答えてくれたのである。それによると、マケインとヒラリーは踵《かかと》を怪我したから医療用のブーツを履いているわけではない。彼らがすでに逮捕されて、釈放されたからである。医療用のブーツは、彼らが国外逃亡するのを防ぐために足につけているモニターを覆い隠すために履いているのだという。

わたしは俄然興味をそそられ、Qアノンについて書き始めた。Qアノンについての文章を書くようになって、Qアノン信者の家族からより一層話を聞くようになった。家族は愛する人の身に何が襲いかかったのかについて皆目見当がつかなかった。電子メールやツイッターのダイレクトメッセージ、ブログのコメント越しに、取り乱した人たちが幾度も尋ねてきた。Qアノンについて、自分たちは一体何をすべきなのかと。彼らはQアノンのせいで両親を失い、人間関係を失い、何をしていいかわからなくなっていた。どうすれば助けられるか、あるいは助けることが可能かどうかさえわからなかったのである。

「わたしは姉と母がQアノン信者になってから、何年もの間あなたをフォローしてきました」。ニコル（仮名）はそう言ってわたしに連絡してきた。「今週わたしの夫の雇用主が（Qアノン信者たちに）狙われました。従業員のところには殺害予告が届きました。たぶん、わたしが知っている昔の姉と母を取り戻すことはできないでしょう。でもあなたは、家族を失ったのがわたしひとりではないこと、わたしの子どもたちはまともだし、大丈夫だということを思い出させてくれました」。

別の女性、オリーブ（仮名）は彼女の夫のことでわたしにメールをくれた。夫はQアノンの世界に深入りしながらどんどん引きこもりがちになり、鬱状態に陥り、あっけなく二人の関係は破局してしまった。「夫は二〇一七年の一二月以来熱狂的なQアノンの信者でした」とメールには書かれていた。「彼はわたしを失えば後悔するかもしれないと自覚するにつれ、Qアノンをわずかながら疑うようなところがあったように思います。でも彼はQアノンあるいは〈邪悪な〉民主党議員や左翼のことを持ち出さずにはどんな問題についても議論できないのです」。

カーティス（仮名）という男性のもとには、陰謀論に取り憑かれた母親から連絡がきた。彼は、母親がバラク・オバマとその手先がすぐにでも監獄送りになると確信するようになってから、何年もの間母親と疎遠になっていたのである。「驚かないで聞いてほしいのだけど、ヒラリーはもうすぐ失脚する。すぐにそのことが発表されて、そこからたくさんのことが始まるでしょう。すべてが順調よ。あなたにわたしのことを信じる義務があるわけじゃないけれど。わたしは今でもあなたを愛している。もう始まっているの……。」

カーティスの母親は完全にQアノンの世界に迷い込んでしまった。そして彼は母親の道連れになることはなかった。「わたしはもう何が起きても彼女を訪ねることはありません」「もう二度と彼女に話しかけることもないと思います」と彼はわたしに語ってくれた。

多くの人がQについて知るようになったとはいえ、わからないことも多い。われわれはいまだにすべての疑問のピースをつき合わせながら、パズルを完成させようと試みている最中である。いかにしてQアノン現象は、典型的な陰謀論サークルから瞬《また》く間にバーニー・サンダースに投票するヨガ教室のママたちにまで広まったのだろうか。なぜ多くの人々は嘘であることがわかりきっている話を何度も信じるのだろうか。信者たちがQアノン運動から足抜けするのをどうやって助ければよいだろうか。トランプ大統領と彼の側近たちはQアノンについて一体何を知っているのだろうか。

Qは多くの人に嫌悪感を抱かせるが、そのQのどういうところが少数の人々にとっては強烈な魅力となるのであろうか。Qアノンに魅かれる人たちの人生のどんな穴を埋めてくれるというのだろうか。家族、趣味、仕事、教会、あるいは配偶者や子どもたちでさえ埋め合わせることが難しいその穴を、Qアノンは埋めてくれる。そのことが彼らを惹きつけるのである。

この本はQの物語である。Qとは何か、Qが何を意味しているのか、そしてQはどこに向かうのかが語られる。ご注意願いたいのは、本書で取り上げられるQの物語には、いずれをとってみても心地良いものなど何もないということだ。

第Ⅰ部

起　源

「わたしの幼馴染は、Qアノンが始まったばかりの頃にすぐさまQアノンにハマりました。わたしは本当に啞然として、当初彼は本気でないと思っていました。でも、彼は本気だったのです。ヒラリーに関するテキストメッセージが文字通り毎時間ごとに、何日も続けて（送られてきました）。彼が送ってきたメッセージを数えたら3日間で300を超えていました。」

——匿名のメール

第1章　地図の読み方を学べ
――Qアノンについての基礎知識

Qアノンとは何か

Qアノンを現在の政治的、社会的文脈の中に位置づけてその意味を考えてみることも必要だが、それ以前にまずは、Qアノンの基礎知識を知るところから始めなければいけない。ごく基本的な定義として、「Q」とは軍の情報将校を名乗る正体不明の人物である。この人物は、ディープステートを襲う大粛清の日が近づきつつあることを故意に曖昧で暗号めいたメッセージにして、ネットの匿名掲示板に投稿するのだ。Qは、「アノン」と呼ばれる匿名のネットユーザーたちにそれらのメッセージについてリサーチして解読するよう促し、アノンたちが望むのであればどんな方向に向けてでも彼らを導いてゆく存在なのである。

もちろん、Qアノンについて語るべきことはまだまだある。

Qアノン現象は、神話や陰謀論、個人の解釈や思い込みなどが複雑に組み合わさって生まれたものであり、その現象を特徴づける人物や出来事、シンボル、標語、業界用語は非常に広範囲に及んでいる。Qアノンが陰謀論に関わるものであるのは確かなことだが、同時にカルト運動、新興宗教、インターネットの信用詐欺、政治的教義とも関わりがある。Qアノンは大変な広がりをみせ、あまりに数多くの異なる筋書きと意味を持つがゆえに、そのすべてを詳しく完全に説明することはできない。しかし、もっとも重要なことは、すべては4chanの匿名の投稿者から始まったということだ。

その投稿者は、Qクリアランスを持つ愛国者であると自らを名乗った。ここでいうクリアランスとは、合衆国政府機関が機密情報にアクセスする権限として実際に付与しているものであり、Qクリアランスはエネルギー省によって付与されるものだ。その投稿者は、自分たちが小規模の軍事諜報チームの人間であると主張した。[†1] 彼らの任務は、膨大な眠れる大衆に気づかれることなく繰り広げられている秘密の戦争についての情報を広めることである。彼らは秘密の戦争についてのメッセージを送り続けている。というのも、この善と悪との戦争はもうすぐ終わりを迎えようとしていて、悪が滅び、児童人身売買のネットワークが滅び、ディープステートが滅び、真の自由が訪れようとしているからである。

まるでありがちな終末論の説法のように思われるかもしれないが、Qの語る内容は多かれ少なかれそうしたものだ。だが明らかに現代的な工夫も存在する。Qは人々に直接語りかけるし、人々はQに語り返す。モノローグではなく、ダイアローグなのだ。Qドロップは協力することを勧めるし、Qは自分たちの理論や解釈を超えて進んでゆくアノンたちを褒め称えるのである。

どんな人でもオリジナルのQドロップを最初から読むことができるし、自分自身の神話を構築することを勧められる。もし仮に魔術を使いたいとか、数百万ドルを手にしたいとか、さらにはタイムトラベルを実現したいと望むような場合であっても、「ドロップ」と呼ばれるQの投稿はそれらの願望を叶えるのに必要なすべての確約を与えてくれるのである。

一貫性に欠けたQアノン現象をなんとか理解するために本書が取り得る唯一の方法は、Qアノンが始まったところから検討を加えていき、重要な問いを常に忘れないようにすることであろう。Qがいかなる機能を担ったのか、またなぜそのような機能を担ったのか、誰が重要な役割を果たした人物なのか、Qの支持者たちは互いにどのようにコミュニケーションしたのか、彼らはどうやって情報を集めて識別したのか。これらの問いを明らかにしなければならない。Qアノンを理解する以前に、自分たちが何について語っているのかを知ることも必要だ。Qがいうように、「自分たちが伝えているものが何かを学ぶ」必要があるのだ。

二つの真実と多くの嘘

Qアノンとは何かという問題の本質に迫ろうとするならば、誰がその問いに答えるのかが決定的に重要であることはもはや明らかであろう。

もしQアノン信者にその問いを投げかけるならば、彼らはネット上でリアルタイムにシェアされる軍事機密情報を目撃している人たちのことだと答えるであろう。Qは「一〇人未満の」チームであり、そのうち「三人は軍人」であるという考え方がQ神話の核心部分をなしている。すなわちQとは、ネットの匿名掲示板を通して一般公衆に秘密の情報を提供する軍人・民間人混合のタスク・フォースなのである。その秘密の情報は誰でも自由に読むことができるが、「アノン」と呼ばれる選ばれたごく少数の人間だけが、暗号化された文章の真の意味を理解できるのである。

軍事的な機密情報が4chan（後になると、より悪評高い8chan）上でシェアされるなどと一体誰が信じるのかと思われるかもしれない。だが、近代的なコミュニケーション手段を通じて暗号化されたメッセージが伝達されているという考え方には、いくらかの前例があることにご留意いただきたい。冷戦期の数十年間、短波ラジオのマニアたちは「乱数放送」と呼ばれた周波数にダイヤルを合わせたものだ。乱数放送とは、暗号化されたフレーズや音楽によってひとまとめにされた長い数字の連なりを放送するラジオ局のことであり、その存在は公然の秘密であった。特殊な知識を持ったメッセージの受信者だけが数字の中に隠された秘密を解読することができたのである。それ以外の他の人間にとってはそれらのメッセージは何の意味もないものであった。したがって、Qドロップは二一世紀の乱数放送といってよいかもしれない。

それでは、一体どんな軍事機密が明らかにされるというのであろうか。Qドロップは当初、政府とメディアの中枢で悪事を働く秘密結社の人間たちを告発することに集中していた。Qドロップは、速やかに秘密の軍事法廷が開廷され、最終的には国家への反逆や性的人身売買の罪が確定した人間たちが投獄され、処刑されることになると約束したのである。

もしQについて他に一切理解できないとしても、これだけはぜひ理解しておくべきということがある。それはQを信じる人々にとって、Qの存在は単なる陰謀論やゲームなどではないということだ。それは善と悪との間で繰り広げられるファイナル・マッチを観戦するためのリングサイドのチケットなのである。鉄槌が下されるとき、悪の支持者たちは厳しく速やかに処分される必要がある。この聖書の天罰と参加型司法を組み合わせたかのような考え方が世界中でファンを魅了してきたのである。[†2]

Qドロップが曖昧で予言めいた性質を持つことも、通常考えられる以上の回復力や適応力をQにもたらしている。例えば、二〇一八年の中間選挙で共和党が敗北したことは、Qを終わらせることにならなかった。新型コロナウイルスのパンデミックもそうだ。フェイスブックやツイッター、ユーチューブから締め出されてもQは死ななかった。二〇二〇年の大統領選挙でドナルド・トランプが敗北したときでさえ、Qは終わらなかったのである。それぞれの敗北はただ「計画」の中に取り込まれるだけである。こうしたQの適応力は、どう見えるかにかかわらず、Qがいつも真実を語ろうと努めてきたと自負していることに照らせば、理解できることだ。
別の立場に視点を移してみよう。Qアノンが二〇一七年に出現して以来、懐疑的な視点で報道してきたジャーナリストやデバンカー[1]に、Qとは何かを問うてみるならばどうだろうか。彼らは、世のすべての問題をバラク・オバマとジョージ・ソロスの責任にするのがQの神話であり、それは数多くのベビーブーマーを釣り上げようとしている信用詐欺に他ならないと答えるであろう。彼らからみれば、何年にもわたって被害者たちから数百万ドルもの金額を巻き上げてきた過去の信用詐欺の例と、Qの事例はあらゆる点で一致しているのである。Qと同じようにそれらの信用詐欺もまた、世界を大きく変える出来事が今まさに起きようとしていると常に約束していたのである[†3]。

だが、これらの過去の信用詐欺の事例とQアノンをひとまとめにしてしまうことは、陰謀を広めようとしている人々のごく一部の意図や目的だけを問題にしてしまうことになる。もし、より一層懐疑的な立場の人に同じ問いを投げかけるならば、騙されやすいカモを弄《もてあそ》び、可能な限り金を搾り取ろうとするネット上の煽《あお》り商品と答えるであろう。

本物のQ信者、長期にわたる信用詐欺に関心を持つデバンカー、度を超えた悪ふざけを目撃しようとする人々など、Qに関心を持つ人間は幅広く存在するが、いずれの立場にあってもひとつだけ確かなことがある。それはQの支持者たちは紛れもなく現実に存在し、その数は増え続けているということだ。

Qドロップ

一九五一年に刊行された研究書『大衆運動（*The True Believer*）』において、研究者のエリック・ホッファーは、大衆運動の教義というものは「もし、理解できる内容ならば曖昧に違いなく、理解できて曖昧でもなければ、証明不能なものに違いない」[†4]と書いている。もしQアノンが大衆運動であるならば（事実そうなのだが）、Qドロップはその教義である。そしてドロップは、ホッファーのいう基準を三つとも満たしている。すなわち、ドロップは多くの場合、理解できず、曖昧で、証明することも不可能である。

Qドロップはごく短い文章であり、大袈裟な問いを投げかけ、読者に解くべき謎を与え、解読すべき情報を提供し、Qの仲間集団に対する公的な誓約としても機能している。

Qドロップは何百ワードもあるものから、ツイートへのリンクのように短いものもある。ミームや写真、スクリーンキャプチャの場合もある。時にはQが同じドロップを繰り返し投稿することもある。スペルミスをした後で修正し、間違ってしまったことを説明するために今まさに「進行中」であるからと言い訳したりもする。軍人が使う業界用語のようなものが渾然と使われていることもあれば、数字パズルの場合もある。環境音楽にリンクを貼って投稿することもあれば、古いニュース記事から写真を不正コピーしたり、「ロスチャイルド家が支配する中央銀行」のリストをつくったり、Qファンたちに大量のアメリカ国旗の写真を投下したりすることもある。Qは明らかにでっちあげの作り話に騙されたこともあるし、少なくとも何度かハッカーに侵入されている。

Qが匿名である以上、いつでも誰でもQとして投稿することができるのではないかと疑問に思う人もいるだろう。その疑問に対する答えは、4chan、8chan、後には8kunというQが選んだ匿名掲示板の内部構造にあるといってよい。これらの掲示板ではユーザーはメールアドレスと紐づけられたユーザーアカウン

（1）（訳注）偽りを暴く人のこと。特に心霊主義や超能力、超常現象、偽科学、陰謀論などの領域で主張の虚偽を暴く行為に熱心に取り組む人々のことを指す。

トを登録しない。代わりに、ユーザーは他のユーザーとは異なる独自の「トリップコード」によって識別される。トリップコードはユーザーがログインする際に利用するパスワードを暗号化したものなのだ。だからユーザー一人一人は固有のユーザーネームとパスワードを持つことになる。そして、そのパスワードがユーザーの投稿時に暗号化された形式、あるいは「識別番号化された」形式で可視化されるのである。したがって理論的に言えば、Qとして投稿しているのが誰であっても、一貫したトリップコードを持つ人間が唯一無二のQとみなされることになるのだ。

トリップコードの暗号技術はそれほど確かなものではない。解読するのが幾分か難しいとはいえ、基本的に安全性に欠けていてハッキングすることもたやすい。現にQのトリップコードがハッキングされて、多くの人が困惑させられることが幾度もあった。そのたびにQは急遽新たなトリップコードを取得し、敵によってアカウントが「不正アクセスされた」ことを告げたのである。

Qドロップのほぼすべては、陰謀、謎かけ、大袈裟な質問、妄想の垂れ流しによって満たされている。ここに示すのは二五五九番目のドロップ、典型的なQドロップである。

ロシア＝本当の陰謀
「計画」を明らかにせよ
彼らが制御を失って、真実が暴露されたとき、何が起きるか？
人々がもはやフェイクニュースや操られたメディア、操られたハリウッド、操られたアホな民主党員のことを信じなくなって、耳を傾けなくなったら一体何が起きるだろうか？
大いなる覚醒

もう羊などではない。
われわれは人民だ。
神と祖国のために、われわれは戦う。
Q[†5]

ドロップの末尾に書かれているフレーズがどういう性質のものかおわかりであろうか。Qはスティーブ・アーケルやアイアンマンのようなキャッチフレーズを使うのだ。Qのファンたちはそのフレーズを互いに繰り返し使うのである。「われら団結して共に進まん」（Q信者の間でジョン・F・ケネディのヨットの鐘に刻まれていたとされている言葉）や、二〇一六年大統領選のときのヒラリー・クリントンに触れながら「彼女が敗北することをやつらは考えたこともなかった」などのフレーズを、他の信者に向けて仲間内の合図を送るように使うのである。

Qは時折躍起になって投稿することがある。一日に一五回とか二〇回投稿することがある。かと思えば、数週間あるいはそれ以上姿を現さないこともある。ドロップの中には何ひとつ役に立たないものもあれば、謎に関わる情報や「秘密」の金鉱のようなドロップもある。単にQが自ら主張する通りの人間であることの「証拠」として提供されているだけのドロップもある。トランプ政権時代に四九五三のドロップが投稿された。それらのドロップを通してQはもっとも熱心な支持者でさえ何度も頭をかきむしり、ディープステートがいまにも世を覆い尽くすのではないかと心配してしまうような、もどかしく、言葉足らずで曖昧な、それでいて人々を熱狂させる物語を提供したのであった。

Qは「もうすぐ」とか「来週には」といった類の反応をすることも多かった。もちろん、その通りになることは決してなかったのだが。

Qを取り巻く人々

Qに従う人々は、ドロップを聖なる文章のように読む。事実、Qの教義を中心に形成されたそのテクストの構造は、初期のキリスト教を思い起こさせるものだ。その教えを伝える伝道者（guru）たち、あるいは「解読者」たちはQの世界でちょっとした有名人になった。彼らが担う役回りは、匿名掲示板のQの投稿をツイッターに再投稿したり、ユーチューブ動画やブログでドロップを読みながらその内容を解釈してみせることである。彼らはドロップから意味を引き出し、「やつら」が知られることを恐れている物事の間のつながりを見出し、その日のニュースとドロップの内容が関わる文脈を提示し、新しいドロップと古いドロップを結びつけるのである。

伝道者たちはQ自身にひけをとらないほど、Qアノンにとって重要な存在である。Qの世界で広く知られたプレイング・メディック（Praying Medic）やイン・ザ・マトリックス（InTheMatrixxx）のようなユーザーネームの人々は、動画サイトやツイッターなどのソーシャルメディアで数十万ものフォロワーを獲得するのも珍しいことではない。伝道者たちは自らの名声がネットで広く拡散することによって利益を得るのである。彼らは集会で講演をしたり、一緒に写真に写ったり、大抵はペイトリオン[(2)]のページやオンラインストアで儲けている。伝道者のジョー・Mが、数百万もの視聴回数を獲得した動画のタイトルにならっていうのであれば、Qとはまさに「世界を救う計画」なのである。[†6] だが、それはその気になれば儲かる信用詐欺にもなり得るものなのだ。

デジタル兵士

Qの戦争に加わるために必要なのは、軍事や諜報の訓練ではない。持久力テストや料理当番、軍服も必要ではない。すべきことはただ、ネットにアクセスすること、Qのドロップを読んで参加することのみである。Qが他のありふれた陰謀論と異なるのは、この参加するという点だ。他の陰謀論は人をただの受動的な観察者として扱うのみだ。できることといえば、ただ座って、カトリックやユダヤ人、フリーメーソンやイルミナティ、新世界秩序やムスリム同胞団、専制政府やらが襲撃してくるのを待つことだけだ。ひょっとすると戦う意志を持つことや、自らの意志で何かをすることもできるかもしれないが、Q以前の陰謀論においてできることは少なかった。

しかし、「デジタル兵士」（Qアノンのキャッチフレーズ。二〇一六年の大統領選挙のすぐ後にトランプを支持する荒らし屋たちをマイケル・フリンが褒め称えた演説から採用された）であれば戦うことができる。[†7] Q信者の中には、デジタル兵士が本物の兵士であるかのようにみせたいがために、合衆国軍隊が行っている入隊時の宣誓を真似る様子を動画撮影している者さえいた。元軍人や元諜報部員がQアノンに数多く集まるにつれて、デジタル兵士というコンセプトがQを語る上で非常に重要になった。彼らはQアノンが兵士であるということを本気で信じていたか、あるいは場合によっては、そう本気で信じている人たちを騙して大金を稼ぐチャンスがあると考えたかのいずれかであった。フリンの家族も二〇二〇年の独立記念日の週末に、「デジタル兵士の宣誓」を撮影した。そのこともあって、フリンの家族はQアノンに大きく巻き込

（2）（訳註）ペイトリオン（Patreon）は、クリエイターやアーティストが創作資金をファンなどから募るためのプラットフォームである。

まれていくこととなった。[†8]

だが、本物の「デジタル兵士」はお金のような即物的なものには無頓着である。デジタル兵士たちは、何よりも戦いにのめり込んで悪い連中をやっつけたいのである。また、実際には大したことをしていないのに、多くの重要なことに取り組んでいると人が思い込んでしまうような状況が、Qのせいで驚くほど容易に生まれた。デジタル兵士たちは、天使の羽をつけたトランプや戦車に乗っているトランプ、ロッキー・バルボア〔アメリカのボクシング映画『ロッキー』の主人公〕のような筋肉をつけたトランプのミームをつくることができる。ドイツ騎士団員に司法長官のウィリアム・バーの頭をくっつけたミームや、バラク・オバマが本当はゲイのイスラム信者で強奪者なのだと「証明する」ミームをつくることもできるだろう。あるいはオルタナ右翼のマスコットである蛙のペペが、Qのおかげで最新の「ブーム」になっていることに嬉し泣きしている画像をつくることもできるだろう。クールなQのロゴをつくり、Qの関連商品をつくることだってできる。ユーチューブの動画やツイッターでQドロップの解読をすることもできるし、他の動画やツイートを共有することもできる。もちろん、少なくともそれらのプラットフォームがQ関連のコンテンツを禁止するまでの話ではあるのだけれど。

外出時にQの関連商品を身につけて行くこともできるし、ペイトリオンのページやゴー・ファンド・ミー（GoFundMe）(3) でQ信者が所有するアカウントに寄付をして、他では買えない関連グッズを入手することもできる。他の人に相手にされなくなるまでQについて語りまくることもできるし、自分の車にQのバンパーステッカーを貼ることもできる。Qとツイッターでつながる人たちに向けて「Qから指令を受けた」とツイートすることもできる。Qを信じることは難しいことではない。ただ積極的に信じる必要があるだけだ。そして以上のような細々としたことのほとんどは、十分な時間さえあれば誰にでもできることだろう。Qに関連する商品や本を買うわずかばかりのお金があればなお助けになる。

Qは、一人一人のちっぽけな実人生に比して、何か大きな存在の一部になったような感覚を人々に与えた。信者たちに気高く高貴な目的を与えたといってよい。Qは恐ろしい物事をどう解釈すればよいかも手ほどきした。結局のところ、われわれの指導者たちを含め、権力を持つ人々が単に強欲であるとか、無能であるに過ぎないと考えるよりも、闇の組織が悪事を画策していると信じる方がたやすいということだ。

デジタル化が進む世界の中で人々はますます一人で過ごす時間が多くなり、孤独になりつつある。新型コロナウイルスが蔓延する時代にあってはなおのことだ。デジタルコミュニティの仲間と協力して、倒しやすそうな敵を打ち負かすためにQの参加型ゲームに加わるということは、大いに人の心を惹きつけるものだったのだ。ベビーブーマー世代の人々がQに驚くほどハマってしまった理由のひとつはこれだった。ベビーブーマーの多くは、子どもが自立した後であるとか、独り暮らしをしているとか、退職した人たちであった。あるとき自分の人生にふと思いを巡らせ、自分たちが手に入れるはずだったものを何一つ手に入れていないことに気がつき、誰かを責めたい気持ちになったのである。

そして、ベビーブーマーはQと出会った。Qは彼ら彼女らに憎むべき敵を与えてくれた。その敵を相手に恨みを晴らす方法を与えてくれた。さらにQは、同じように恨みを晴らしたいと願っている大勢の新しい仲間たちを与えてくれたのであった。

---

(3)（訳註）ゴー・ファンド・ミー（GoFundMe）は、個人が多様な目的で資金を調達するためのプラットフォームである。困難な状況にある人が医療費や教育費などを調達することができる。

ディープステート

もし、Qや解読者や信者たちが善の側で戦っているというのであれば、それでは一体戦っている相手は誰なのか。良いやつらについては了解した。では誰が悪いやつらなのか。

単純明快にいうならば、民主党員、ハリウッドのエリート、ビジネス界の大物、裕福なリベラルたち、医学界、有名人、マスメディアが悪いやつらである。これらの人々はムスリムの潜伏スパイであるバラク・オバマによって操られている。他にも血を啜る殺人鬼のヒラリー・クリントンやワシントンの権力者であるジョン・ポデスタがいる。彼らはジョージ・ソロスや銀行業を営むロスチャイルド家（筆者＝マイク・ロスチャイルドとは無関係）から資金援助を受けているのだ。

これらの人物は、政府や情報機関、司法省に入り込んでいる多くの内通者や手下を動かしている。これがいわゆるディープステートと呼ばれるものだ。すなわち、反トランプの思想を持った情報機関の職員、国際的な巨大銀行の頭取、ハリウッドのスター、著名なスポーツ選手、「活動家的な裁判官」、そしてトランプと対立し、人々の自由を妨害するほぼすべての人間がディープステートと呼ばれているのだ。これらの人々は民主主義の敵であり、主要なメディア企業を所有し、CNNやMSNBCで放映される日々の話題を提供している。彼らは偽旗攻撃〔被害を受けたと見せかけるために行われる自作自演の攻撃やテロのこと〕や新型コロナウイルスのような巧妙なでっち上げ話をつくることに心血を注いでいる。彼らはハリウッド映画や音楽、テレビ番組に悪魔的なシンボルを浸透させて、人々の問題解決力を弱らせ、疑問を持たせないようにしているのだ。ディープステートは人々にワクチンや安い砂糖にまみれた食べ物、抗生物質を強要し、精神的、肉体的な奴隷の鎖に人々をつなぎ止め、その鎖を決して断ち切ることができないように仕向けているのである。彼らはドナルド・トランプに対して何十回も暗殺を企ててきたし、彼の大統領としての業績を台なしにしようと試みてきた。そしてトランプの高潔な正義に対する公衆の信頼を傷つけるためにあらゆることをやってきた。ほとんどの人は、ここでいわれているディープステートの存在に気がついていないし、知ろうともしていない。それこそがQアノンの敵が仕掛けた最大の罠といってよい。

だが、Qはディープステートの正体を知っている。そしてQは、神や少数の選ばれしリーダーたち、人知れず繰り広げられるデジタル戦争の前線で戦う世界中の数えきれない愛国者たちの助けを借りて、彼らを阻止するのだ。

Qとは誰か

Qアノンが実際どれほどの規模であるのかを説明することは難しいが、Q信者たちが考えている数とはかなりかけ離れているであろう。Q信者らは、自分たちの仲間が数億人に達していると考えているが、その途方もない数字には根拠がなく、実際に測定する方法もない。Qに懐疑的な立場の人たちは、サイエントロジー[4]を信じていると公言している人の数（一〇万人弱）とおそらくは同じ程度であろうと推測している。だが、繰り返しになるが、それもまた確かめるのが大変難しい。

熱心なQ信者の数は少ない。「Qアノン信者」の自覚なくQの神話を信じている人々の方が、はるかに数多く存在する。その一方で、熱心な少数の信者たちの没頭ぶりは凄まじいものがある。熱狂的信者の多

（4）（訳註）サイエントロジーは、ラファイエット・ロン・ハバード（一九一一―八六）が創設した新興宗教。サイエントロジー協会は一九五四年設立。信者たちは、「クリア」と呼ばれる精神的に解放された状態を目指して、「オーディティング」と呼ばれるカウンセリングを受けるために費用を支払う必要がある。

くは、目覚めている時間のすべてを費やして「リサーチ」に没頭していることを公言している。Qドロップを読み返し、Qに関するビデオをみたり、ポッドキャストやライブ配信に耳を傾け、Qの微かなヒントの間のつながりを発見するために「丹念に調査を行う」のである。彼らはリサーチしていないときには睡眠障害が起きることを告白している。かつて大好きだったことをもう楽しめないということも口にしている。彼らは陰謀論の正しさを裏づけてくれないものは、どんなものであっても打ち捨ててしまっているのだ。この異様なまでの信仰は、もっとも厳格な宗教家やもっとも強迫観念的なファンに限ってみられるものである。

こうしたQアノンの振る舞いは、カルト的といってもいいかもしれない。もし仮にQアノンがカルトだとするならば、では一体誰が指導者なのだろうか。Qの投稿に関与した人間、あるいは関わった人々は、おそらく何度か入れ替わっている。Qの正体に関してはいくつかの考え方があり、有力な説やごく少数の有力な容疑者も存在する。しかし、今のところQドロップを投稿していたと認めた人はただのひとりもいないし、Qの正体を裏づける証拠が示されたこともない。実際のところ、アノンたちがQを信じたいがゆえにQが存在するというのが現実だ。アノンたちは、Qが信頼のおける非常に重要な真実を暴露していると信じたいのである。もしQの正体が明らかになって、その人物の名前が知られたとしても、Q信者たちの情熱が失われることはないだろう。たとえQがトランプ大統領や軍の諜報機関と何のつながりも持たないことが疑いもなくはっきりしたとしても、Q信者たちが心変わりすることはないだろう。彼らは特殊な言い訳を考えるだろうし（例えばQが誰であろうとそれは単にQドロップを運ぶ役割を果たしているに過ぎないといったような主張）、あるいはその暴露された情報をフェイクニュースだと叫ぶであろう。要するに、Q信者たちが信じていることを誤りであると証明するような反証行為は、Q信者の信仰心をより一層強めるだけなのである。Qの正体を暴いて彼らが嘘をついているのを明らかにすることは、究極の反証行為といってよいだろう。そうなればQに懐疑的な立場を取る人たちは信者を嘲笑うことだろう。しかし、信者たちは堂々と声高に、そんなものはなんら問題ではないというであろう。

ラビット・ホール

Qの正体と最初のQドロップは、Q神話のかなり重要な位置を占めるものであるが、それらはあくまでも部分的な問題にすぎない。本当にQアノンについて理解したいのであれば、陰謀論、数十年前のインターネット事情、暗号学、カルト思想、数世紀前の反ユダヤ主義者の比喩的言語表現法、健康と医療に関わる似非《えせ》科学、児童人身売買や白人奴隷についてのモラルパニックなどが織りなす奇妙かつ絶望的に複雑な世界を、丹念に解き明かしていかなければならない。Qアノンを構成するエッセンスは、根の深いものであり、西洋社会の思想の中に深く深く染み込んでいるものである。古くは、一二世紀の血の中傷やさらにはそれ以前の六世紀ビザンチン帝国の研究書である『秘密の歴史』にまで遡ることができるかもしれない。この本には、テオドラ皇后の性的逸脱についての幾分疑わし気なQまがいの主張が書かれている。[†9]

Qアノン現象には、Qが投稿した内容とほとんど関係がないものや全く何の関わりもないものが存在することも事実である。例えばジョン・F・ケネディ・ジュニアが生きている（Qアノンの大半はそう考えている）とか、著名な政治家が密かに処刑されていてクローンと入れ替わっている（彼らの大半はそう考えている）といったような話は、Qの神話として広く受け入れられている。しかし、これらの話がQによって言及されたことは一度もないのである。新型コロナウイルスが世界に蔓延した際に、Qアノン現象は社会の中枢にまで爆発的に入り込んでいくことになったが、そのときQドロップに端を発するものはごくわずかだった。パンデミックの間に陰謀論の世界に足を踏み入れた人たちの多くは、Qアノンのスローガンや象徴的表現を繰り返し使っていたとしても、Qについて聞いたことさえなかったのである。したがって、もし、大半のQアノンメンバーにQアノンについて尋ねるようなことがあれば、自分はあんなクレイジーな人間ではないと言うだろう。そのような人々は、食料品を買うだけのためにマスクをするくらいなら死んだ方がましだと思っているだけなのである。

究極的に言えば、Qは信者たちが信じたい物語を語っているにすぎない。その物語の意味するところを細やかに理解し、その中の何がそんなに信者たちにとって魅力的なのかを把握することが、Qの謎を解くための最初の鍵である。

すべては幻想的で奇妙なテクノスリラー小説の物語が公然と語られるところから始まった。その物語ではヒラリー・クリントンが逮捕される（結局ドナルド・トランプが何年もの間唱え続けてきたことではあるが）と語られた。それどころか、彼女はすでに逮捕されているとか、彼女は危機的状況に追い詰められて、トランプ政権の司法省の手から逃れようと飛行機に乗って懸命に逃避行中であるなどと語られるのであった。そして、ヒラリーが逮捕されたことが明るみに出て、彼女の関わった犯罪が知られるようになれば、アメリカ人の生活は一変するであろうと語られたのである。

嵐が起きようとしていた。

第2章　嵐のまえの静けさ
――Qアノンはいかにして始まったのか

Q誕生のきっかけをつくったトランプの発言

最近の多くの出来事が、奇妙で不可解な方向へと傾きがちであるのと同じように、Qアノン陰謀論が生まれるきっかけになったのも、ある謎めいた発言であった。その発言の主は、アメリカ初の陰謀論者大統領（conspiracy theorist president）ドナルド・トランプだった。そしてトランプが口にする他の陰謀論と同じように、Qアノン誕生の引き金となったその発言もまた、彼の周囲にいる人間の誰一人理解できないものだった。

二〇一七年一〇月五日木曜日の夜、トランプ大統領はその日の仕事を終えたホワイトハウスの記者団をステート・ダイニング・ルームに呼びよせた。彼は軍の高官やその家族に取り囲まれているところだった。彼は、ホワイトハウスの華やかで崇敬を集める演出に悦に入っていた。軍隊式の敬礼や荘厳さ、物々しさ、己の意のままに動く要人護送車の列、世界を破壊することのできる核兵器の運用コードが入ったブリーフケースなどに満足しているようだった。

カメラのシャッター音が鳴り響くその壮麗な部屋の中で、トランプは制服を着た軍人やイブニングガウンを着た軍人の妻たちと並んでその中央に立っていた。彼はあたりを見渡しながら、目に映るものに満足気だった。[†1] そしてトランプは、アメリカを揺るがすことになる陰謀論を不用意に口にし始めた。誰に向けて話すでもない曖昧な調子で、思いついたことを話し始めたのであった。

「諸君はこの集まりが何を意味しているのか、ご存知かな」。トランプは記者団が詰めかけた部屋の中であてもなく問いかけた。記者たちはわからなかった。

「何のことですか」。シャッター音が鳴り、軍の高官たちが笑顔をつくる中、ある記者が質問した。

「嵐の前の静けさかもしれないな」。大統領は静かに、厳《おごそ》かに口にした。あたかも、まるでこれ以上隠すことのできない重大な秘密でもあるかのような口ぶりだった。

記者のひとりが「嵐」とは何のことかともっともな質問をすると、トランプはもったいぶった謎かけを続けて口にした。「ひょっとしたら。嵐の前の静けさなのかもしれんな」。そう言うとトランプは黙って、高官たちとにっこり笑い、写真撮影が続いた。その後彼はもう一度口を開いた。手を上下に、円を描くように動かしながら、「今この部屋には、世界有数の偉大な軍人たちがいる。それを言いたいのさ」と口にして、続けて「ああ、本当に素晴らしい夜だ」と締めくくった。

それからトランプは居合わせた人たちにお礼を言い、自分が呼び寄せた記者団を送り出そうとし始めた。だが、記者団の方は用が済んではいなかった。質問が続いたのである。「大統領、嵐とは何ですか」。

「そのうちわかるさ」。トランプはそう答えた。ホワイトハウスの職員たちの神経質な忍び笑いが広がった。彼らはトランプが、戦争が始まりそうだなどと余計なことを口にする前になんとかその場を収めてしまおうと必死だった。このやりとりの総時間は四〇秒にも満たないものだった。トランプが大統領職を占めている間は、奇妙な発言や空虚な自慢話、スペルを間違えた脅し文句や存在するか否かもわからない物事についての混乱気味でとりとめのない話に満ち溢れていたが、このやりとりもそうした類《たぐい》の一例にすぎなかった。

だが、翌日メディアがこの話題で持ちきりになったのも自然の成り行きであった。アメリカ軍の最高司令官たる大統領を囲んで数多くの軍高官たちが集まった部屋で、トランプが不気味なことを口にしたのは一体全体なぜだったのか。疑問が出るのは当然であった。トランプは、ＩＳＩＳ〔イスラム国〕に対する新たな軍事攻撃を仄《ほの》めかしているのだろうか。北朝鮮やイランへの先制攻撃であろうか。誰も気づいていないもっと悪い何かが起きているのだろうか。

翌日行われた追加質問は、問題を理解する上で助けにならなかった。閣僚会合の前に「嵐」についての質問が出た際に、トランプはただにやにや笑いながら、ウインクをして「そのうちわかるさ」と繰り返すだけだった。[†2] トランプ政権の関係者たちは、トランプの話していることがどんなことであったとしても、それは自分たちに関係のないことだと急いで見解を表明していった。副大統領のマイク・ペンスは、記者たちに大統領に相談してみてはどうかと語った。[†3] 当時の報道官だったサラ・ハックビー・サンダースは、この意味不明な発言を取り上げて「これまで何度も申し上げてきた通り、大統領がやろうとしていることを、わたしどもの方から事前にお伝えすることは断じてありません」と述べた。[†4]

トランプが「人民の敵」と好んで呼ぶ主流メディアも、手がかりを掴めなかった。『ヴォックスメディア（Ｖｏｘ Ｍｅｄｉａ）』は、トランプの発言を「奇妙で不気味」と呼び、ＮＢＣニュースは「不可解だ」と評した。『ワシントンポスト』は、「不快で愚か」な発言が「世界を危機に陥れている」と嘆いた。『ニューヨークタイムズ』は「トランプ大統領は何が言いたかったのか」と発言の意味するところを問うた。[†5] 誰も知る由《よし》がないことは明白であった。

主流メディアはトランプの狙いが一体何であるかを明らかにしようと努めていたが、トランプは実際のところさほど深く考えていなかったのかもしれない。その一方で、一握りの匿名のトランプ崇拝者たちは、トランプの考えていることがわかったと確信したのであった。

トランプの発言が、軍事作戦に関わるものであることは確かだった。加えて、ある巨大な秘密が初めて公の場で顕《あらわ》になったのである。その秘密には食物連鎖の頂点に位置する人々が関わっていて、その人たちにはもっとも残忍な方法で正義を実現する力が備わっている。ひとたびその秘密の全貌がアメリカ市民（大半の人間は眠っていてその秘密に気づくことはできない）に明らかにされれば、アメリカ人の生活はより良く変化していくことになるだろう。そのように考えた人たちが、4chan にいくつかの投稿をし、やがてQアノンと呼ばれることになるムーブメントが生まれたのであった。

4chan における「匿名インサイダー」たち

狂気を生み出し殺人事件まで引き起こすことになるQアノンだが、最初は違っていた。4chan には、秘密を打ち明ける内部告発者であると自称する投稿者たちがすでに数多くいて、Qアノンもその系譜に連なるものとして始まったのである。紛らわしいことではあるが、これらのアカウントも「アノン」（Qドロップを読んで解釈する人たちに用いる言葉と混同しないように）と呼ばれていた。

4chan は、日本で絶大な人気を博した2ちゃんねるの英語版として、二〇〇三年に一五歳のニューヨーカーが立ち上げた匿名掲示板である。完全に匿名の掲示板であり、その言論には節度の欠片《かけら》もない。瞬く間に書き込みの情報が流れてゆく掲示板はあまりに混沌としていて、それゆえ外部の人間にとってその内容はほとんど理解不能といってよい。だがこうした特性がかえってネットの中の最悪の部類の人々にとっては好まれたのである。4chan のユーザーたちが絶えず法的なトラブルを引き起こしたために、オーナーは二〇一五年に4chanを手放すこととなった。Qアノンが出現する頃までに、4chanは右翼の荒らし屋やトランプ崇拝者らの天国となっていたのである。[†6]大半の「一般人」からみれば、4chanは人気のミームが誕生する場として、またネットのトレンドの最前線として知られていた。だが過激思想について調査する人間やジャーナリストにとっては、ネオナチについて語る人間や過激なポルノ、メディアに登場する女性への容赦ないハラスメント、暴力的な脅迫や陰謀論などに対して非常に寛容な空間として知られていたのである。

もし、悪者を退治するための秘密作戦に関わっている政府筋の人間であるかのように振る舞いたいのであれば、4chanの無秩序な/pol/[(1)]のフォーラムはうってつけの場所であろう。ユーザーたちはその掲示板がどんなものであるかをよくわかっているので、好んで騙されたふりをしてくれる。そのフォーラムには、「クリントンの事件の内情に精通している」FBIアノン（FBI Anon）がいる。そうかと思えば、ハイウェイ・パトロール警官を名乗る別のアノン（HighwayPatrolman）は、エリートたちがつくる児童人身売買のネットワークについて数千もの投稿を行っている。その組織は、アドレノクロムと呼ばれる超強力なドラッグを手に入れるために、幼児の血を飲み干しているという。アノン5（Anon5）やフランク（Frank）と呼ばれる別のアノンは、「ディープステートの人身売買ネットワーク」を示す粗雑なマップをつくりあげた。なおこのディープステートの人身売買ネットワークという考え方はQの投稿においても繰り返し取り上げられることになるものだ。[†7]ハイレベル・インサイダー・アノン（High Level Insider Anon）を名乗る人物は、4chanを長い質疑応答のセッションの場として利用した。そのセッションでは「ジョン・F・ケネディは、

（1）（訳註）/pol/は、正式にはPolitically Incorrect（政治的に不適切）と表記される4chanのスレッドのこと。

秘密結社と連邦準備銀行に戦いを挑み、そのせいで殺された」といった類の秘密の知識が提供された。[†8] CIAアノン（CIA Anon）やCIAインターン（CIA Intern）、ホワイトハウス・インサイダー・アノン（WH Insider Anon）らも皆4chan の住人であり、彼らもまた匿名の陰に隠れながらエリートたちの汚い秘密を伝えようとしていた。[†9]

これらアノンアカウントの大半は、Qアノンがやがて受け入れていくことになるのと同じ投稿スタイルを用いていた。光の勝利（Victory of the Light）の名で知られているある4chan アノンは、二〇一七年の夏の間ずっと「イベント」のことを書くのに費やした。そのイベントとは、大量検挙によってディープステートが倒され、続けて「闇の勢力から地球が解放される」ことになるという大騒乱のことだった。

だが、大半の「匿名インサイダー」アカウントはそのネタの内容が何であれ、自分たちがやっていることにすぐさま飽きて、悪ふざけをやめてしまった。あるいはディープステートが彼らを黙らせたということになるのだろうか。ハイレベル・インサイダー・アノンが投稿したのは二〇一六年の六月から二〇一七年の三月までの間のみだった。ハイウェイ・パトロール警官は八カ月経過した後に姿を消した。FBIアノンは二〇一六年七月二日に一度だけ猛烈な質疑応答のやりとりをしたのがすべてで、その後二度と姿をみせていない。

これらのことを踏まえていうのであれば、やがてQとして知られることになる人間の最初の正式な投稿が、4chan の /pol/ のスレッドに集まる他の匿名アノンたちに便乗する形で行われたものだったとしても何ら驚くことではないだろう。投稿されたのは二〇一七年の一〇月二八日、ステート・ダイニング・ルームにおけるトランプ発言から数週間後のことだ。「モラー調査[2]」をテーマにした /pol/ のスレッドに次のように書き込まれた。

ヒラリー・クリントンは二〇一七年一〇月三〇日月曜日の朝、東部時間午前七時四五分から八時三〇分の間に逮捕されるだろう。

この「最初のQ」コメントは、Qウォッチャーや Q関連の情報を収集している人たちの間で0番目のドロップ（Drop #0）と呼ばれることがある。トリップコード「gb953qGI」として知られるその投稿者は、同じスレッドで「計画」にも言及している。この衝撃的な暴露情報を誰も信じなかったのは当然のことであろう。一見してFBIアノンや光の勝利の主張となんら違いがないのである。何の証拠も示されていないし、証拠を求められるような場所でもない。悪ふざけのネタが満載の掲示板の中にもうひとつネタが加わったというだけのことだったのだ。

だがこのネタに便乗し、ヒラリーがもうすぐ逮捕されるという指摘を引用しながらゲームに興じた人間がいた。最初の投稿を取り上げて、そこに詳細を付け加えた人間がいたのである。世界中に広がるQアノン現象の始まりの瞬間である。今では一番目のドロップ（Drop #1）として知られるものが、最初の投稿に応える形で書き込まれた。その全文は以下の通りだ。

HRC〔ヒラリー・クリントン〕が万一国境を越えて逃亡したときのために、昨日いくつかの国と

（2）（訳註）モラー調査とは、二〇一六年の米大統領選へのロシアの政治的介入をめぐって、特別検察官ロバート・モラーを中心に実施された調査のこと。調査の成果がまとめられた報告書は、モラー報告書ともいわれる。

の間で彼女の身柄を引き渡してもらうための取り決めが行われた。パスポートも一〇月三〇日の深夜一二時一分に停止される。これに反抗して大規模な暴動が組織される可能性があり、国外逃亡する人間がでてくるかもしれない。海兵隊が作戦行動に移り、州兵も動員されることになるだろう。一〇月三〇日に全米主要都市で州兵の作戦が始動できるように人員が配置されることになるが、それをみればはっきりするだろう。

まるでテクノスリラー小説のオープニングの文章のようである。ロバート・ラドラムが書くものと比べても遜色がない。わずか数行の文章ではあるが、ヒラリー・クリントンが決死の逃亡をはかって、名も知れぬ国の国境でパスポートが停止され、秘密裏に逮捕されるというのだ。社会機構が瞬く間に自《おの》ずから崩壊し、州兵や海兵隊が動員される事態へと至る。もしそれを嘘か本当か確かめたいのであれば、制服を着た軍人を見つければよいだけのことだ。彼らは都市の秩序を回復するために、それぞれ自分の持ち場の都市へと向かっているのだから。そしてそれらすべてのことは、数日以内に起きるというのである。

二番目のドロップは、同じスレッドに三〇分後に書き込まれた。物語をさらに進め、トランプの「嵐の前の静けさ」発言にはっきりと言及し、次のように大げさに問いかけたのである。

なぜＰｏｔｕｓ（原文ママ）〔大統領のこと。正式にはＰＯＴＵＳと表記する。President of the United States の略〕は将軍たちに取り囲まれていたのか。
軍事的機密情報とは何なのか。
なぜあの三文字の組織の噂が広まっているのか。

この二番目のドロップは、根深い反ユダヤ主義とパラノイア〔妄想症〕がQアノンの力となっていることを示す最初の例でもある。ドロップの中では二度にわたって、ハンガリー出身のユダヤ人投資家である大富豪ジョージ・ソロスについて言及されている。ドロップはもったいぶった調子で「なぜソロスは、最近になって全財産を寄付したのだろうか」と実際には起きてもいないことについて疑問を呈したのである。

最初にいくつかの投稿が行われた後、Qドロップは凄まじい勢いで投下され続けた。次の日には一一件の投稿が行われ、その二日後には九件が投稿され（この間予言されていたはずの「嵐」の日にQは活動しなかったことになる）、その後一五日間毎日投稿が続いたのであった。

初期の投稿は、ナンシー・ペロシ、ジョージ・ソロス、諜報機関に残留するオバマ政権の人材、NSA（国家安全保障局）、ジェフ・セッションズ〔トランプ政権下で第八四代司法長官を務めた人物〕、アンティファ(3)運動、ディープステートなどに関する「極めて衝撃的」で「到底すべてを暴露することなどできない」真実について語るものだった。Qは、トランプが将軍たちや司法省関係者と電話のない（だから情報が漏れることのない）隠し部屋で秘密の会合を行っているのだと語った。Qの投稿（すなわち「コミュニケーション」）だけが、愛国者たちに解き放たれようとしている地獄のことを教えてくれたのである。

Qによれば、すべてのことには裏があった。初期の投稿でQが主張したのは次のようなことである。ロ

(3)〔訳註〕アンティファは、アンチファシズムを意味する極左集団のこと。一九三〇年代初頭に、アドルフ・ヒトラー率いるナチス・ドイツの台頭に対抗した社会主義者集団が歴史的ルーツとされる。白人至上主義者やネオナチに対する激しい抗議行動を実践し、暴力行為や破壊行為も辞さない姿勢で知られる。

バート・モラーが、トランプの大統領選挙陣営とロシアの間に共謀があったかもしれないと調査しているのは、実際にはモラーが本当に悪い連中を調査するための隠れみのにすぎないのだということ。ジョン・マケインのガン手術は嘘だという主張。トランプは非常に裕福であり、ワシントンの伏魔殿の中で腐敗することはないと考えられたがゆえに、軍がトランプに大統領選への出馬を求めたということ。バラク・オバマは、トランプを弱らせるためにトランプに先立って外国各地に足を運んでいたということ。そして、トランプ政権がスキャンダルのリークや失敗ばかりのように思われるものの、本当はトランプがあらゆることを完璧にコントロールしているのだという主張である。

Qドロップが示したのは、トランプのMAGAムーブメント〔MAGA＝Make America Great Again〕に立ちはだかる巨大な敵を打ち倒すための数多くの計画であった。それらは実によく考えられ、詳細を極めるものであった。それらの計画は、ただ実現されるのを待つばかりであったのだ。

全体像を理解する者たち

Qドロップは最初の一二〇を超える投稿を通じて、近いうちに何が起きるのかを時系列的に示し、愛国者たちにドロップの解読と事態への備えを促した。ヒラリーが一〇月三〇日に逮捕され、ポデスタは一一月三日、ヒラリーの側近であるフーマ・アベディンがその三日後に逮捕されると伝えた。これらの人たちはなぜ同時に逮捕されないのか不思議に思われるかもしれない。当然の疑問ではあるが、回答を期待することはできない。いずれにせよ、暴動が起きる可能性や他の暴力行為（一一月四日に起きるのではないかと言われたのが「アンティファ暴動」であり、この暴動についての右翼の陰謀論はよく言及された）が生じ得ることを市民も警戒する必要があり、そのために州兵が待機していると考えられた。また騒乱に乗じて他国につけ込まれないように空母が警戒態勢に入るとも考えられた。大統領とその側近は身辺警護を強化し、表立って検挙することが難しい大物たちを速やかに排除するために身柄が確保されることになるとも考えられた。審判が下されるときが来たならば、トランプ自身が「嵐が来た（the storm is upon us）」とツイートし、そのとき、大量検挙が始まると考えられたのである。

最初の数日間、投稿者にはまだ名前がなかったので、インフォ・ダンプ・アノン（Info Dump Anon）とかラーパー・ガイ（LARPer Guy）と呼ばれた。[†10]だが、三四番目と三五番目のドロップで、投稿者は自分たちのことについてQクリアランスを持つ愛国者であると正式に名乗ったのである。「Qアノン」という言葉は、その翌日、皮肉なことにカナダ人の 4chan ユーザーによって初めて用いられたのであった。[†11]Q神話ができあがりつつあった頃に、Qは三四番目のドロップで次のように宣言した。「疑いもなく、あと数日のうちにわれわれは気づくことだろう。われわれを傷つけ、残された微かな光さえも奪おうとする専制君主たちから、偉大な祖国（自由の国）を取り戻しつつあることを」。祖国を取り戻すためのプロセスにおいては、一時的に戒厳令がしかれ、虚偽の情報がメディアにリークされ、緊急警報システムが活性化するということだった。なお、この緊急警報システムは、Qが間違って緊急放送システムと呼んでしまったものだが、実際には一九九七年に廃止されている。Qはまた、軍隊が民間警察として活動できないようにしている「特定の法律」を除去することを約束した。加えて、軍隊が街頭に出動し、超法規的な逮捕や裁判を実行し、反逆者を連行し、大統領が反逆者たちをすべて粉砕していくことを約束した。そしてこれらのことすべてがほんの数日のうちに起こるとされたのである。

生まれたばかりの陰謀論をいち早く信じた者たちは、目前に差し迫った騒乱について最初に知ることができたので、そこから恩恵を得ることができた。何が起きようとしているのかを理解するのに必要な手立てが備わっていたし、事態を鎮圧するためにどうやって参加すればよいかもわかっていた。六〇番目のQドロップではそうした初期の信者たちが得られる特別な地位が強調された。特別な地位を与えられるのは、今まさに何が起きようとしているのか、その「全体像」を理解している者に限られる。その数は一〇人に満たず、うち三人は軍隊に所属しない民間人が含まれているとのことだった。この選ばれし高い地位のグループに属する信者たちは、自分たちが新しく昇る太陽の光をみているのだと考えていた。

Qアノン現象を外側からみている人間にとっては、Qが予言した内容はまるでディストピア小説の無秩序な政治のようにみえることだろう。少なくともアメリカ的な方法といえないことは確かだ。アメリカには、憲法によって保障されているデュープロセス〔法の適正手続〕が存在する。だが、トランプを包囲するディープステートの連中が、トランプを傷つける情報をリークし、秩序を破壊してきたと考える保守派の人間にとっては、Qの語る内容は真っ当な真実、偽りのない正義に思えたのである。Qは、オバマの手下たちが必死に逃げようとするほどに、彼らを縛りつけている縄がどんどんきつく締め上げられていくという、保守派の人間が狂喜するような物語を提供した。七五番目のドロップでは、トランプが外遊先から帰国する頃には、世界が「見違えるほど良くなっている」だろうなどと主張されたりもした。他の多くの過去の陰謀論とは異なり、Qの物語を聞いている人たちは、同時にその物語の一部に参加している。Qは新しい情報を仲間である愛国者たちと共有し、来《きた》るべき事態に備えるよう促したのである。

発生したばかりのQアノン現象は、ゲームなどではなかった。パズルでもなかった。陰謀論でもなかった。三八番目のドロップが主張したように、それはまさにトランプが語った「嵐の前の静けさ」だったのだ。

そして「嵐」の考え方は多くの人々の心を捉えたのである。

4chan からレディットへ

4chan のコミュニティですでに陰謀論を受け入れていた人たちは、Qが最初の数十件の投稿をした段階で、この新たな陰謀論に賛同することを決めたようである。Qが最初に投稿した 4chan の /pol/ のスレッドでは、グアンタナモ収容所行きが決まっている腐敗したディープステートの要人たち、例えば民主党全国委員会職員のセス・リッチ(4)を殺した「本当の」人物や、富豪や権力者の中の小児性愛者について実に多くのことが話されてきた経緯がある。Qの陰謀論は 4chan の中ではいたって標準的なものにすぎなかったのだ。すなわち、この人々はいつでもヒラリー・クリントンの手に手錠をかける準備ができていたということだ。

そして、ヒラリー・クリントンこそは鍵となる人物である。極右の人間は、彼女に関する陰謀論を三〇

(4) リッチは、有権者支援活動を行っていた民主党全国委員会(DNC)のスタッフである。警察によると、二〇一六年七月一〇日ワシントンDCにて、強盗未遂とされる事件で射殺された。リッチの未解決殺人事件は、何年もの間陰謀論として語られた。DNCのサーバーに対するハッキングの背後にいたのが本当はセス・リッチであり、彼がウィキリークスにリークしていたのだと言われた。しかし、リッチはハッカーではなかったし、DNCのサーバーにあるデータにアクセスもしていなかった。リッチが生前両親に語っていたところによると、彼は民主党のために働いていたが、ヒラリーの選挙運動を直接手伝うためにDNCの組織を離れたのだという。何よりも、ロバート・モラー特別検察官が一二人のロシア人情報部員を、DNCのサーバーをハッキングした罪で起訴したという事実がある。リッチの死後、彼の家族は保守系のニュースメディアに対して多くの訴訟を起こした。これらのメディアは、クリントン夫妻やDNCが報復のためにリッチを殺害したという陰謀論を流し続けていたのである。

年にわたってすでに見聞きしていた。そのため、彼女を冷血の殺人者として、外貨を吸い上げる腐敗した人間として、法律を無視した政治的な作戦行動を裏で操る人間としてみるようすでに条件づけられていたのである。ヒラリーが絞首刑になることを4chanのユーザーたちは望んでいた。他のアノンたちも4chanユーザーの望むものを知ってはいたのだが、Qはヒラリーの処刑がどのような段取りによって実行されることになるのかを説明したのである。

「ヒラリーを収監せよ」。あるアノンは、最初のドロップに反応してそう投稿した。他のアノンも「あの女はグアンタナモ行きだ。以上」と付け加えた。Qの他の投稿も同じようなリアクションを引き起こした。アノンたちはQの筋書きに協力するために、どうすれば裏づけとなる情報を得られるかを質問し、Qの投稿者たちに、投稿する情報のスクリーンキャプチャをとって安全に計画を進めるよう伝えた。こうした反応がある間も、4chanにはいつもと同じように反ユダヤ主義と人種差別主義が溢れていた。Qが投稿を始めた最初のほんの数日のうちに、Qの陰謀論を切実に信奉したいと願っているオーディエンスらがすでに存在していることにQが気づいたことは明白であった。

Qが投稿を始めた頃、/pol/のスレッドにあるアノンが書き込んだように、Qのドロップを「頭脳を働かせるための必須の栄養分」と感じている人たちがいたようだ。

注意喚起をありがとう。
あなたは偉大なアメリカ人だ。われわれはあなたを応援する。[†12]

Qの三四番目のドロップは、多くの反応を生んだ。トランプのミームや励ましの言葉、国に奉仕するQ

の中の人たちへの感謝の言葉、称賛の言葉が溢れた。あるアノンは、その熱烈な反応を見事に表現して「これは、とんでもなくすごいことになるぞ！」と力を込めて言った。[†13] 他のアノンたちも4chanで成功を収めたが、しかし、ここまで大きな成功ではなかったし、これほど瞬く間に成功した者はいなかった。

この間、陰謀論界隈の有名人たちも、人気上昇中のQアノンに注目し始めた。そしてQを受け入れていった。

人気急上昇のQの物語に即座に飛びついた陰謀論界隈の人間として、ジョーダン・サザーがいる。Qについての情報を非常に積極的に発信した人物であり、最初の関連動画では一〇月二九日にジョン・ポデスタが逮捕されるかもしれないことに言及し、その数日後には「嵐」についても取り上げた。4chanの外側でQドロップの分析を行い、最初に大きな成功を収めた人物が、フリーランスの陰謀論ジャーナリストであるトレイシー・ディアスだ。陰謀論の世界ではトレイシー・ビーンズの名前でよく知られている人物である。[†14] ディアスはユーチューブで少数のフォロワーを従えて、ウィキリークスの投稿やピザゲートに関する書き込みにコメントしていた。Qの最初のドロップから一週間も経たないうちに、ディアスはQクリアランスを名乗る人物の書き込みについて分析した最初の動画を投稿した。

右翼の周縁メディア関係者の中で、ピザゲート陰謀論の信奉者が最初にQを支持したことは自然な成り行きであった。Qに先行する陰謀論や信用詐欺が数多く存在することはこの後説明することになるが、ピザゲート陰謀論ほどQと直接的なつながりを持つ陰謀論はないであろう。偽情報に詳しいNBCのニュース記者ベン・コリンズは、Qが「バスソルトを服用したピザゲートだ」と指摘している。バスソルトというのは、向精神性の強力なドラッグのことだ。[†15]

ピザゲート事件として知られることになる出来事は、匿名者のフェイクニュースから始まった。その頃は「フェイクニュース」という言葉が、まっとうなニュースサイトを装った場所に掲載される偽物のニュースのことを意味していた。そのフェイクニュースは、二〇一六年の大統領選挙のほんの数日前に投稿された。クリントンの選対本部長であったジョン・ポデスタがハッキングされ、そこから流出したメールの中から文脈を無視して断片的に言葉が拾い集められ、フェイクニュースがつくられた。クリントンとポデスタがワシントンDCにある人気のピザレストラン、コメット・ピンポンを拠点とした小児性愛者のための人身売買ネットワークに関与していると主張されたのである。

ピザゲート陰謀論を信じる人々は、ポデスタのメールの内容などお構いなしに話を進めてきた。コメット・ピンポンの壁には「ゾッとするような」美術品が掛けられているとか、「ピザゲート事件の証拠」だというレディット（Reddit）〔アメリカの掲示板型ソーシャルメディア〕の投稿を取り上げながら、「未成年者とセックスが行われていることが半ばあからさまに、冗談混じりで皮肉めかした調子で推理されてきた」[†16]。コメット・ピンポンの地下室に出入りするトンネルがあると噂されることもあった。オカルト的な儀式が行われているとか、アンソニー・ウイナー〔民主党所属の下院議員として活躍するも、性的スキャンダルで二〇一一年に議員を辞職した人物〕のパソコンには性的虐待時の写真が大量に保存されていて、その写真があまりにもおぞましいために、写真をみたニューヨーク市警の人間が即座に自死してしまったほどだという噂もあった。ジョン・ポデスタのメールには人身売買に関わる暗号が隠されていて、それがウィキリークスにリークされたという噂もあった。それによると少女を「ピザ」、少年を「ホットドッグ」と呼ぶ「小児性愛を示す暗号」が用いられているのではないかということだった。

事実をいえば、コメット・ピンポンに地下室はない。クリントンとポデスタの人身売買ネットワークによって犠牲になった子どもの訴えもこれまでにただのひとつもない。警察はこの陰謀論が嘘であることを何度も明らかにしてきた。ポデスタのメールの中でコメット・ピンポンに言及している箇所にしても、人身売買とはまるで異なる文脈であるか、あるいは他愛のない冗談の文脈の中で触れられているにすぎない。[†17]「小児性愛を示す暗号」は、まさに4chanユーザーたちがつくり出したネタだったのだ。ポデスタが小児性愛者であるという噂を最初に流したのも4chanユーザーであった。ポデスタのメールに「ピザ」に言及する箇所が頻繁にあるといっても、そのほとんどは広告であったり、ポデスタの名前が入った選挙運動のメールであるにすぎない。注意してほしいのは、ポデスタのメールはロシアの諜報機関によって盗まれたのであって、セス・リッチによってリークされたわけではないということだ。[†18]また、ウイナーのパソコンにはどんな性的な画像も保存されてはいなかったし、そのパソコンを検分したのもニューヨーク市警ではなくFBIだった。

ヒラリーに反感を持つメディア関係者や海外のフェイクニュース工場が、大統領選に前後して、容赦なくピザゲート陰謀論を拡散した。その結果、コメット・ピンポンには、子どもたちが拉致されて恐るべき生贄《いけにえ》の儀式の犠牲になっていると信じた人たちから脅迫が殺到するようになった。そのひとりがノース・カロライナ在住のエドガー・マディソン・ウェルチであった。彼は二〇一六年一二月上旬、子どもたちを救出するために、AR15ライフルを手にコメット・ピンポンに踏み入った。ウェルチは地面に向けてライフルを数発撃った後で逮捕され、四年の実刑を受けて監獄送りにされた。[†19]

子どもが虐待されていることや、ヒラリー・クリントンとその周辺の関係者がこの陰謀の中心にいるというピザゲート事件の不気味な内容は、Q神話のほんの小さな一部を占めるにすぎない。しかし、それらは極めて重要である。事実、Qはピザゲート事件の考え方に繰り返し立ち返るのである。Qは決して「ピザゲート」という言葉を使わないのだが、その考え方を容易に読み取ることができる。ピザゲートについての動画やミームを漁っていた右翼メディア関係者が、一年もしないうちにQに夢中になってしまうのも無理からぬことだった。

トレイシー・ディアスもそのひとりだ。ディアスは最初の動画でQの投稿が「かなり特殊な内容で不気味な」主張であるが、投稿している人間は「ちゃんとした人だと思う」と語っていた。彼女の動画のタイトルがすべてを語っている。大げさな調子で、「もう始まっているの?」と彼女は問いかけた。数週間のうちに二五万回以上も再生されたその動画は、最終的に削除されて消滅してしまった。二〇二一年の議事堂襲撃事件後に大手ソーシャルメディアがQアノン関連の情報を取り締まるようになる以前の段階で、彼女の膨大なツイートや動画は削除される憂き目にあったのだ。

ディアスのブログによると、彼女は/pol/の二人のスレッドの主、パンフレット・アノン(コールマン・ロジャースの別名で知られている)とバールーク・ザ・スクライブ(BaruchTheScribe=南アフリカのウェブデザイナー、ポール・ファーバー)から連絡を受けた。その二人はディアスのQ動画が注目されたのをみて接触してきたのだ。この二人は、Qの陰謀論をもっと多くのオーディエンスに広めたいと考えていた。4chanのような場所で時間をつぶしているのとは違う層のオーディエンスに広めたいと思っていたのだ。[†20]ディアスが書いているところによれば、彼らはディアスにレディットでフォーラムを立ち上げるよう働きかけてきたというのだ。そして、二〇一七年の一一月七日、彼らはQアノン専用の最初のフォーラムをレディットに立ち上げた。CBTSストリームと呼ばれるフォーラムだ。CBTSは「嵐の前の静けさ(calm before the storm)」を表している。そのフォーラムは最終的に約二万三〇〇〇人の登録者を獲得し、およそ七〇万件の投稿が行われた。ただし、そのフォーラムがレディットの中で最大のQアノンフォーラムというわけでもなかったのだが。[†21]

Qの活動の場が、人種差別主義者の巣窟である4chanから比較的きちんとした（時々無秩序になることもあるのだが）レディットに移動したことで、Qアノンは爆発的な人気上昇の足場を固めることになった。4chanは初心者に敷居の高い場所であるが、レディットはシンプルで新規参入者を歓迎する場所だった。レディットはすでに頑強な陰謀論コミュニティを抱えていて、その陰謀論フォーラムには当時五〇万を超える登録者がいた。つまりレディットとQは相性がよく、そのためCBTSストリームは瞬く間に成長した。

しかし、Qが最初に広めた物語を正当化しようとするならば、予言の内容がすでに始まっているはずの一一月までには修正される必要があったことは明らかだ。最初の何人かの逮捕は、Qが示した計画によれば、すでに実行されているはずだった。

二〇一七年一一月一四日（ヒラリーが逮捕されると言われた日付から一週間以上が経過していた）、Qは一五五番目のドロップを投稿した。まるでそれが最後の投稿であるかのように書かれたその内容は、軍人が使いそうな意味不明の言葉の羅列で、命令が正式に承認され、起訴状が封印を解除されたことを告げるようであった。

機密事項 D-TT v891_0600　了解
グリーン 1_0600
掩蔽壕《えんぺいごう》　アップル　イエロー　スカイ［…+1］
了解
幸運を祈る

Q

それからどうなったか。何も起きなかった。Qは三日間沈黙した。ヒラリー・クリントンは逮捕されなかった。ストリートで暴動も起きなかった。戒厳令も発動されなかった。緊急警報システムも発令されなかった。トランプは「嵐」についてツイートしなかったし、誰ひとり犯罪者として連行された者はいなかった。陰謀論は完全に破綻したのである。こうしてQアノンの最初期の信者たちは、Q神話の信者であるためにひとつの問題に直面することになった。つまり、予言が反証されるという事態に直面したのである。

Qドロップはなぜ曖昧な表現になったのか

かつてレオン・フェスティンガー、ヘンリー・リーケン、スタレンレー・シャクターらは一九五六年に出版された『予言がはずれるとき』でUFOカルト集団の研究を行った。その古典的研究によると、カルト集団が予言していた世界の破滅が実現されなかったにもかかわらず、そのカルト集団の活動が終わることはなく、世界の終わりがやってくるという信仰も消滅しなかった。だからQが予言していた日に何も起こらなかったとしても、その後Qが消滅しなかったことにさほど驚く必要はない。信者たちは最初に望んでいたものを手に入れることができなかったとしても、自分たちが聞いていたこと、求めていたものを引き続き信じることを望んだのである。

だが、Qの投稿の仕方に変化の兆候がみられた。日付を特定したり、何が起きるかを細かく説明するような予言は行われなくなった。その代わりに、Qドロップは細かい説明が省略された神秘的なフレーズや出鱈目《でたらめ》のようにもみえるポップカルチャーへの言及、「これがなぜ関連するのか」といったようなお決まりの質問で溢れるようになった。Qはすぐさま、明確な予言をする人というよりも、気さくに励ましをくれる人として認知されるようになっていった。そしてQのファンたちは、Qに夢中になったのである。

一五五番目のドロップが期待外れの結果に終わる前から、Qは一二八番目のドロップで「虚偽の情報が必要なこともある」と主張していた。要するにQはフォロワーたちに、Qが時として嘘をつくこともあると言っているのだ。そして、その嘘はフォロワーたちのためを思ってのことなのだ。

Qが予言を外し、掲示板に戻ってから数日ほどして、凄まじいほどの投稿を始めた。そこでQは、本当に実行されたのが実はヒラリー・クリントンの逮捕ではなく、サウジアラビアにおける一斉検挙だったのだと主張した。モハンマド・ビン・サルマン王子が命じて、彼を脅かす政府の大臣、年少の王族関係者、ビジネス界の名士などを一斉に検挙して拘束したのである。[†22]

最初の投稿では、Qがアメリカ人の関与する陰謀論ばかりを語っていたことはどうでもいいことだ。また、このサウジアラビアの出来事にQが最初から注目していたと思う人間は、Qのコミュニティにもいないということも気にしなくてよい。そんなことは大した問題ではないのだ。結局のところ、虚偽の情報が必要とされるということだ。Qは早くも一三四番目のドロップで、謎めいた「トライアングル」の一角が取り除かれること、また悪の秘密組織が支配する日々がすぐに終わりを迎えることを主張した。だが同時にQは理解したのである。空が落ちてくるという予言をする場合、その日時を正確に指定してそれが外れてしまうと、人々は空について考えることをやめてしまうということを。

だからこそQは、大袈裟に問いかけたり、ミームやフォックスニュースの記事へのリンク、聖書の一節などを投稿するようになり、短時間で消えてしまうメッセージを手あたり次第に引用したり、ツイッターでQアノンのフォロワーたちに叫んだりするようになったのだ。Qはこうした方法を通して信者の存在を確認し、信者との間の信頼関係を守ることを好むようになった。具体的なことは何も言わないが、大いなる期待を抱かせる。そうすることで人々は一層陰謀論をじっくりと噛み締めるようになるのだとQは悟ったのだ。
Qはスティール文書[5]がクリントン陣営による偽造だと示唆し、またディープステートに関わる多くの名士たちが、すでに逮捕されていて、彼らは足首につけられた監視装置を隠すために医療用ブーツを履いているのだと仄《ほの》めかした。Qはトランプに惜しみない賛辞を与え、恐ろしい犯罪に手を染めて強制的に辞任させられた共和党議員たちには嫌味をいった。Qはまた次のようなことを繰り返し主張した。CIAが北朝鮮で屈服させられた（糸が切れた）、タイタニック号は連邦準備金制度を設立するために意図的に沈められた、ヒラリー・クリントンはQチームと取引しようと試みてきた（二七八番目のドロップ：「われわれはノーと言った」）などである。ドロップの五三三番目では、トランプのための非常にわかりやすいコードネーム「4、10、20」を使い始めた。これはトランプの名前の頭文字DJTを、アルファベットで何番目にあたるかで示したものだ。Qはさらに九二八番目のドロップで、ドイツのアンゲラ・メルケル首相が本当はヒトラーの娘で、その出生の秘密は「世界を驚かせるだろう」と述べた。もっともそのアイデアはフェイクニュースブログの「それってどういう意味」で二〇〇七年に投稿された内容から盗用されたものだったのだけれど[†23]。

　頻繁に引用されるQアノン独特の表現の大部分は、最初の予言が外れた後数週間の間に生まれた。ドロップの一五一番目以降で何度も言及されることになる、司法省が準備中の「知られざる起訴」が初めて取り上げられた。最終的には二五万にも及ぶ起訴案件のリストが存在するというのだ。そのわずか数日後、ドロップの一六八番目において、Qの壮大な陰謀論に登場する人間たちがすべて結びつけられたQマップが紹介された。その頃からQは大手ソーシャルメディア企業を標的にし始めた。ドロップの二一四番目ではフェイスブックが「スパイの道具」であることを仄めかしている。また二四四番目のドロップは、Qのツイートとトランプのツイートの「偶然の一致」を指摘する最初のものだった。Qはその後無数に同様の指摘を行うが、それはQとトランプがつながっていないなどということは「到底あり得ない」ことだと「証明」しようとするものだった。

曖昧さを武器とするようになったQは、さらに写真も曖昧な武器として用いるようになった。トランプが金正恩とサミットを開催したシンガポールでの様子を写したぼやけた写真や、トランプ大統領の署名を極端に近い場所から写した写真、トランプが使っていると言われているペンの写真、Qパン職人（Qアノンたちが Qドロップの解釈をわかりやすくまとめた「パン」と呼ばれるまとめ情報をつくる仲間のことをそう呼んでいる）が即座にエアフォースワンの中から撮影された写真だと「推測」した、名も知らぬどこかの島の写真などがQドロップとして投稿された。それらの写真は、ホワイトハウスと深いつながりを持つ誰かでなければ撮影することができないはずのものということだった。とはいえ、少なくともアジアに知り合いがいたり、フォトショップの初歩的な知識がある人ならば可能な投稿ではあるのだが。

人種差別や反ユダヤ主義がQの投稿に忍び込み始めたのも同じ頃だ。Qは、ロスチャイルド一族が地球上のあらゆる中央銀行を所有しているという反ユダヤ主義のデマを蒸し返すような四つの投稿を行った。それからジョージ・ソロスの陰謀論を長年話題にしてきた陰謀論者たちと一緒になって、ソロスを容赦なく攻撃するようになった。Qはまた、バラク・オバマを彼のミドル・ネームであるフセインという呼び名

（5）（訳註）スティール文書とは、二〇一六年アメリカ大統領選でロシアとトランプ陣営が共謀したことを主張する元英情報員クリストファー・スティールがまとめた文書のこと。二〇一七年に流出して注目を集めたが、その後の調査や訴訟において、文書の内容や情報源は信頼性に欠けるものであることが判明した。

で呼ぶようになっていった。その目的は明白であった。バラク・オバマのミドルネームを強調することで、彼がアメリカ合衆国で生まれた人間ではなく、したがって大統領になる資格を持たないと主張したかったのである。その主張はドナルド・トランプが盛んに広めようとしたものであり、Qもまたこの陰謀論を一緒になって広めようとしたのである。

その後、最初の投稿からちょうど一カ月経過した後で、Qは訳のわからない言葉を並べた投稿を行った。その二三〇番目となるドロップで、4chanが「侵入された」と主張し、4chanを後にして、4chanの親戚ともいえるさらに混沌とした匿名掲示板 8chan へと移ったのである。

いったい全体、自由と真実の敵を破壊するための秘密の軍事作戦が、いかにしてこうも短期間のうちに完全に乗っ取られることになったのだろうか。何をどうすれば秘密の軍事作戦とやらが最初から失敗してしまうことになるのか。そしてQが4chanを去った「本当の」理由とは何なのだろうか。

Q信者たちの誰ひとりとしてこうした疑問を持つ者はいなかったし、その答えがどんなものであり得るかを誰も気にもとめなかった。それは非常に奇妙な出来事であったが、主流メディアがその出来事に何ら気づくことはなく、世間から注目されることもなかった。

メディアは注目すべきであったのだ。Qが4chanから8chanへと飛び移る頃には、Qの陰謀論は本格的に流行り始めていた。Qアノンは瞬く間に、ダン・ブラウンの小説を彷彿とさせる謎解きやトム・クランシーの小説に登場するような特殊部隊のコスプレ、『ターナー日記』(6)のクライマックスに出てくるようなリベラルたちの死刑といった話題がひしめき合う場所になった。それらが合流して善と悪との秘密の戦争についての壮大な物語を織りなし始めたのである。

Qアノンはすでに大量の信者たちを生み出していたし、Qアノン関連商品がひとつの産業となり始めていた。Tシャツから手づくりのQ型イヤリングに至るまで関連商品が量産され始めていた。そして、何度も繰り返されることになるパターンが生まれつつあった。Qによる熱狂的な投稿が行われ、その後予言が外れ、その状況についてのQの説明を、トランプによる解放を静かに待ちわびる信者たちにQの伝道者たちが伝えるというパターンだ。

Qのおかげで名前が売れた人たちがいたが、Qアノンのムーブメントはそうしたインフルエンサーを生み出すだけにとどまらず、主流の右翼メディアが扱う情報娯楽系コンテンツの供給源として業界周縁部に食い込んでいった。狭く暗い場所から這い出してきたのだ。右翼の著述家でありオバマの出生地に関する陰謀論を熱心に主張していたジェローム・コルシは、このときすでにQの陰謀論に熱中しており、レディットのCBTSフォーラムでQドロップの解読を行っていた。Qが4chanを去った月の後半、Qアノンは右翼界隈で極めて大胆な一歩を踏み出すことになった。4chanで早くからQの信奉者であったポール・ファーバーとコールマン・ロジャースがアレックス・ジョーンズのインフォウォーズ（Infowars）に出演したのである。

（6）（訳註）『ターナー日記』は、主人公のアール・ターナーがユダヤ人に支配された連邦政府に対して革命闘争を挑む小説。ユダヤ人や有色人種に対する憎悪と暴力が繰り返し描かれる。白人至上主義者やネオナチから大きな支持を得て聖典視されている。

第3章　君たちは本当にすごい
――Qアノンの成功

大統領の側近

Qは、代替現実ゲーム（Alternate Reality Game）にすぎないと考える人々がいる。Qの始めた代替現実ゲームが、どういうわけか間違った方向に進んでしまったもの、それがQアノン現象であるというのだ。そうした人々はQがおかしくなっていったのは、ゲームを楽しんでいた人たちの悪意によるものであったか、外国の諜報機関の陰謀であったか、はたまた謎解きゲームとして始まったものを国内の敵が「ハイジャック」したかのいずれかだというのである。[†1] Qのことを、単に精巧なゲームであったにすぎないとか、ゲームをつくった人間が制御できないほど巨大化する失態をやらかしたのだと思われてしまう理由があることは事実だ。Qの投稿が始まったときに、最初に投稿した人たちがどんな意図を持っていたのだとしても、瞬く間にその意図を超えてQアノンは成長したのであった。

Qアノン現象はまた、ポール・ファーバーのような初期の支持者の思惑をも超えて成長した。ポール・ファーバーは南アフリカのウェブ・デザイナーで、レディットで最初の公式フォーラムCBTSストリームを立ち上げたメンバーのひとりだった。Qが8chanに移ったとき（いまだその理由は知られていない）、Qは8chanにあるファーバーの個人掲示板に投稿を始めた。紛らわしいことに、それもCBTSと呼ばれていた。8chan の掲示板は独自のトリップコードで認証を行う。暗号化されたパスワードで、ユーザーたちは本人確認が行われていることを証明するのである。[†2] この点をもってして、ファーバーがQであるという結論を引き出すことはできない。ファーバーは一貫してQとして投稿していたことについて否定してきたのだ。しかし、大統領の意を受けて任務に従事していると自称するQなる人物が、ポール・ファーバーの好意のもとで投稿していたこと、この点ははっきりしている。ファーバーはいつでもQを締め出すことができたはずだし、8chan の自分の掲示板を閉じることだってできた。だが、彼はそうしなかった。また、ファーバーはインタビューにほとんど応じることのない人物であるが、実況配信の動画やメールのデータの痕跡を残していて、そこから彼がQの本物の信者であったか、あるいは信者のふりをするのが非常に巧みであったか、そのいずれかであることは証明されるのである。

ファーバーは、Qが自ら名乗る通りの人間であると信じていた。彼はQが「大統領の側近」であり、ごく少数の上層部の人間だけが知る機密情報をQが握っている「動かしがたい証拠」があると思っていた。[†3] サウジアラビアにおける粛清やジェイコブ・ロスチャイルド男爵の誘拐が失敗したこと、トランプ大統領のツイッターアカウントがディープステートによって停止されたことなどについてである。いずれも世界を揺るがすほどの大ごとであり、それらのどれかひとつでも公になれば、眠れる大衆に衝撃を与えることになるだろう。何はさておき、それらを公にすることがまずは重要なことであった。

ファーバーと彼の仲間でありCBTSストリームの共同設立者であるコールマン・ロジャース（パンフレット・アノンとして知られている人物）は、Qの発信する重要な情報は、8chan の人種差別やポルノといった次元を超えて広まっていくべきものであると理解していたようである。そしてQのメッセージを広める役割は、すでにQの運動に関わっている一部少数の熱狂的な人間だけでなく、より多くの人々によって担われる必要があった。

だからこそ、ファーバーとロジャースは、Qをベビーブーマー世代に向けて売り込んだのである。彼らがQを売り込んだのは、最大の陰謀論メディアであるインフォウォーズであった。

ベビーブーマー世代

二〇一七年の陰謀論界隈では、アレックス・ジョーンズがもっとも有名なスターであった。ジョーンズは、オースティンに活動拠点を置く煽動的な陰謀論者であり、二〇年の活動を通して右翼陰謀論の世界の指導的地位に昇り詰め、陰謀論を世に広めながら何百万ドルもの金を稼ぐようになった人物だ。その彼が瞬く間にQにどっぷりハマったのである。[†4]

しかし、ロジャースとファーバーが出演した段階では、ジョーンズはいなかった。二人はジョーンズ本人と話すことはなかったのである。不本意ながら二人は、ジョーンズの番組のシニア・プロデューサーのひとりであるロブ・デューとのインタビューで満足しなければならなかった。だが最初の一歩としては、それで十分であった。ファーバーとロジャースは、QがCBTSに投稿している情報が世界を変えるほどの重要な内容であること、また「ディープステート」が必死になって封じ込めようとしていることをデューに向かって語った。そして人々が8chanについて話していることを信じてはいけないと迫ったのであった。Qは愛国者であって、ポルノ業界の人間でもなければ人種差別主義者でもない。Qは本当に悪い連中の思惑を阻止したいと願っていて、そのために助けを必要としているのであると。

「匿名掲示板には活躍する場を持たない人間が大勢います。ですが、彼らは巨大な未開発資源なのです」とロジャースはデューに語った。「彼らは多方面に人脈を持ち、なかには情報機関や軍隊を退職した人たちもいるでしょうし、この戦いにまだ関与していない年配の世代には相当な数の人間がいます」。「われわれの戦いに、より幅広い層の人たちが加わりつつあります」とファーバーは付け加えた。「われわれはいまやユーチューバーに語りかけているし、インフォウォーズに語りかけている。あらゆる人間に語りかけているのです」。もちろん、本当にすべての人間に語りかけているわけではない。ファーバーが明らかにしたように、彼らは主流メディアを信頼していなかった。彼らにとって、信頼が置けるのは愛国者だけであった。Qだけだったのである。

彼らの目論見は的中した。ファーバーとロジャースが立ち上げたレディットの掲示板は、いまやQについて安心して議論できる場所になっていた。そして彼らは、まったく新しい仲間たちがそこに加わったことを確信した。Qアノンは、8chan の暗くじめじめした場所から抜け出し、ネットにあまり詳しくない落ち着いた「年配の世代」を捉えるに至ったのであり、このことがQの成長にとって重要な意味を持つこととなった。ファーバーとロジャースが狙いをつけた世代は、彼らが考えた通りの人々であった。プリンストン大学とニューヨーク大学に在籍する研究者たちが二〇一九年に行った調査によると、六五歳以上のフェイスブック利用者は、通常の七倍もフェイクニュースをシェアする傾向がある。[†5] 高齢者世代は、Qムーブメントの参加者としてはまさに完璧な人々であった。高齢世代の参入があまりにも急激かつ集中的であったために、8chan のツイッターアカウントまでが便乗したほどだ。コンピューターの画面に見入る二人の高齢者の写真を投稿し、次のようにツイートした。「何年もの間、冗談で言ってきたことなのだけど、Qアノンのおかげでそれが現実のものとなりつつあるようだ。ベビーブーマー世代の人々よ、それはまさにあなた方の掲示板だ！[†6]」

Qアノンはやがて世界中に広まり、アメリカ政治をひっくり返すことになるが、二〇一七年の終わり頃までにはすっかりそのための環境が整っていたといえる。Qは8chanにドロップを投稿していたし、Qの解読者たちはQドロップの分析に忙しく、Qアノンのムーブメントは日を追って成長を遂げていた。これら解読者たち、前述したジョーダン・サザーやQアノン76、ストーム・イズ・アポン・アス（StormIsUponUs）やイン・ザ・マトリックス（InTheMatrixxx）のようなツイッターアカウントは有名人になった。これらの名前はゲーマーのハンドルネームのようでどこか馬鹿げた響きを感じさせるものであり、いずれも最終的にすべてツイッターから永久停止処分を受けている。だが、Qアノンのコミュニティにおいて、Qが投稿する謎かけに彼らが解釈を示すと非常に大きな反応が生まれるのだ。有名アカウントがQの謎かけをシェアすると、何千もの「いいね」やリツイートが生まれる。そしてそれらに付随して、Qの運動に反対する人々に殺害予告が行われたり、大袈裟な罵《のの》りが加えられたりもする。

この頃Qの世界において、もうひとり有名人が生まれた。二〇一七年一二月二八日、自費出版の著者でありプレイング・メディック（本名はデービッド・ヘイズ）という名前で知られている人物が、Qドロップを分析した無数のユーチューブ動画をアップロードし始めたのである。ヘイズはキリスト教とセルフ・ヒーリング〔自己治癒〕を結びつける動画をつくるところからユーチューブを始めた。それらの動画は通常およそ一千回程度の視聴回数を記録した。だが、彼の最初のQ動画の視聴回数は、一万五〇〇〇もの数字に跳ね上がったのである。数カ月のうちに、ヘイズはネットでもっとも精力的にQのネタを量産する人間のひとりになった。ヘイズのユーチューブチャンネルの登録者数は二五万人を超え、常時数十万の視聴回数を稼ぎ、大量の彼の模倣者と協力者を生み出したのである。Qのネタを早い段階から取り上げた人物のうち、よく知られているのは、精力的なユーチューブチャンネルのX22レポート、ゴシップネタを扱うコラムニストから「人身売買問題の専門家」となったリズ・クロッキン、ニュースを取り扱うブロガーのダステイン・ネモス、脚本家になり損ねた陰謀論者でありQの生態系におけるビッグ・ネームのひとりとなった「ネオン・リボルト（Neon Revolt）」などである。[†7]

ワトキンス親子の登場

数週間後、もうひとりの新しい登場人物がQの物語に参入してくることになった。Qアノン現象を語る上で不可欠の人物であり、主要メディアは最終的にその人物こそがQであると考えるようになった。[†8]

その人物とは、ジム・ワトキンスである。元米軍のヘリコプター修理工の経歴を持つ中年ビジネスマンのジムは、アジアン・ビキニ・バーと呼ばれる日本人のポルノサイトを立ち上げて成功させ、その収益をもとに技術系の会社やベンチャー企業に幅広く投資してきた。[†9] Qが活動を開始する二〇一七年までに、彼は日本で大成功を収めていた匿名掲示板2ちゃんねるを手に入れていた。この2ちゃんねるに触発されて同様の匿名掲示板である4chanがつくられることになった。彼はまた、Qが近年新たな活動拠点とするために移動してきた8chanの所有者であり管理人でもあった。彼は8chanの創設者であるプログラマーのフレドリック・ブレンナンから8chanを奪い取った。8chanは、もとはブレンナンが二〇一三年に立ち上げたものである。[†10] ブレンナンは4chanに取って代わる自由な言論空間として8chanをつくった。4chanは、ゲームメディアの世界で女性に対するハラスメントや個人情報を晒《さら》す行為、脅迫が相次ぐのを何とか防ごうとして、大胆にもゲーマーゲート・スキャンダル(1)についての議論を禁じたのである。

4chanがアナーキーなコンテンツに対してわずかとはいえ寛容ではなくなったことで、8chanの人気が爆発的に上昇した。しかし、ブレンナンは8chanの経営を続けていくことができなくなった。ジム・ワトキンスが関わるようになったのは、このときだった。8chanのホストを買って出て、ブレンナンを雇って

8chan の管理にあたらせたのである。ブレンナンはワトキンスのもとで働くためにフィリピンに移住した。だが、周縁メディアではよくある話だが、彼らの関係は瞬く間に悪化した。ブレンナンは二〇一六年までにはサイトの管理や投稿をやめてしまった。それからさらに二年間、彼はワトキンスのために他のウェブサイトで時間を費やすことになるのだが[†11]、それはまさにQアノンが 4chan に登場し、8chan へと移行した時期にあたる。Qが活動拠点を移動した理由はいまだにはっきりしない。Qは 4chan が「侵入され」たと主張し、ファーバーはNBCニュースに対して、4chan の掲示板が「攻撃」を受けるせいでQにとってはもはや使用に適さなくなったと語ってはいるが、Qの拠点が移動した理由が十分明らかにされたとは言えないのである[†12]。

ブレンナンに言わせれば、Qがファーバーの 8chan の掲示板に投稿を始めたとき、ジム・ワトキンスと彼の息子であり 8chan の管理人であったロンは、ただちにQの人気ぶりに気づいて、Qを欲しいと思ったようだ。ジム・ワトキンスはその頃すでに右翼の陰謀論チャンネル「ゴールド・ウォーター」を立ち上げて失敗していた。だが彼はまだ保守系の情報娯楽産業の世界で自身の名声を高めることに関心を持っていた。そこは金を稼げる世界であり、嘘が異様なものであればあるほど少数のセクトに属する人々が一層それを信じようとする世界である。ブレンナンは、ロンとジムがスラックのチャット上でQを自分たちのものにするための相談をしていたことを、二〇二〇年にポッドキャストの「リプライオール（Reply All）」で語っていた。だが、ワトキンス親子は一貫してそのことを否定してきたし、ブレンナンもそのチャットの記録を手に入れることはできなかったということは念頭に置いておくべきであろう[†13]。いずれにせよ、二〇一八年の一月五日、四六八番目のドロップでQはファーバーの 8chan の掲示板が侵入されたと公然と主張した。そしてロンのハンドルネームであるコードモンキーに対して、「ネットワークを守り」、「将来的に問題が起きることを防いで安全な掲示板を提供する」よう要請した。その直後、QはCBTSの掲示板を去った。つまりポール・ファーバーの管理下から離れたのである。

Qが8chanに移動したことで8chanのセキュリティが厳重になったと考えるのであれば、それは笑止千万である。8chanは（またその後継の8kunも）、「高いレベルで情報が守られている」「安全な掲示板」などではなかった。4chanのFAQ〔よくある質問への回答〕に明確に書かれているし、ブレンナンもはっきりと述べていることだが、匿名掲示板の無防備なトリップコードは簡単に破られてしまう。事実、Qが4chanから8chanへ移動した後で、多くの人がQのトリップコードに侵入を試み、ファーバーは絶えずコードを変えなければならなかった。トリップコードが破られてパスワードを見つけられてしまうと、他の人間がQとして投稿することを許すことになる。ジャーナリストのデール・ベランは、4chanの歴史についてまとめた著書『匿名掲示板とトランプ政治』（*It Came From Something Awful*）において、彼自身がQのパスワードをたやすく取得し、その後8chanの別の掲示板でQとして投稿したことを報告している。そのときのパスワードは「Matlock」であったという。[†14] ハッキングが相次ぎ、偽物のQによるフェイクの投稿が行われてから後、本物のQは「掲示板が侵入を受けた」と訴えてCBTSを去った。最初は他のいくつかの8chanの掲示板に移動し、その後、Qリサーチ専用の掲示板に移動した。その掲示板はQドロップの投

（1）〔訳註〕ゲーマーゲート・スキャンダルの発端は二〇一四年、ある女性ゲーム開発者が、自身の制作したゲームの高評価を得ようとして枕営業をしたのではないかという疑惑から生まれた。不信感を持ったゲーマーたちの間にコミュニティが生まれ、一部の過激な人間が疑惑の対象となった女性の個人情報を晒し、レイプ予告や殺害予告まで実行するようになった。

稿のためにロン・ワトキンスが新たにつくったものだった。それ以前、Qはありふれた匿名掲示板ユーザーでしかなかった。だがいまやQは、自分たちの専用の掲示板を持つようになった。そこはQに対する異論や反論が許されない場所であった。

一見馬鹿げたハッカードラマのようにも思えるが、これがQの物語の大きな転機となるのである。この移動以前は、Qの投稿を実際に行っているのが誰であろうと、それが投稿されている掲示板の関係者であるという証拠はなかったのだ。ドナルド・トランプの意を受けて動いているとQは主張していたが、それにもかかわらず彼らはありふれた8chanユーザーでしかなかった。だがロン・ワトキンスが立ち上げて直接管理するQリサーチの掲示板に移動したことで、Qの投稿は少なくとも8chanの所有者によって管理されるようになった。ロンはトリップコードを管理していた。それゆえ、たとえもし仮に彼がQとして投稿していなかったのだとしても、Qの正体を把握していたということにはなるのだ。そしてQが強調したように、Qとロンの関係は他の人間が入り込む余地のない排他的なものであった。四七五番目のドロップは、「この場所以外でコミュニケーションすることはない」ことを明らかにしている。

二〇一八年一月の最初の週を起点として、それ以降Qは8chanとその後継の8kunにのみ投稿するようになった。Qの正体は、ロン・ワトキンスがアクセス可能なトリップコードによってのみ確認することができる。ロンはその年の八月に「安全な」トリップコードを8chanに追加して、これを正式なものとした。そのパスワードはサーバーの所有者しか知らないものであり、その所有者とはジム・ワトキンスであった。Qは当然すぐに安全なトリップコードを使い始め、他の誰もQとして投稿できないようにした。その後何が起ころうと、Qと8chan、したがってQとジム・ワトキンスのつながりが失われることはなかったのである。

アレックス・ジョーンズの応援

Q界隈でファーバーとワトキンス親子以外に、この移動時に何が起きていたのかを知っている人間はまずいない。ファーバーにとってもはやQは、一握りのなりすましの連中によって操られている存在でしかなかった。そのQの偽物たちはカルト教団のように信者たちを騙しているのだ。[†15]だがQの信者からは、Qが危機を回避したようにみえた。危険な罠を振り解いて、より安全に投稿できる場所へと移動し、ディープステートが何としても阻止したい機密ネタを投稿し続ける道を選んだようにみえたのである。

Qは成長し続けており、保守系メディアの大物たちが注目し始めていた。アレックス・ジョーンズはすでにジェローム・コルシを彼の「ワシントン主任特派員」として任命していた。コルシはQアノンを援護するためにバーサリズム〔オバマ大統領の出生に関する虚偽情報〕を熱心に広めた立役者の一人であった。コルシは自らの仕事を忠実にこなし、すべてのQドロップをインフォウォーズやツイッターで拡散するために分析し、そこで「トランプ大統領を弾劾するためにクラウドストライク社やフュージョンGPS社を利用する」陰謀のシナリオ、つまり彼が「陰謀のタイムライン」と呼んだものを突き止めたのであった。[†16]

ジョーンズは、彼とコルシがQの中にいる軍事チームといかに親密な関係にあるか、また自分たちがQらの作戦行動にいかに大きな影響を及ぼし得るかということをしつこく宣伝するようになった。それからジョーンズは、人々を大いに驚かせる発言をした。「ホワイトハウスは一カ月前、コルシに直接8chanを拠点とするよう要請を出した。そう、その要請は、ホワイトハウスから直接出されたものだったのだ」。そのような事実は存在しなかったのだが、そう信じたい人々にとって、ジョーンズのその発言は素晴らしいものに思えた。

「ペンタゴンの上層部に五つ別々の情報源がいて、そこから情報を得ているのさ。8chan の件は本当だ。Qは何が起きるのかを予測しながら、皆に情報を提供してくれている」。二〇一八年の一月にジョーンズは大勢のオーディエンスに向かって、低いしわがれた声でそう話した。[†17] ジョーンズとコルシは最終的にはQに敵意を抱くようになり、Qの計画を敵によって「操られた軍事作戦」と呼ぶようになった。ジョーンズに至っては、議会襲撃事件が起きたとき、自分はいつもQに反対してきたのだと不快感を吐露しながら、絶叫したほどである。しかしこの時期に彼らがはっきりとQに対する承認の姿勢を示したことは、発生段階のQの運動にとって極めて大きな意味を持ったのである。[†18]

この頃、主流メディアもQの話を取り上げるようになっていた。二〇一七年の一一月には、ジェイソン・ル・ミエールが医療用ブーツに関するQの陰謀論について、『ニューズウィーク』に記事を執筆している。[†19] 同年一二月には、『ニューヨークマガジン』のライターであるパリス・マーティノーが断片的な情報をつなぎ合わせて「嵐」について最初のまとまった記事を書いた。マーティノーは「嵐」について、暴力的で小児性愛に対する強迫観念に満たされているという点においてピザゲート事件と似通っているが、もし仮にそのような陰謀が実行されたならば、より大規模で一層奇怪な事件となるだろうと書いた。[†20] アメリカの敵をリストアップすることに没頭するQの運動をみて、マーティノーはその危険性に直ちに気づいた。そして、未来を慮《おもんぱか》って次のような懸念を述べたのである。「次のエドガー・ウェルチ（コメット・ピンポンで銃を発砲した人間）がもうそこにいて、CBTSの掲示板をスクロールしている。だとしても、その人間をどうすれば止めることができるのだろうか」。

ロザンヌ・バーの称賛

二〇一八年、わずかながらとはいえ早くもメディアの注目を集めるようになったQであったが、その年の大部分は、メディアからの執拗な検証を受けることもなく仲間内で静かに陰謀論を共有していたにすぎない。この時期、Qが主流メディアのニュースと関わりを持ったのは、ロザンヌ・バーがQを称賛したときのみであった。保守的なコメディアンであるロザンヌは、Qの流行に早い段階で飛びついた。Qの最初の投稿からほんの数週間後に、彼女はツイッターのオーディエンスに向かって、Qと「連絡を取らせてほしい」と頼んでいたほどである。二〇一八年の六月、ロザンヌがツイッターに書き記した内容はQ信者に大きなインパクトをもたらした。「トランプ大統領は、児童売春斡旋業者に捕まっている世界中の子どもたちを数多く解放してきた。その数は毎月数百人にのぼる。彼は人身売買のネットワークを至るところで破壊し、意思決定に関わる上層部を潰してきたのだ。そのことに気づいてほしい」[†21]。これは、風変わりな無名のQ信者が、大規模な人身売買ネットワークについて主張しているというものではなかった。ロザンヌ・バーは、正真正銘のＴＶスターだったのである。主流メディアの記者たちの大半は、彼女のツイートに対して困惑しながら応じるのが普通だった[†22]。しかしQアノンを支持する少数の人々は、ロザンヌが何について話しているのかをよくわかっていたのである。

同じ時期にもうひとつ、決定的に重要なことがあった。Qドロップのまとめサイトが出現し始めたのである。QMapのようなQドロップを分類したサイトが登場し、8chanの混沌の中を苦労して探し回ることもなく、支持者たちはQのコンテンツを見つけることができるようになったのだ。まとめサイトは、Qコミュニティに絶えず情報を供給し続ける重要な役割を果たすようになった。

Qは、後に保守メディア界隈を大いに沸かせるようになる案件に執着するようになっていった。例えば

Qはトランプ陣営に対するＦＩＳＡ監視システムの濫用とみられる案件を強調するデヴィン・ヌネス[3]の「メモ」を大々的に宣伝した。このようなメモや調査報告書は、ディープステートを崩壊させるだろうと期待されて、その後弁護士やトランプと連携する議員たちから数え切れないほど提出されることになったが、このヌネスのメモが最初であった。Qは、主要な民主党議員や有名人たちは裁判にかけられるくらいなら自殺するだろうと仄めかした。またすべての主流メディアが、ディープステートから何をどのように語るべきかについて、午前四時にメール連絡で指示を受け取るということを言い始めたのもQだった。

Qの語る物語においては、水面下で密かに大きな出来事が起きつつあった。善と悪との戦いが静かに繰り広げられていたのである。メディアは腐敗していて、民主党員たちは悪魔崇拝者であり、トランプ政権の失策や情報漏洩はすべて見せかけのショーにすぎないとQは語った。計画があるのだ。Q信者がしなければならないことはただひとつ、その計画を信じることである。そしてそれぞれが計画を実現させるために各々の役割を果たすことが必要なのである。しかし中にはデジタルメディアの空間で「静かな戦争」を戦うだけでは満足できない人もいた。そうした人たちは武器を持って敵に立ち向かうことを望んだのである。そして、わずかながらではあるが、それを実行に移し始めた人たちがいた。

フーバーダム封鎖事件

二〇一八年の六月一五日のことだった。マシュー・ライトは大量の武器を準備していた。彼は苛立っていて、成果を求めていたのである。

ライトは、ネヴァダ州ヘンダーソン出身、元海兵隊員で無職だ。彼はディープステートが真実を誤魔化すことにも、ドナルド・トランプに対する攻撃にもうんざりしていた。だが彼はトランプがある切り札を持っていることを知っていた。それはＦＢＩの監察官によって書かれた超大型爆弾級の報告書である。これを皮切りに、オバマ政権時代の司法省にいたディープステートの手先たちが、トランプの大統領就任を妨害しようとした企みが一挙に暴露されていくはずであった。すでにＦＢＩの監察官によって、前ＦＢＩ長官のジェームズ・コミーと彼が指揮したＦＢＩがヒラリー・クリントンのメール「スキャンダル」の際に取った行動を非難する報告書が発表されていた。しかし、ライトによるとこの報告書は偽物であった。リベラルなメディアと政治に信頼を置く眠れる羊たちをなだめるためにつくられたでっちあげだったのだ。ライトが望んでいたのは第二の本物の報告書であった。そして、彼は本物の報告書の存在を知っていた。ひとたびその報告書が大統領によって公にされたならば、悪の一味は真実の一撃によって粉砕されることになるだろう。

マシュー・ライトがこのことを知っていたのは、Ｑが彼にそう語ったからである。8chan のＱリサーチ掲示板に、二〇一八年六月一三日、一四九六番目のドロップが投稿された。そこでＱはこの件についての詳しい説明をしている。秘密の報告書は、ひとつだけ存在するのではなく、二つあるのだという。[†23] Ｑはその件についてすべてに目を通し、あらゆることを知っているとのことだった。ドロップには次のようなこ

（２）（訳註）ＦＩＳＡはアメリカの法律で Foreign Intelligence Surveillance Act of 1978 の略。スパイやテロを行う疑いのあるアメリカ国民もしくはアメリカに永住権を持つ外国人を監視するための法律。

（３）（訳註）デヴィン・ヌネスは、トランプ政権期のトランプ派下院議員。下院情報委員会で委員長を務め、ＦＢＩや司法省がトランプを傷つけるために権限を濫用した疑いがあるとして調査を実施した。その後トランプから大統領自由勲章を授与された。

とが書かれていた。

大統領が持っているのは（検討しているのは）

1　オリジナルの改編されていない監察官報告書

2　改編されていないが、オリジナルから修正されている監察官報告書（ＲＲ版）

3　改編され、修正もされている監察官報告書（ＲＲ版）

4　監察官報告書の要約メモ。選別された情報（機密事項）を得るための妨害行為について。

（三番目については明日公開）

「ＲＲ」は元司法副長官のロッド・ローゼンスタインのことである。彼の名前は、Ｑの神話において頻繁に登場する。もしオリジナルの改編されていない報告書が明るみになれば、ＦＢＩと司法省において一斉に辞任や解雇が発生することになるだろうとＱは言い続けた。これらの機関においては、トランプを妨害しようとするディープステートの手先たちが派手に動き回っていたからである。

「声高に叫ぼう。多くの人の耳に届くように。真実のために戦おう」。ドロップの末尾にはそのように書かれていた。

だからこそ、マシュー・ライトはその通りのことをやったのである。[†24] 彼は突撃ライフル、拳銃、手榴弾、九〇〇〇発の銃弾、特別な要求を記した看板を用意し、それらを石炭色の自家製装甲車に放り込み、フーバーダムに向けて出発した。その車は居住用に改造されていて、運転席のドアにはガンポートがしつらえられていた。ライトは九〇分かけてルート93上にあるマイク・オー・キャラハン＝パット・ティルマン・メモリアル・ブリッジ（Mike O'Callaghan-Pat Tillman Memorial Bridge）に辿り着き、そこで止まった。ちょうど全米最大の貯水量を誇るフーバーダムの南側あたりだ。彼はダムとハイウェイを封鎖し、恐怖に怯えた観光客たちは避難するよう命じられた。ライトは「完全な情報開示」を要求する動画を撮影したが、それはただ大統領にみてもらいたいがためのものであった。

「責務を果たしてもらうために、あなたに投票したのだ」。ライトは続けた。「あなたは自分が当選したら、あの連中を捕まえると言っていた。まだそれをやっていない。誓いを守ってほしい」。そして彼は、トランプ大統領にオリジナルの監察官報告書を公開するよう要求する看板を掲げた[†25]。Qが存在すると語った本物の報告書を公開するよう訴えたのである。

ライトは一時間半後に走り去り、警察が彼を追いかけた。そして、ミード湖国立レクリエーションエリアで彼の自家製装甲車のタイヤが外れて溝に落ちたところでその追跡劇は終わりを迎えた。ひとりの怪我人もなく、一発の銃弾も使われなかった。ライトは抵抗することなく逮捕された。ライトは翌月獄中から大統領に、自分は政府に刃向かう煽動者ではないという手紙を書いた。自分は愛国者であり、単に自分の訴えによって何も知らないメディアを困惑させてしまっただけなのだと。

「悪人や腐敗した連中は権力者の中でもごく一握りで、より多くのまっとうな人間がベストを尽くして悪人たちと戦っているということをわたしは理解しています」「わたしは決して自分の同胞たちを傷つけようなどとは思っていませんでした。さらにいえば、ただすべてのアメリカ人のために、すべての人類のために真実を求めただけなのです」。ライトは大統領のためにすべてを投げ打ったが、その大統領に寛大な処置を期待しつつもその期待は叶えられなかった。二〇二〇年の初頭、ライトは自分の犯した罪は、危険性のないテロリズムであったと訴えたが、検察はそれではあまりにも甘すぎると却下した[†26]。

マシュー・ライトのフーバー・ダム封鎖事件は、Qアノンの陰謀論と結びついた暴力行為が公然と行われた最初の例である。そしてそれは最後の例とはならなかった。理想論をいえば、この一件でQを終わらせることもできたはずだった。結局のところ、陰謀論をライブアクション・ロールプレイングゲーム（大抵は侮辱的な意味を含めてラーピングと言われた）のようにゲーム感覚で楽しむことができたのは、誰かがテロ行為に走るまでのことだったのだ。しかしながら、エドガー・マディソン・ウェルチが二〇一六年一二月にコメット・ピンポンで発砲した後も、ピザゲートをめぐる陰謀論が消えてなくなることはなかったのと同じように、マシュー・ライトの事件によってQが終わることもなかった。8chanが閉鎖される以前に保存されていたQ信者たちの投稿をみれば、ライトの事件は実際には起きていないと思われていたようだ。ライトの事件は、ディープステートが真実の発覚を恐れてでっち上げただけだと考えられたのだ。陰謀勢力の手先であるメディアがQに戦いを仕掛けてくるために、Qはすでに「攻撃が激しくなる」という発言をしていた。

「フーバー・ダム（で起きた偽旗作戦）の一件は、改編されていない監察官報告書の完全な情報開示を望む人たちを狂人のように思わせることに成功したのだろうか」。解釈の対立するこの一件について、Qアノンのひとりが8chanでそう問いかけた。[†27]

そして、それが偽旗作戦であったのならば、ライトは自分たちを代表する人間ではないと彼らは結論づけたのであった。Q信者の多くは、自分たちのことを暴力的な狂人ではなく、愛国的な探究者であると考えていた。彼らは、膨大なゴミとフェイクの山の中から小さな真実を見つけ出す能力を持っているのだ。彼らは自分たちのことを「自閉症者[(4)]」であると呼んでいる。これは自尊心と自虐が相半ばする表現であり、他の人間がみることのできないものを見通す力を持った発達障害者という含意がある。Qとディープステートが「本当に」送っているメッセージを見通す力があると信じているのである。トランプが「深く入り込んだ情報提供者」について書こうとしてIとEのスペルを間違えたとき、Q信者たちはそれが七五三番目のドロップを意識してトランプが自分なりの表現で叫んでいるのだと理解していた。Qがそのように言ったからではない。というよりも、自閉症者たちにはわかってしまうので、説明する必要などないのだ。[†28] 彼らはまた、ジェームズ・コミーが二〇一八年の一一月初旬に飼い犬のベンジーが死んだことをツイートしたとき、コミーが本当はジョージ・H・W・ブッシュが二週間後に処刑されることを世界に向けて知らせようとしていたのだと理解していた。ディープステートの要人がツイートした犬の写真が、本当は処刑のことを知らせる秘密のメッセージであることを自閉症者たちはわかっていたからだ。[†29]

これがQ信者たちのやっていることである。あるいは少なくとも、彼らは自分たちのやっていることをそのように信じているのだ。つまり、権力者たちの「メッセージ」の内容を解読し、権力者たちが「本当は」何を伝えようとしているのかを推測し、平凡な世界で眠り続けている羊たちには到底理解できない秘密の内容を解き明かすのが自分たちであると信じているのだ。Q信者たちは平和な探究者であり、テロリストでもなければ、暴力的な煽動者でもない。「われわれは、暴力を用いたり、体制を転覆しようとしたり、誰かをコントロールしようとしたりするつもりは毛頭ない。ただ世界に向けて無料で事実に関する情報を提供しているだけだ」。あるQアノンは

---

(4)(訳註)ここでいう「自閉症者」とは、専門家による診断の有無にかかわらず、社会性の欠如や過度な集中力といった自閉スペクトラム症によく見られる特性を兼ね備えた人々を指す言葉として用いられている。ネット上のスラングで、特にオルタナ右翼のソーシャルメディアでは、ポジティブな意味で使用されることが多い。

8chanに以上のように書いて投稿した。Qは一七七一番目のドロップでこの書き込みに反応し、その内容を引用し、「素晴らしい！　真実を探究することに没頭している大集団を騙すことなんてできないものさ」と書いた。[†30]

これらの投稿が行われたのは、二〇一八年七月三一日、ドナルド・トランプがタンパの集会に参加したときのことであった。そのとき、世の人々はQの集団がいかに「巨大な」ものであるかを理解したのである。

タンパ集会

Qアノンのムーブメントはゆっくりと静かに成長を遂げていった。困惑気味のメディアがわずかに注目していただけの状態から、極めて冷ややかにQをみていたツイッター上で「青い認証バッジ」を獲得しているような主流のジャーナリストでさえ無視することができないほど、全米中の注目を集める存在に成長していったのだ。

「タンパ集会はすごく良さそうだ！」とQはアナウンスした。Qのシャツを着てQのスローガンが書かれた看板を手にした人々が写真に映し出されていた。そのQ信者たちはトランプが登場するイベントが開場するのを待っているところであった。翌日、Qが正しかったことが証明された。Qはその写真を示しながら、集会が始まる数時間前にアナウンスしたのである。そのイベントには、数百人、ひょっとするともっと多かったかもしれないが、Q信者たちが殺到したのである。集まった人々はお互いに積極的に関わりを持った。彼らはQのシャツを着て、看板を持っていた。記者たちのインタビューに応じて、Qは素晴らしいと称賛し、Qが「フェイクニュースに対する対抗勢力」であると評したのである。[†31]

「軍の情報部がわれわれに語りかけてくれて、現実の舞台裏で何が起きているのかを知らせてくれた」。タイラーという名前のQ信者は、Qの金属製のコインを地元記者に自慢げにみせながら目を大きく見開いて叫んだ。[†32] 集会に参加した他の人間は、ツイートを通じて手作りの看板をみせびらかしたり、他のQファンと一緒にポーズをして撮った写真をツイートしたり、謎に包まれていた秘密が公然と姿を現したことを褒め称えたりした。[†33] Qアノンはツイッターでトレンド入りし、支持者と非難する人双方によって数十万ものツイートが発信された。ほどなくしてQは、一七八九番目のドロップで威勢よく「いま、君たちがニュースだ」と叫んだ（およそ三年後に議会を襲撃した暴徒たちがカメラ機材を破壊しながらほぼ同じセリフを叫んだ）。[†34] そして数十の主流メディアの記事でタンパのことが取り上げられたことを強調した。Qのことを非常識で偏向的、「狂った陰謀論カルト」であり、奇妙で不快で危険な存在であるとする記事が次々と報道された。

Qの支持者が増加するなかにあって、Qを非難するこうした報道はひときわ支持者たちの怒りを先鋭化させ、蓄積させていくことになった。これらの人々はもともと自分たちの保守主義的信念を馬鹿にされてきた人たちである。バラク・オバマやヒラリー・クリントンを美徳のお手本としないことを揶揄され、主流メディアから世間知らず、無学の白人労働者、中部地域の田舎者などとみなされてきた人たちである。これらの人々は、沈黙してきた多数派であり、嫌われてきた多数派であり、忘れられていた多数派であったといってよい。そしてこれらの人々は自分たちと同じような英雄を選んだのであった。不当に低く評価され、馬鹿にされる人物、人種差別主義者であり、政治の素人であり、冗談としか思えないと片づけられてしまうような人物を選んだのである。問題を解決し、自分たちのもとに権力を取り戻してもらうために。その人物こそが、ドナルド・トランプであった。人々は、トランプを英雄と仰いだ。たとえ彼が完璧とはいえなくても、神々しく、愛国的で、台頭する社会主義と悪魔主義に立ち向かってくれると信じたのだ。したがって、Qがドナルド・トランプの側近として仕え、トランプを憎む連中と戦っているのだと訴える場合、人々は当然Qの側について共に戦うことになる。

タンパ集会の後、Qと共和党主流派は切っても切れない関係になっていった。両者は手を取り合うようになったのだ。タンパ集会の後ほどなくして、記者からQについて質問を受けた報道官のサラ・ハックビー・サンダースは、話題を逸《そ》らすことができなかった。[†35] 記者たちも話題を変えなかった。記者たちは公然と非難したわけではなかったが、その後メディアからはQ関連の注目記事が出続け、やがて明白な攻撃も生じるようになった。レディットは、大いなる覚醒（GreatAwakening）の掲示板にいた七万ものメンバーのアカウントを突如閉鎖した。これらのメンバーの中には他のユーザーに嫌がらせをしたり、彼らが間違って銃乱射犯だと主張した人間へのドキシング〔個人情報を晒すこと〕を行った人間もいた。[†36] こうしてまたもやQ支持者たちはツイッターや数万人のメンバーが集まるフェイスブックのグループ、ゲームとチャットのプラットフォームであるディスコードなど別の場所にフォーラムを立ち上げていくことになった。[†37] そして互いのコミュニケーションを確保することでQアノンのムーブメントは成長し続けていった。QやQの伝道者たちは、主流の保守系サイトにとって巨大なネタの宝庫になりつつあった。[†38] 二〇一八年に限っても、Q信者たちはQ関連のユーチューブ動画を一四〇万回以上シェアした。そしてそのうち数十万のQ関連動画がフォックスニュース、『ブライトバート』、『ザ・ゲートウェイ・パンディット』、様々なQドロップのまとめサイト、ジム・ワトキンスが右翼ブログとして復活させたゴールドウォーターへと拡散されていった。

Qは軍の諜報部門にいるインサイダーであるというイメージが徐々に後退し始め、共和党の応援団というイメージが強まりはじめた。Qはトランプの敵を容赦なく攻撃するようになった。ジョン・マケインやフォックスニュースの岩盤視聴者層しか知らないような司法省やFBIの人間、右翼メディアに「アンティファ」として知られている反ファシストのアクティビストたちの緩やかな連合グループを攻撃していったのである。根っからのトランプ支持者しか知らないこれらトランプ界隈の特殊言語が生まれるより以前に、Qはこれらの標的を裏切り者、邪魔者として攻撃していた。Qは何週間もの間、二〇一八年の中間選挙において「赤い波」が押し寄せてくることを予言し、ブレット・カバノーが五三対四七の評決で最高裁判事として承認されるなどと主張していた。また、監察官報告書のおかげで多数の起訴が行われること、ジョン・ヒューバー検察官がクリントン財団について証言をしようとしており、その内容があまりに衝撃的すぎるので、公聴会を阻止するためにはジョージ・H・W・ブッシュを殺して葬儀を開くしかないなどと訴えていた。さらに、オバマ政権がトランプ大統領の選挙キャンペーンにスパイを潜り込ませていたことを証明するすべての機密文書を「機密解除」するための一手として、まずはトランプ大統領がロッド・ローゼンスタイン司法省副長官を解任するだろうと主張した。

もちろんこれらの予言はすべて実際には起こらなかった。カバノーは最高裁判事に選ばれたが、その評決は五〇対四八だった。二〇一八年の中間選挙は「赤い波」などといえるものではなく、共和党は下院で四〇もの議席を失い、州議会においても数十もの議席を失ったのである。監察官報告書については数カ月前から破綻していた。ジョージ・H・W・ブッシュは九〇歳のときに妻の後を追うようにして老衰で死んだ。クリントン財団についての証言が行われるはずだった公聴会は、単にブッシュの葬式の一週間後に延期されただけの話であるが、この公聴会はあまりに意味がなかったために、ヒューバーは出席さえしなかった。[†39] ロッド・ローゼンスタインは二〇一九年五月まで司法省副長官の座にとどまり、辞職勧告から二週

間後に職を辞したが、機密文書の大規模な機密解除は行われなかった。[†40]

とはいえ、Qに関わる人たちは誰も予言が外れたことを気にも止めなかった。二〇一八年が終わる頃、Qが誕生してから一年と少しが経過していたが、Qの予言は具体的には何ひとつ的中していなかった。しかし、それにもかかわらずQムーブメントは共和党とマスメディアを巻き込んでいった。Q信者たちは、世界を変えるような奇跡的な出来事が起きる瞬間に自分たちが立ち会おうとしているのだと本気で信じていた。そして現実の出来事がQの考えの間違いをはっきりとさせるようなことがあったとしても、Qは支持者たちがQを信じ続けるために必要なあらゆるものを与えていった。二〇一八年の一二月、クリスマスの直前にQは支持者たちに心から信じてほしいと思っていることを次のようにまとめて投稿した。


すべてが白日のもとに晒されるならば、あの政党〔民主党〕は消滅するだろう。

フェイクニュースが、真実に目を向けようとする人々の意識をコントロールする〔妨害する〕ことはもうできない。

暗闇から光へ。

Q

これは、急激に増大する多くのQ信者たちに向けたものであり、信者たちにとってはたまらないほど魅力的なメッセージであった。

第4章　決戦の日は近づいている

——Qアノンを生み出した詐欺と陰謀論

Qアノン現象の初期段階における成長を理解するためには、もうひとつの決定的要素を明らかにする必要がある。それはQアノンそれ自体の内発的要素ではない。実際のところ、Q神話のうち、Qそのものに由来するものは非常に少ないのである。陰謀論、古くからある憎悪感情、通貨詐欺、モラル・パニック、ソーシャルメディアが広める噂といった要素が、互いに複雑に絡み合うことによってQアノンは構成されている。これらの要素のほとんどは新しいものではないし、独自の起源を特定することは難しい。結局のところ、「ディープステート」という謎の巨大権力組織は、一九九〇年代に恐れられた新世界秩序の別名と考えて然るべきものであり、一八世紀や一九世紀に陰謀論の原動力となったカトリック教会やフリーメイソンに対する人々の恐怖心が、新しい形を取って蘇ったものとみるべきであろう。Qのキャッチフレーズの中には過去の狂信的な運動から無断借用しているものもある。「大いなる覚醒」というコンセプトは、Qが使用する以前は、この世の終わりにいくたびか現れる短期的で集中的な人々の熱狂を示す言葉であり、一七世紀や一八世紀の宗教復興を支えた考え方であった。

Qの基本的な構成要素は、ミーム文化や匿名掲示板、トランプ大統領やソーシャルメディアとの関わりにおいて生まれたものではなかった。インターネットやCIA、ロシアやイルミナティ[1]とともに生まれたものでもなかった。Qの存在は、合理的な説明を拒絶するかのような物事に対して、人間が説明を求めずにはいられないという事情に由来する。そして、Qと最初の段階から関わりを持っていたのは、人類がいつもどうにかして罪を負わせようとしてきた集団、ユダヤ人であった。

反ユダヤ主義

Q信者たちは自分たちのことを、党派を持たず、人種偏見も持たず、「肌の色の違いを超えた愛国主義」を信じる探究者たちの運動であると考えている。だが、事実をみればQアノンには根深い反ユダヤ主義がみられる。他の陰謀論を象徴する人物たちと同じように、Qもまたユダヤ人の富豪たちを特権階級であり、世界中の富を手にするために悪巧みを働く邪悪な連中であり、逆らう者を抹殺するような人間であると考えている。二〇世紀の反ユダヤ主義者が『シオン賢者の議定書』や『国際ユダヤ人』のような冊子（両方とも自動車王ヘンリー・フォードが出版、宣伝したもの）を持っていたように、現代の反ユダヤ主義者はQドロップを読むことができるし、匿名掲示板で広大なユダヤ人ヘイトの世界に触れることができる。

Qの世界においては、人々を苦しめるために大金を使うおよそこれ以上考えられないほどの二人の極悪人が登場する。ハンガリー人のリベラルな慈善家ジョージ・ソロスと銀行家のロスチャイルド一家である。Qは二番目のドロップで、ソロスが「全財産を寄付する」こと（ソロスはこのようなことはしていない）に言及した。具体的な内容はさておき、Qは何がしかの計画を止めようとしてそのような言及を行ったのだが、その言及は、反ユダヤ主義の研究者のロベルト・S・ヴィストリヒが一九九二年の同名の著書において指摘した「もっとも長きにわたる憎悪」へとQムーブメントが入り込んでいく最初の一歩となった。Qは4chanにすでに存在したユダヤ人差別感情を利用して点数稼ぎを行ったわけだが、その狙いは見事に功を奏した。

Qはソロスを非難した。ソロスが、国内のテロに金銭的援助を行い、自由諸国に対する侵略行為をお膳立てし、マネーロンダリングを行い、選挙の際には不正操作を行い、児童を標的とした人身売買をしてきたと訴えたのである。Qはまた、ソロスが自身の陣営に対して偽旗攻撃を仕掛けたと主張している。アメリカのストリートがアンティファによって乗っ取られ、数え切れないほどの恐ろしいことが現実に生じたことへの責任がソロスにあると訴えた。ロスチャイルド家は、保有する何百兆ドルもの資金を過去三世紀のあらゆる戦争に投資し、交戦国双方に資金援助してきたとか、世界中の国々の中央銀行をほぼ掌握しているなどと言われた。ソロスとロスチャイルドの背後には、闇の邪悪な組織が控えていて、ほぼすべてのメディア、銀行、政治を裏からコントロールしているのだという。

Qを特徴づける要素の多くがそうであるように、ユダヤ人の富豪に対するこうした強迫観念には何も目新しいものがない。ソロスは彼の子供やビジネス、慈善活動について何十年もの間嘘を語られてきたのであり、それらすべてが嘘であることは繰り返し検証され明らかにされてきた。[†1] 国際的な投資家となったマイヤー・アムシェル・ロスチャイルドの五人の息子たちについての陰謀論は、一八一二年にまで遡るものであり、現在と同様に当時もそれほど大きな注目を集めてはいなかった。[†2] Qが初期のドロップで繰り返し

(1)(訳註)イルミナティは、歴史的には一八世紀のドイツに生まれた秘密結社バイエルン・イルミナティを指す。この組織自体は早々に消滅したが、その後、このバイエルン・イルミナティの流れを汲むとされる数々の闇の組織について人々が噂するようになった。イルミナティ陰謀論は大衆文化の中に広く浸透しており、国家や世界情勢を背後から操っている闇の組織として語られることが多い。

投稿していたロスチャイルドが持っている「中央銀行」のリストの話でさえ、ヒューマンズ・アー・フリー（HumansAreFree）と呼ばれる右翼の陰謀論サイトで、二〇一三年に投稿されていたネタを盗用したものにすぎない。しかし、勢力を伸ばしつつある右翼や反グローバリズム運動の人々は、グローバリストであるジョージ・ソロスの陰謀について、あるいはシュヴァルツヴァルト〔ドイツ南部にある巨大森林〕のロッジには人間狩りを行うロスチャイルドの組織があるなどというQのヒステリックな投稿を大変頼もしく思ったのである。これら反ユダヤの陰謀論は、Qドロップが話題になる匿名掲示板や反ユダヤ主義者たちが集まる他の場所で饒舌に語られてきた。

名誉毀損防止組合によると、8chanはインターネットの中でもっとも反ユダヤの差別が根深い場所のひとつと評価されてきた。ユダヤ人ジャーナリストに対するハラスメントが頻発し、反ユダヤ主義の無差別銃撃犯を称賛する声に溢れ、ユダヤ人を差別するミームや「ジョーク」が無限に供給される場所なのである。[†3] その差別感情は一体どれほど根深いものであろうか。8chanと8kunのアーカイブ検索（QドロップのまとめサイトであるQリサーチチャンネルにある）で「ユダヤ人」という語を検索してみると、一〇万件以上がヒットした。大多数の人にとっては到底愉快な場所とは思えないであろう。そこには反ユダヤ主義者が集まるところであればどこでもみられるような、ユダヤ人を「裏で糸を引く」黒幕のように描くステレオタイプが満ち溢れていた。ユダヤ人のことを意味する侮辱的表現「kike」という言葉が三万二〇〇〇回以上言及され、第二次大戦時に六〇〇万人ものユダヤ人が殺害されたホロコーストをでっち上げだとする「ホロホークス（holohoax）」という言葉が数千回用いられ、シオニズムに対する軽蔑的な言及が数千を超えて行われていた。Qリサーチの掲示板に投稿する人々は、ユダヤ人に対する暴力を煽ってきた昔の書物を当然のように称賛する。ある匿名の投稿者は、『シオン賢者の議定書』が偽造された書物であるかどう

かはともかくとして、かなり正確なことを書いていると指摘した。[†4]

ソロスとロスチャイルド家を執拗に攻撃し続けてはいたが、Qの反ユダヤ主義がそれ以上にあからさまなものになることは滅多になかった。九九八番目のドロップでQは、Qリサーチの掲示板に投稿されていた反ユダヤの風刺漫画を恐ろしげな調子で引用した。だが、それはQの支持者たちにどう考えるかを委ねたものであった。支持者たちに行間を読むことを促し、反ユダヤ主義者たちが「ユダヤ人問題」と呼んできたものに対して、各自がそれぞれの考えを持つように差し向けるものであった。しかし、Qが支持者を楽しませようとして反ユダヤ主義的な表現を気ままに仄めかす際に、いつもこのような方法がとられるわけではない。むしろこのような方法は珍しいものだ。

血の中傷

Qアノン現象は、何世紀もの間続いてきた伝統を積極的に推進する役割も果たしてきた。その伝統とは、無垢なキリスト教徒の少年少女に対して、ユダヤ人が恐ろしい犯罪を行ったと非難する、いわゆる血の中傷の伝統である。血の中傷とは、一一四四年に行われた告発にちなんだ表現である。そこで言われたのは、ユダヤ人の集団がノリッジ〔イギリス東部の町〕のウィリアムというイギリス人少年を儀式のために殺害し、その血を利用したということだ。この血の中傷の噂は、中世における組織的なユダヤ人の大虐殺から二一世紀のソーシャルメディア上のハラスメントに至るまで、ユダヤ人に対する数え切れない犯罪を誘発してきた。[†5] そして今、血の中傷の最新版が、Q言説を動かしている。

血の中傷の現代版は、「アドレノクロム」に対する誇大妄想という形を取って現れている。「アドレノクロム」は、生きている子どもの副腎から抽出されるスーパー・ドラッグであり、服用すると永遠の命が得られると考えられている。「アドレノクロム」という言葉はQドロップで一度も登場したことがないのだが、Qの伝道者の言説にはいまだにこの言葉が登場し続けている。そのため、なぜ人々がこれほどQにハマるのか理解に苦しむ多くの主要ニュースメディアは、「アドレノクロム」について書くようになった。アドレノクロムとQの組み合わせは想像しやすいということだ。

アドレノクロムはアドレナリンが酸化した化学物質であり、実際に血液の凝固を助けるために利用されている身近な物質だ。だが、一九五二年、ジョン・スミシーズ、ハンフリー・オズモンド、エイブラム・ホッファーら統合失調症の原因を研究していた科学者たちは、大量のアドレノクロム接種が統合失調症の病状を発症させる引き金になり得るという学説を発表した。彼らの学説によれば、当時知られていたどんな幻覚誘発剤よりも、統合失調症の病状を高い確率で発症させ得ると考えられたのである。これら三人の研究者は一九五四年に次のような警告を発した。「メスカリン〔幻覚剤の一種〕とリセルグ酸に馴染《なじ》んでいる人に強調しておきたいのは、治験データが少ない中での判断ではあるものの、これらの幻覚誘発剤よりもアドレノクロムはより潜行性が高いと考えられることだ[†6]」。オルダス・ハックスリーはただちにこの考え方を自身の作品『知覚の扉』（*The Doors of Perception*）の中に取り入れた。彼はこの学説を統合失調症に関する「アドレノクロム仮説」と呼び、アドレノクロムが「メスカリン中毒の兆候を頻発させる」可能性があると述べた[†7]。

それ以来、アドレノクロムはSFやドラッグ・フィクションの世界で重宝されてきた。アンソニー・バージェスの『時計じかけのオレンジ』（*A Clockwork Orange*）やフランク・ハーバートの『砂の惑星』（*Dune*）にはスーパー・ドラッグとして登場した。だが、おそらくアドレノクロムを取り上げたポップカルチャーの作品でもっとも有名なのは、ハンター・トンプソンの『ラスベガスをやっつけろ』（*Fear and Loathing in*

Las Vegas）であろう。この作品の中でアドレノクロムは、純粋なメスカリンをジンジャービールのようにして使用する強力な麻薬として描かれた。[†8] トンプソンは、「アドレノクロムは生きた人間の副腎から採取されるものであり、死体から取り出しても効果がない」という新たな神話を付け加えた。[†9] アドレノクロムが強力な麻薬であり、生きた人間の体から採取されるものであり、希少なものであるといった要素はすべて、最終的にQの世界観の中に登場するようになったのである。

だが、アドレノクロム神話はただちにQコミュニティに広まったわけではない。アドレノクロムと恐怖に怯える子どもというコンセプトが広まるには当初やや問題があった。というのもQアノンが登場する以前の 4chan アノンのひとり、ハイウェイ・パトロール警官が一〇〇〇億ドル相当のアドレノクロムの巨大密輸を摘発する「特殊部隊」の一員であったと主張していたことも多少関係して、アドレノクロム神話がスムーズに受容されなかったのである。しかし、ハイウェイ・パトロール警官は、特殊部隊の活動について何の証拠も示すことができなかったので、早々に 4chan から逃げ出すことになった。[†10] 初期段階で足踏みはしたものの、アドレノクロム神話は最終的にQ信者の間に浸透した。Q信者たちは、ジョージ・ソロスのような「大富豪」やクリントン夫妻が子どもの生き血を啜《すす》る人間だという考え方を受け入れる心の準備がすっかりできていたからである。[†11] そしておそらくは、アドレノクロム自体を摂取した時と同じように、アドレノクロム神話がQコミュニティに広まった際には強烈なインパクトがもたらされたのであった。「アドレノクロムはエリートが好むドラッグである」。すでに削除されてしまったユーチューブ動画でこう主張していたのは、Qアノンの伝道者であり、「リサーチャー」であるリズ・クロッキンだ。「アドレノクロムは、子どもから生成される。拷問された子どもの脳の下垂体から抽出されるドラッグなのだ。ブラックマーケットで売られており、エリートが愛好するエリートのドラッグなのだ。邪悪などというものではない。悪魔的な所業だ。本当にひどい」[†12]。Qのソーシャルメディアも、ユダヤ人が子どもの血を飲んでいるという噂で溢れている。その中には、後日削除されたが、「ユダヤ人の儀式である血の中傷で子どもを生贄にするのは、アドレノクロムを製造するためだ」といった名前の動画が含まれていた[†13]。ハリウッドのエリートたちと大物政治家たちが広範囲の人身売買ネットワークを形成し、アドレノクロムを製造するための悪魔的儀式を催しているということが噂された。ヒラリー・クリントンはカメラが撮影する中、少女を殺害し、少女の顔をかぶりながら貪り食っていたというのだ（あまりにもおぞましいその映像をみてニューヨーク市警の警察官は即座に自殺してしまったと噂されている）。また、シリコンヴァレーの起業家たちがアドレノクロムをより効率的に子どもたちから抽出するための製品を開発しているとも噂されている。

これは巨大なスケールの血の中傷である。ひとりのユダヤ人権力者がひとりの子どもの血を飲むということではなく、地球規模に広がるエリートたちの小児性愛ネットワークが何十万もの子どもを生贄にしてきたという神話である。メディアの人間たちもその一味であり、同じことをしてきたと考えられている。

陰謀論の世界では、一九八〇年代に起きた悪魔的儀式による虐待パニック事件以来、「子どもたちを救え」という十字軍的運動が存在してきた。Qがこの現存する十字軍運動と合流し始めると、「アドレノクロム」がQ関連のソーシャルメディアで何度もトレンド入りする現象が起きた。大抵の場合、げっそりとやつれた感じ（麻薬の禁断症状によるものといわれている）に加工された有名人の写真が添えられていることが多く、また毎年数十万人の子どもが行方不明になっていると論じられた。テレビ・トークショー「ドクター・フィル」でさえ、この案件を大きく取り上げた。二〇二〇年九月のある回では、娘が誘拐され、アドレノクロムを採取するために儀式的に殺害されたと訴える女性にスポットライトが当てられた[†14]。

これまでのところ、アドレノクロムで「廃人」になった人間は公式には確認されていない。また粉末状のアドレノクロムはオンラインで簡単に手に入る。だがQ信者たちはハンター・トンプソンが言うように、アドレノクロムは生きた人間から採取されたに違いないといって事実を無視するのである。トンプソン自身は、後にアドレノクロムについて書いたことの大半は創作であることを明らかにしており、薬物実験においてもそのことは証明されている[†15]。ハイな気分になるためにアドレノクロムの合成物を摂取した人間は、薬物実験の掲示板で、激しい頭痛や不安発作の症状を訴えるのみであった。

しかし、ソーシャルメディア時代版の血の中傷と呼ぶにふさわしいアドレノクロムは、「エリートたちの悪の一味」について語るQの神話と非常に相性が良かった。金持ちのエリートたちはすでに変態の吹き溜まりのように思われていたので、彼らが老いぼれた自分たちの身体を若返らせるために、子どもたちに恐ろしいことをするのは当然のように思われたのである。彼らが無実であるなどと言えるはずがないのである。こうした反ユダヤ的デマの多くがQに入り込み、浸透していったため、Q信者の間では株の情報や流行のバーの名前のようにすっかり常識になってしまった。

だが、Qの世界は反ユダヤ主義や血の中傷だけでできあがっているわけではない。もし仮にそうであれば、Qの存在を否定することははるかに簡単だし、これほど多くのオーディエンスに対して魅力的であり続けることは不可能であっただろう。Qに力を与える様々な要素の中には、真新しさはないものの人間の強欲さというものも含まれている。それは、何十年もの間人々に極秘情報を提供することを売りにしてきたタイプの陰謀論と同じ性質のものである。

オメガ詐欺

近いうちに、世の中の秩序をひっくり返すような世界を変える出来事が起きるだろう。エリートたちはそれを阻止するためならどんな手段にも訴えるはずだ。なぜならば、この世界を変える出来事は、エリートたちが人々を縛りつけてきた精神的、財政的鎖から彼らを解放し、より良い豊かな暮らしをもたらすことになる最後の希望だからだ。しかし少数の覚醒した兵士たちが、人々を支配するマトリックスを壊してきた。彼らは真実を知っており、彼らは人々に真実を伝えるべく秘密の戦争を戦っているのである。来る日も来る日も、これらの悟りを開いた兵士たちは、世界を変える出来事についての貴重な情報を入手し、隠されたチャンネルを使って秘密の暗号を伝え、邪魔しようとするすべての敵の情報を暴き出しているのだ。そして、その世界を変える出来事には、「あなた」自身も一枚嚙むことができる。もちろん、ほんの些細な投資をするだけでよい。

これが「利殖商法」の世界観である。そしてこの利殖商法の世界こそは、Qへと直接つながっている。Qアノンを信じるのに金銭投資は必要ない。もしお金が要求されるのであれば、それは紛れもない詐欺ということになるだろう。だが、詐欺はQアノンに連なるものの中でも一際《ひときわ》重要な役割を果たしていることも事実だ。伝道者から知らされる秘密の情報であるとか、今まさに途方もないことが起きようとしているとか、光と闇の勢力が秘密の戦いを繰り広げているといった考え方は、Q神話の重要な構成要素として知られている。これらはQに先行する金銭詐欺の核心をなす発想であり、多くのQ信者たちもそれらの詐欺に引っ掛かっているのである。利殖商法は、複雑な専門用語を用いながら、欲に目の眩《くら》んだ投資家に少額のお金が大金に化けると思い込ませるよう仕組まれている。よくみられる利殖商法のケースは、閉鎖的な集団の内部で、信頼されているメンバーが他のメンバーに対してローリスク・ハイリターンの「投資」を売り込んでいくというものだ。

オメガ・トラスト（Omega Trust）はこうした利殖商法のひとつの例である。オメガ・トラストとQアノンに直接的なつながりがあるという明確な証拠は存在しない。しかし、オメガ・トラストにみられる特徴は、Qアノンにおいてもことごとく確認できる。[†16] オメガはイリノイ州南部のマトゥーンに住む六〇代の住民クライド・フッドがつくった。フッドの友人たちは一九九〇年代には急速に大金持ちになり始めた。二〇〇〇年代に入ると、町の名士たちが何台ものアンティーク自動車を乗り回すようになり、最低賃金労働者たちが大きな家を建てるようになり、現金入りの袋を手に取ると破裂しそうなくらいに膨らんでいたという類の話が聞かれるようになった。それらはすべてフッドのせいだった。フッドは一九九四年に自分が『フォーチュン』誌の選ぶ五〇〇人の投資銀行家の一人であること、そしてこの五〇〇人というのは、神によって授けられた人生を変えることのできる金融商品にアクセスできる地上の選ばれし人々なのだということを主張し始めた。その金融商品はヨーロッパの優良紙幣を扱うものであり、小銭で買うことができ、二五〇日ほど経過すると「ロールオーバー」して五〇倍になって返ってくるというものだった。さらに、そこで得たお金を再投資することで何百万ドルもの利益を得ることができるというのがオメガの仕組みだった。そして、それらすべてはフッドが神から与えられたビジョンを持つこと、また神の軍隊における「最高司令官」としての地位を授けられていることによって可能となるということであった。[†17]
「こんなことをやり遂げられるのは、世界でもせいぜい七人か八人でしょう」とフッドは投資家たちに語った。この言い回しは、Q神話で用いられる「一〇人未満」という表現を薄気味悪いくらい予感させるものである。[†18]
フッドはまず彼の会社であるオメガ・トラスト・トレーディングを通して仲間のキリスト教徒たちと「私的なローン契約」を結び、いずれ支払う巨額の金の前払いとして大金を渡した。[†19]「神の貯蔵庫を満たさなければ」。フッドがしばしばそう叫んでいたことは、数多くの手紙や投資を煽《あお》る彼の発言の記録に残されている。実際、しばらくの間はそうなった。一〇〇ドルの投資で二五万ドルのリターンを得られるという約束に興奮した人たちが、国中から殺到して「オメガ・ユニット」を購入した。彼らはフッドのエキセントリックな指示に従って、アルミホイルに包んだ現金の束を送ったのだった。オメガにとって有利な条件となったのは、小さな町のキリスト教福音主義の信者というもともと信頼関係のあった人間を対象としたことだ。だがそれに加えてインターネットが普及し始めた時期のネットユーザーを対象としたことも見過ごせない。オメガは大量のヤフーグループを立ち上げて、配当が支払われる時期が間近に迫っていると約束するフッドの言葉を「極秘情報」であるかのようにユーザーたちに読ませたのである。[†20]

「世界中の国際的銀行家たちが激怒していて、オメガを終わらせるよう要求している。オメガは他の多くの主要取引の邪魔になっている。もしオメガの配当が支払われないようなことがあれば、世界的な金融危機が起きかねないことを覚悟すべきであろう」。これもオメガの「極秘情報」であり、詐欺の情報収集サイトQuatloosに転載されたものだ。「どうかあなたが知っているオメガの関係者や他の人たちに、上手くいくように祈りながらこのメッセージを送り届けてほしい。そして、デービッド・ロックフェラーとジョージ・ブッシュの動きを阻止した上で、オメガを無事に終了させてほしい[†21]」。

フッドが戦うべき相手は、激怒した国際的銀行家などではなく、数多くの州警察と連邦捜査局関係者であった。なぜならクライド・フッドは、神に選ばれた『フォーチュン』誌の選ぶ五〇〇人の投資銀行家などではなく、信用詐欺の才能を持った元ビリヤード場の支配人にすぎなかったからだ。二〇〇〇年、フッドとマトゥーン在住の一八人の取り巻きたちが三年の捜査を経て逮捕された。取り巻きたちは不安に駆られたオメガの投資家たちを説得し、フッドの書いた筋書きの帳尻を合わせていた。フッドと取り巻きたちは一万人以上の人間から金を巻き上げ、その総額は一二〇〇万ドルから二〇〇〇万ドルに及んだ。彼らはそれらのほとんどの金を使い込んでいたのである。「ヨーロッパの優良紙幣」は一ペニーたりとも「ロールオーバー」されることはなかった。なぜなら、そんなものは存在しなかったからである。フッドは法廷でオメガが完全な詐欺であることを認め、有罪を宣告された。アンティーク自動車は被害者たちへの支払いのためにオークションにかけられ、二〇一二年、フッドは獄中で死んだ。フッドの地元の住民たちは、今でも自分たちの住む小さな町に現金を満載したダンプトラックが走っていたことに驚きを隠せないでいる。そして、被害者たちが補償金を受け取るのには何年もかかった[†22]。

オメガの活動は、二〇〇〇年にフッドが逮捕された後も数年の間控え目ながら続いた。だが、フッドの弟子のひとりはそれでは物足りなかった。その人物は、もっと多額の金、もっと大きな権力、もっと芝居がかった物語を欲したのである。その人間のとった行動が、その後二〇年にわたって盛んに続いていくことになる陰謀論カルトを生み出した。そしてこのカルトに引き寄せられて集まってきた人間の中には、いまやQこそがその果たされざる約束を実現してくれると信じて熱烈に待ち焦がれている人もいるのだ。

ネサラ詐欺

オメガに関わるようになるまでのシャイニー・グッドウィンの人生において、おそらく最高の栄誉であったのは、一九六二年にマックレアリー・ベアー・フェスティバルでクイーンに選ばれたことであった。それは人口一六〇〇人のワシントン州の田舎町では大ごとだった。一九九〇年の中頃までグッドウィン（一九四七年五月にキャンディス・ダーレン・グッドウィンとして誕生）はイェルムに住んでいた。イェルムはシアトル郊外にある小さな町で、ニューエイジ[(2)]の信者が数多く居住する場所であった。ニューエイジの信者たちには、「神の貯蔵庫」を満たさなければならないというお手軽な信仰の言葉を持ち出すだけで、オメガ詐欺の被害者になってしまう騙されやすい素地があった。

「理由がどんなものであったにせよ、オメガはニューエイジを信仰するコミュニティを席巻したのです」。ジャーナリストのショーン・ロビンソンは、二〇〇〇年代初頭にワシントン州タコマの『ニュース・トリビューン』紙で盛んに報道した内容を振り返りながら筆者に語ってくれた。ロビンソンによれば、シアトル地域の多くの住民がオメガにお金を騙し取られた。中にはオメガ・ユニットに二八万ドルものお金を使い込んだ税理士もいたという。[†23] イェルムの住民たちは、キリスト教徒と対立する三万五〇〇〇歳のレムリア人戦士ラムザの霊的な教義に傾倒しながら、すぐに大金を手にしたいという欲望を共有したのだという。[(3)]「イェルムの住民たちはこぞってオメガに夢中になりました。明らかにもっとよく考えるべきであったと思います」とロビンソンは語った。

シャイニー・グッドウィンは、オメガにはまった人間のひとりであった。彼女が一体どれだけの金額を失ったのかはわからないが（彼女はオメガ・ユニットを決して売りに出したことがないと主張している）、はっきりしているのは、オメガの指導者であるフッドが逮捕されたときにチャンスが到来したと考えたことだ。フッドの逮捕直後からダブ・オブ・ワンネス（Dove of Oneness）というユーザー名で掲示板やヤフー・グループに投稿していたグッドウィンは、不安に怯えるオメガ投資家のコミュニティを安心させることに長けていた。オメガが崩壊すると、彼女はオメガのロール・オーバーを妨害しようとする「ダーク・アジェンダ」なるものと戦う英雄「白騎士」のセンセーショナルな物語を語り始めた。ダブは「極秘情報のドロップ」を投稿するようになり、人々に祈りを求め、オメガを解放するために戦っている連邦判事たちの物語について語るようになった。彼女はオメガの事件で逮捕された一九人のうち一八人が有罪になっているにもかかわらず、クライド・フッドの逮捕がフェイクでありすぐに真相が明らかになるだろうと主張した。

そしてオメガ事件の補償金が支払われるようになったとき、ダブは支持者たちに補償金を受け取らないよう呼びかけたのである。巨額の支払いが約束されているのに、それを少額の補償金を受け取ることで貰い損ねることがないようにと。しかし、その補償金はわずかな額ではあっても本当に支払われるものではあったのだ。

フッドの存在が完全に忘れられるようになった頃、グッドウィンは別の投資話をしつこく売り込むようになった。それは国家経済安全保障経済回復法（National Economic Security and Recovery Act）、略してネサラ（NESARA）の名前で知られる一見して途方もない経済の大転換に関わる提案であった。ネサラは、アメリカ経済を大転換させる抜本策の提案であり、アメリカの金融システムの大改革を訴えたエンジニアのハーヴェイ・フランシス・バーナードによって一九八〇年代に初めて提唱された。†24 彼はネサラという呼び名を自ら考え、この計画を記したパンフレットを一〇〇〇部印刷して議会に送ったが、彼のアイデアが受け入れられることはなかった。最終的に彼はネサラの提案をオンライン上で無料配布したのであった。

グッドウィンは、二〇〇〇年のどこかの時点でバーナードの提案を発見して利用した。ロビンソンが指摘するように、グッドウィンはオメガ神話の土台部分に「秘密の法律という構成要素」を上乗せした。ネ

(2)（訳註）ニューエイジとは、二〇世紀後半に自己意識運動として現れた宗教的、擬似宗教的な潮流のこと。アメリカで生まれて世界中に広まった。一般的な宗教組織のように教会やセクトというものが存在せず、セラピー、セミナー、ワークショップ、瞑想会、映画、音楽など多様な形態がみられる。

(3)（訳註）レムリアとはインド洋に沈んだとされる大陸で、オカルト信者が人類の起源を説明するのに持ち出すことがある。

サラは、フッドがオメガで約束したように繁栄をもたらす宇宙の不変の法則として語られた。グッドウィンが主張した内容とは、ネサラはアマチュアの経済評論家が考案した大胆な改革案などではなく、ビル・クリントンが秘密裏に署名した本物の法律であるというものだ。その内容は非常に危険なものであり、議会でその存在を認める者がいたとしたら、その人間が処刑されてしまうほど厳重に守られていた。だが、一度ネサラが発効されると、政府は再編されることになる。その際には売れない作家でネサラの伝道者であるシェリー・シュライナー曰く、「ネサラ大統領と副大統領が指名」され、金を基軸にした新しい銀行システムが誕生し、国際平和宣言が打ち出されることになる。

グッドウィンは、バーナードのオリジナルの計画に対して何の修正も加えなかったわけではない。注目すべきことに、彼女はネサラ（NESARA）のRの言葉を「recovery 回復」から「reformation 再編」に変えた。すなわち彼女は、少数の選ばれた信者に対して数兆ドルの「福袋」をもたらすような世界の通貨システムの完全な改革を約束していたのである。そしてクライド・フッドがヨーロッパの優良紙幣にアクセスできる選ばれた人間のひとりであることを主張していたように、ダブ・オブ・ワンネスだけがネサラの極秘情報にアクセスできることを主張したのであった。その極秘情報の内容は、世界経済の「大いなる覚醒」なのか、あるいは新興宗教なのか見分けがつかないようなものであった。

グッドウィンは、ネサラがダーク・アジェンダに潰されてしまわないように、毎日欠かすことなく、いつかネサラが発効されるという考え方をひたすら強調し続けた。そうやって二〇〇一年の九・一一同時多発テロの日を迎えたのであった。いまやQアノンが何度も繰り返しやっていることではあるが、グッドウィンは世界を揺さぶるような衝撃的な事件を取り上げて、自分がつくった陰謀論カルトの考え方と噛み合うように事件の筋を都合よく解釈していったのである。

九・一一のテロ攻撃から数時間後、グッドウィンは自身のメーリングリスト宛てに啓示的なメッセージを投稿した。

今日の三つの標的は、すべてネサラと銀行システムの改革につながりがあるものだった。まさに今わかったことなのだけれど、今朝のニューヨーク午前九時、世界貿易センターにあるIMFの国際銀行コンピューター・センターで、非常に重要な銀行業務が実施される段取りになっていたのだ。まさしく、ちょうど午前九時（東部夏時間）に。この重大な業務は、ネサラによる合衆国の銀行システムの改革を含むもので、白騎士が今夜計画していたネサラの公式のアナウンスメントに先立って、本日要請されたものだった。[†25]

グッドウィンのメッセージは、おそらく記録で確認できる限り最初の重要な九・一一陰謀論であった。九・一一陰謀論は今でも延々と続いており、あの日起きたことのあらゆる側面について陰謀論の解釈を生み出し続けている。ペンタゴンへの攻撃、九三便の墜落、テロ発生のタイミング、日付などあのテロに関わるすべてのことについてである。そしてグッドウィンは世界貿易センターの火が鎮火するよりも先に、テロの背後に誰がいるのかを知っていたのである。彼女が言うには、「ネサラの実現、わたしたちへの配当を何とか阻止しようとしているアメリカ市民がいる」とのことだった。

こうした恐るべき出来事が生じたとき、ネサラ信者であるということは大きな慰めを与えてくれる。それはちょうど二〇年後のアメリカ人が、経済格差の拡大、新型コロナウイルスのパンデミックという恐るべき出来事が生じる中、それらの原因を探し求めてQを発見したのと同じことだ。悲劇の発生は、表面上カオスが生まれているようにみえても、その実、信者たちが望んだものが今まさにすべて手に入ることを知らせる兆候とされたのである。[26] ネサラはダブ・オブ・ワンネスをリーダーとする国際的な現象となった。彼女は議会や裁判所に手紙を書く運動を組織し、ハーグの国際裁判所の周辺で支持者のボランティアたちにデモをさせチラシを配布させた。そしてロン・ポール議員やデニス・クシニッチ議員が秘密裏にネサラを支持してくれたなどと主張した。また、ある年配の信者の寄付金を使って、ワシントンDCのストリートに「今こそネサラを！」と訴える広告掲示板を貼り出した。

ロビンソンはその広告掲示板について、「見た目ほどにはかかっていないけどね」と皮肉を述べている。

その間グッドウィンは、いまにも数え切れないほどの富を手に入れると豪語していたが、自分のところにくる請求書を支払うのがやっとであった。何とか生活するためにネサラ信者の寄付にすがっていたのである。ネサラ詐欺は何年もの間続いたが、毎度「大いなる覚醒」が延期されるたびに、言い訳めいた訴えはますます奇妙でマニアックなものになっていった。だが、二〇〇六年までには根っからのネサラ信者でさえ、支払いの遅れにうんざりするようになっていた。[27] ダブ・オブ・ワンネスのメールは頻度が減り、ニッチな陰謀論に傾斜してとりとめのないものになっていたのである。最終的にグッドウィンのもとに残ったのは、ショーン・ロビンソンの見立てによれば、「福袋」が支払われることを信じ続ける人たちではなく、ニューエイジ運動に多くみられたような一般的な権威に逆らうことに執着する人たちであった。グッドウィン自身は、エイリアン戦争と並行宇宙についてのとりとめのないメッセージが記された最後の「ダブ報告」を書いた後、二〇一〇年五月に「この地球の平面から消えた」[28]。彼女の死が公になったとき、ネサラ信者の多くは彼女が死んだことを信じなかった。あるネサラの掲示板はダブ・オブ・ワンネスがずっと正しかったことの証拠であると次のように訴えた。

投資家は今でもgoldfornesara@verizon.netで、シャイニー・グッドウィンがつくった巨額の配当を実現する特別な取引に投資することができる。すべての連絡先は今でも生きているのだ。[†29]

一〇年後に登場するQアノンに関連した詐欺と同じように、いつでも別のゲームを始める準備ができていたということだ。わずかな投資で財が空から降ってきて、巨額の富をもたらすという話がすぐさま現れることになるのだ。

ディナール詐欺

ダブ・オブ・ワンネスは「福袋」を手にするために妄想の中で戦い、その戦いに自分の人生を捧げた。だが彼女が亡くなる頃までに、信用詐欺の世界では新手の詐欺が出現していた。富の配当を無限に先送りし続けるために「最新の機密情報」をでっち上げるという詐欺である。ネサラが九・一一に注目したように、その新手の詐欺も地政学上の混乱――このケースにおいては、イラク戦争――に注目して独自の説明を加えようとした。それがイラクの通貨ディナールを利用した信用詐欺である。このディナール詐欺は、オメガの違法性とネサラのファンタジー性を組み合わせてつくられたものであり、新しい世紀におけるもっとも強力な詐欺と言ってよいものだ。そしてQアノンの直接的な先行者と言ってよい。

ほとんど価値があるとも思えないイラクの紙幣ディナールで一儲けしようなどと誰が最初に考えたのかはわからない。だが単純に考えて、その理屈はわからないでもない。一九三二年にイギリスから独立したイラクは独自の通貨であるディナールを導入した。一九七〇年代までにディナールは世界中でもっとも希少で価値のある通貨となった。ディナールは、発行量の乏しさや無尽蔵のオイル・マネー、サダム・フセインの鉄の意志などを理由として価値が高まり、一ディナール＝三ドル二二セントで取引されていた。

イラクがクウェートに侵攻した際、国際社会から苛烈な制裁がイラクに加えられた。サダム・フセイン政権は劣悪なディナール紙幣を大量に印刷し、イラク経済は壊滅的な状況に陥り、ディナールの価値は、一ドル＝三〇〇〇ディナールにまで暴落した。しかし二〇〇三年にアメリカがイラクの自由作戦を開始して以降は、絶好の投資のチャンスが訪れたかのように思われはじめた。つまり、もしもアメリカがイラクを再建して有能な政府を設立することができたならば、ディナールの価値は湾岸戦争〔以前〕の時期並みに上昇し、ディナールに投資していた人は実質的に何のリスクもなく莫大な利益を得ることができるだろうと考えられたのである。同じようなことがクウェートのディナールについては実際に起きていた。イラクの侵攻によってほとんど価値を失ったクウェートのディナールは、湾岸戦争後ただちに価値を回復したのだ。また西ドイツのドイツマルクも、第二次大戦後まさにこうした「経済の奇跡」を経験した。しかも通貨の価値を下支えする莫大な石油埋蔵量などないにもかかわらずである。結局のところ、誰かが数十万ディナールを買うために数百ドルを使ったところで、それで一体何を失うというのだろうか。最悪のことが起きても大したことはないし、もし運が良ければ信じられないほどの富を手にすることができるのだ。

二〇〇六年頃までには、イラク経済の成長の兆しと思しきものならどんなものでも見つけ出そうとする人たちがネット上に集まり、活発なフォーラムをつくりあげていた。ＩＭＦ（国際通貨基金）にはいつになったらディナールの価値が上がるのかという問い合わせが殺到した。もっとも重要なことは、ディナール通貨を大量に販売するウェブサイトが立ち上がったことであった。ＡＢＣのある記事では、早い段階でディナールを購入した人たちのことが数多く紹介されていた。その人たちは競い合うようにして数千万ものディナールを購入し、一年以内にはドルに対するディナールの価値が「再び固定される」ようになり、それによって大儲けできると信じていたのである。[30]

ディナールの価値が増大するような現象は起きなかった。しかし、自らを「ディナール主義者」と称した人たちは、まさにこれからディナールの上昇が始まるのだと考えた。二〇一二年頃までには、ディナール詐欺の生態系が生まれていた。それは信用詐欺に関する見慣れたお約束で満たされた世界であった。その生態系の中にいたのは、まずはカレンシー・リクイデーター（Currency Liquidator）、スターリング・カレンシー・グループ（Sterling Currency Group）、セーフ・ディナール（Safe Dinar）、ベット・オン・イラク（Bet on Iraq）、トレジャリー・ヴォルト（Treasury Vault）といった口八丁のウェブサイトを開設しているディナール仲介業者たちだ。これらの業者は「マネーサービス・ビジネス」を標榜しながらディナールを収集品として販売していた。[31]さらに、この生態系の中にいたのがディナールの伝道者たちであった。ディナールを売るわけではないが、ウェブサイトやネット掲示板にディナールに関する噂や陰謀論、真っ赤な嘘をひたすら上げ続ける人たちだ。ＴＮＴトニー（TNT Tony）、ディナール・ダディー（Dinar Daddy）、ウォルフィマン（Wolfyman）といった名前の伝道者たちは、イラクが自国通貨の四分の三を流通させないようにしたとか、イラク政府が発表した通貨の数字は反ディナール勢力を追い払うための虚偽のものであるとか、ジョージ・Ｗ・ブッシュはディナールで大儲けできることを知っていたのでイラク戦争は採算が取れるだろうと考えていたとか（ブッシュは決してこのようなことを言っていない点に要注意）、ブッシュはすでに取り巻きの友人たちと一緒にディナールの儲けを現金化しているなどと主張したのであった。[32]

先行するオメガやネサラ、また後に続くＱがそうであったように、ディナール詐欺は魔術的な出来事の発生を前提とする詐欺であった。平価の切り上げを信じる人たちのために、すべてを一変させる魔術のような出来事が発生するというのだ。Qアノンと同じように、そうした出来事はディナール生態系におけるジャーゴン〔難解な専門用語〕の中に入り込み、秘密の知識の中に浸透していた。そして、ディナール主義者たちは、この魔術的出来事のことを誰にも知られたくないと思っている権力者たちがいると感じていたのである。

平価の切り上げが「解禁」されると、その知らせは最初に「モスク」に届く。そこでイラク人は自分たちのディナールを換金することができるようになる。その後欧米のディナール主義者たちに地元の銀行や換金所に予約を入れるための一番から八〇〇番までの特別な番号が提供される。二〇一三年当時のディナール関連最新情報によると「銀行にふらりと出かけて行って最高のレートで取引してくれるなどと思わない方がよい」とのことであった。[†33] 最高のレートで取引するためには、ドレスアップして、行き先を誰にも告げず（やつらがあなたの富を盗み取ろうとしかねない）、あらゆる身分証を持参して、うろうろしなくてすむような特別な入口をめざして行かなければならない。そうすれば銀行は、アメリカ政府から税金を課されない特別な口座を提供してくれる。ただしそれは銀行と最高のレートで取引するための交渉を終えた後の話である。それから、どうやってそんなに金持ちになったのかを誰にも話さないという守秘義務誓約書にサインすることになるだろう。

ディナールの交換プロセスは非常に複雑であり、報酬も巨額である。そのせいもあってすぐに匿名著者の電子書籍『大金が稼げる、素晴らしく裕福な暮らし』（*My Big, Fat, Wonderfully, Wealty Life*）のようなものが登場した。この書籍では、平価切り上げを利用してどうやって大稼ぎできるか、また稼いだお金を守るために、法律をどう利用して課税を逃れることができるかがディナール主義者たちに向けて語られていた。[†34]

「通貨を交換するための銀行予約が人生最大の金融イベントになるなんて考えたことがありますか」。書籍の冒頭に書かれたこの一節は本の内容をよく示している。「通貨の交換は、あなたの家を買うよりも大ごとだ。大半の人にとっては純資産よりも大きな取引であろう。そのことを肝に銘じておいてほしい。この通貨の交換についてあなたはどれくらいのことを考えただろうか。もしこの瞬間にあなたが考えたことのすべてが二〇分ほどの間に崩壊してしまったとするならば、あなたはどうするだろうか」。

「素晴らしく裕福な暮らし」が実現すると信じて何百万ドルものお金を使い込んでいたディナール主義者たちも、ディナールの交換についてよく考えていたならば、自分が騙されていることに気がついたであろう。ディナールの伝道者たちが言うような方法で通貨の「切り上げ」が行われることはないというひとつをとっても騙されていることに気づけたはずなのだ。通貨は「デノミ」されることがある。ハイパーインフレに陥った通貨がより低い通貨単位と同等の価値で交換されることがあり得るのだ。多くの途上国がそうやってきた。しかしそれはほとんど価値のない通貨が降って湧いたように突然爆発的に値上がりし、保有者がその通貨の価値を交渉することになる「切り上げ」とは別物である。

そんなことは起こらない。たとえもしそんなことが起こり得るのだとしても、ディナールに「切り上げ」は起きなかった。二〇一四年の『フォーブス』のある試算によると、ディナールは四〇兆ディナールもの流通量があり、そのほとんどすべてがイラク国外に流れているという。[†35] もしディナールの価値が湾岸戦争以前の価値へと切り上げられたならば、一二〇兆ドルもの富が創出され、銀行に保有されている貨幣を含む世界中の全貨幣の供給量を大幅に上回ることになる。[†36] 伝道者の中にはその一〇倍の「契約レート」を約束するものまでいた。その場合、数千兆ドルもの富が生み出され、ただちに世界中をハイパーインフレに陥れる金融カタストロフが起きることだろう。

しかしそれ以上に、ディナールの売買は信じられないほど詐欺的なものだった。ほとんどの仲介業者はディナールを二〇パーセント上乗せした値段で売っていた。例えば実際には九〇〇ドル程度の価値である一〇〇万ディナールを一一〇〇ドルで売っていた。そしてそれを売り戻すことはほとんど不可能だったのである。もちろんイラク経済が腐敗や反乱、指導者不足に悩まされ続けたのは言うまでもないことだ。

これらすべてのことが重なって結果的に、二〇年近くにわたり数え切れない人々を騙す悪質な詐欺事件が発生した。

しかし、逮捕者が続出して多くの人間を失望させた現在でも、ディナール詐欺は根強く生き残っており、Qアノンが登場した後では人気が高まっているほどである。Qアノン信者を特集した二〇二一年のハフポストの記事では、何名かのQアノン信者に詐欺を働いたとしてネサラとディナール詐欺のことが具体的に取り上げられた。[†37] ディナール詐欺を信じ続ける人々は、懐疑論者が「希望という名のアヘン」と呼ぶものにずっと依存し続けたとその記事は指摘している。それは、よりよい未来を信じようとする尽きることのない希望であり、秘密の知識を介して時を超えて伝えられてきたのである。

Qアノンの予言についても言えることだが、そのような未来がやってくることはあり得ない。しかしQアノンと違ってこれらの詐欺事件に対しては何がしかの法的措置を取ることができた。クライド・フッドとその信奉者たちは監獄送りになって、フッドは一度も出所することがなかった。シャイニー・グッドウィンは内国歳入庁に追われながら死んだ。そしてディナール詐欺で起訴された様々な案件が示す数字は思わず目を疑うほどだ。ディナール仲介業者であるスターリング・カレンシー・グループが働いた詐欺の総額は六億ドルという驚異的な数字であった。二〇一五年に破綻したオハイオ州のディナール詐欺では二四〇〇万ドル、二〇一九年に逮捕されたヴァージニア州のディナール詐欺計画では二〇〇万ドル、主導的なディナール伝道者であるアンソニー・〝TNTトニー〟・レンフローが起訴された二〇一五年の投資計画では一六〇〇万ドルの詐欺が行われた。[†38] 加えて被害者たちが屈辱感のあまり沈黙して、人知れず終わった数多くの被害案件があったことだろう。

Qアノンを生み出し、拡大させた人たちは同じような間違いを犯さなかった。Qは通貨を売ることもなかったし、投資も促さなかった。Qは人々を心地よくし、素晴らしいコミュニティを提供したのだ。Qは大儲けできるという約束をしなかった。Qが約束したのは、アメリカの敵を破壊するということだ。Qは詐欺を働いたわけではない。Qは人々を高め、目的意識を与えた。そして、違法なことはせずに捜査当局の手を逃れてきたのである。

第5章　われわれがニュースだ
——Qアノン躍進の二〇一九年

ドナルド・トランプ大統領が、Qアノンのコンテンツを初めてシェアした瞬間がいつであったかは容易に特定できる。

それは、二〇一七年一一月二五日のことであった。4chanに最初のQドロップが投稿されてから、わずか数週間後のことだ。トランプは、@マガピル（@MAGAPILL）という名のアカウントが作成した「ドナルド・トランプ大統領の業績まとめサイト」へのリンクをリツイートしてシェアしたのである。[†1] ただし、@マガピルは赤い帽子を被《かぶ》った普通のトランプ支持者ではなかった。@マガピルは、その頃出現しつつあったQアノン陰謀論の支持者でもあったのだ。(1)

トランプは、ツイッター社からアカウントを凍結されるまでは、ツイッターで定期的に自画自賛し、他人からの賞賛の言葉をシェアしていた。トランプ政権時代、そうしたツイートは何千回も繰り返されたといってよい。[†2] だから、MAGAを名乗る誰かがつくった「大統領の業績リスト」なるものがトランプの操作画面に出現した際に、彼がそれをシェアしたからといって驚くにはあたらない。それからしばらくの間、トランプが特段Q信者を積極的に取り上げる様子はみられなかった。トランプが別のQ関連アカウントからのツイートをシェアするまで、ほぼ一年近い時間が経過した。

しかし、二〇一九年の初頭を迎える頃には、トランプはQアノンの宣伝アカウントを定期的にリツイートするようになっていた。それらアカウントの中には、ＭＡＧＡの帽子を被って燃え上がるQをデザインしたアバターもあった。Qアノンのムーブメントが、トランプの眼前にますます接近していたことは明らかであった。二〇二〇年の大統領選挙の頃までに、トランプはQアノン宣伝アカウントを何百回もリツイートし、Qアノン支持者たちが作成したミームを定期的にシェアするようになっていた。そして、Qと彼らの宣伝するアイデアを受け入れる準備ができていたのは、トランプのツイッターアカウントだけではなかった。タンパの集会の数カ月後、Qアノンはあらゆるプラットフォームで爆発的な成長をみせた。Qは、善と悪との間で静かに繰り広げられる秘密の戦争という物語を一層展開させつつあった。その物語に、数え切れないほどの人間が吸い寄せられ、新しいメンバーとなっていったのである。

二〇一九年の春までに、Qアノンはどの程度の規模になっていたのだろう。たびたび指摘してきたことではあるが、実際のメンバーの数を測定することは難しい。せいぜい関連するハッシュタグの利用者数や動画視聴者数といった利用可能なデータで推定することができるにすぎない。しかし、それらの数字にし

（1）@マガピル（MAGAPILL）は、トランプが「業績リスト」をリツイートする数時間前に、#QAnonを使ってツイートした（このツイートは現在削除されている）。そのツイートで、トランプが大統領になる以前には「ワシントンに一七回しか滞在したことがない」と発言したことを大々的に取り上げたのである。Qはアルファベットの一七番目の文字なので、Q信者たちは、トランプがQに対して感謝を表明したのだと考えた。だがこのとき、トランプや彼の周辺の人物が、Qアノンの存在を知っていたかどうかは定かではない。アレックス・カプランの次の記事も参照されたい。「トランプはQアノンのツイッターアカウントを繰り返し拡散させた。ＦＢＩは陰謀論を国内テロと結びつけて考えている」Media Matters 二〇一九年八月一日。

ても意図的に水増しすることができるものだ。ただしその頃、単に数が増えているというだけでなく、Qアノンが非常に生命力の強い運動であることを示す出来事が実際にいくつも生じていた。

Qは二〇一九年の春までに、相次ぐ失敗を乗り越えていた。二〇一八年の中間選挙においては壊滅的な敗北を喫していた。陰謀の存在を示唆する様々なメモや、デビン・ヌネスと議会内のトランプ派議員たちの「本物の」調査は、結局のところ何の成果ももたらさなかった。ロバート・モラーも小児性愛者を誰ひとり起訴しなかった。結局のところ「ディープステート」に関わる人間は、誰も起訴されていないのである。起訴されたのは、トランプとつながっていた人物ばかりであった。しかしQにとってこれらの失敗は、さほど問題ではなかったようだ。

Qの存在自体も、それほど目立たなくなり始めた。Qが投稿するタイミングは不規則になり、頻度も減少していき、数週間何の投稿もないことも珍しくなくなっていった。Qアノンは、リーダーであるQの投稿なしでも存続できるようになったのだ。Qの神話を信じるということ、またQの掲げる大義が正しいというのは、信者たちにとっては自明のことであった。多くの信者はあまりにも深みにはまり込み、Qの運動への信仰は絶対的なものとなっていった。『ヴォックス』のライターであるジェーン・コーストンは、Qアノンが「事実の上にではなく、宗教的熱狂の上に成立」しており、救世主的な色彩を帯びていると指摘している。トランプやQ、そしてQが掲げる世界を救う計画の正しさに対するQ信者たちの信頼は、揺るぎないものであるというのだ。[†3] ミシガン州グランド・ラピッズでトランプの集会が開催されたときのことだ。ちょうどその直前に、トランプは燃え上がるQのアカウントをリツイートしたばかりだった。Q支持者たちは、その集会に殺到した。長らくQウォッチャーを続けてきたNBC「ディストピア・ビート」のベン・コリンズ記者は、「群衆の中のQ部隊があまりに大きくて『凄まじく驚いた』」とツイートした。[†4]

手づくりのQの看板、Qのシャツで溢れかえった様子は圧倒的だった。シークレット・サービスがトランプの集会におけるQ関連グッズを禁止にしたという噂が流れるほどであった。[†5]

「この看板を掲げて、全行程を歩きました。今夜遅くか、明日早朝に全編ノーカットの動画をアップロードします。二〇分以上あります。ノイズ多めです！ ＃WWG1WGA ＃Qアノン ＃Qアーミー ＃トランプ集会」。アカウント名@クアーキィ・フォローズQ（@QuirkyFollowsQ）によるこのツイートには、四〇〇〇の「いいね」がついた。[†6] ツイートに添えられた写真には、「Qのために声を上げよう」と書かれた看板が映っていた。他にも数十人の集会参加者が、Qドロップで大きく取り上げられた。Qは、集会に参加した個人の信者たちにスポットライトを当て、彼ら彼女らをＶＩＰとか愛国者などと呼び、信者たち一人一人が注目されるに値する重要な存在であることを知らせようとしたのであった。[†7]

Qの関連グッズで溢れかえった会場のざわめきからは、ついに今日こそはトランプ大統領がQアノンのムーブメントを認知する日になるのではないかという期待が見て取れた。[†8] そしてトランプは、Qのシャツを着た人間が映っている集会の動画をリツイートした。[†9] 彼はとうとう今夜Qの存在を認識したのであろうか。いやそうではなかった。彼は、Qに一切言及しなかった。だが、そんなことは問題ではなかった。Qの支持者が増え始めてから一年半が経過した後、トランプの集会でQが巨大な存在感を持つようになったことは、もはや明らかであった。Qの存在は、トランプ支持者たちの中に根を下ろそうとしていた。もし仮にトランプの集会にQ信者の大群が姿を現し、集会を席巻したということに特別な意味を認めなくとも、Qの運動の成長ぶりを示す証拠は他にもある。例えば、アマゾンのベストセラー商品の上位を示すチャートである。

ベストセラーとなった『大いなる覚醒への招待』

Qアノンの関連商品を最初につくったのは誰なのか。また、最初の商品は何だったのか。バンパーステッカーだろうか。燃え上がるQがデザインされた帽子だろうか。誰かが油性マーカーで「Qアノン」と落書きした真っ白なTシャツだったのだろうか。

詳しい経緯は、もうほとんど誰にもわからない。しかし、誰が最初につくったのだとしても、すぐに多くの競合者が出現した。最初のQドロップから一年もしないうちに、アマゾンでは数千のQブランド商品が販売されていた。オンラインビジネスの巨大企業であるアマゾンは、コーヒーマグカップ、バンパーステッカー、携帯電話ケース、旅行カバン、ペットの首輪、書籍、ラップ音楽などQに関するあらゆるものを提供した。NBCのあるニュース記事によると、それら商品の大半が送料無料で取り扱われていた[†10]。アマゾンはこれらの商品を一切取り締まろうとしなかった。工芸品大手のエッツィも手づくりのQの垂れ布を大量に取り扱っていたが、何の対応も取っていなかった。ペイトリオンにはQのページがあったし、ゴー・ファンド・ミーではQのキャンペーンが行われていた。ティースプリング社（Teespring）(2)はQのTシャツを取り扱っていたし、グーグルのプレイストアでは、Qのアプリが取り扱われていた。

どの程度の数の人間が、どれくらいの金額を稼いだのかを正確に追跡することは不可能である。しかし、ユーチューブの広告収入、Q関連商品や書籍の売り上げなどの収入源が、多くのQ信者たちにある程度の金銭収入をもたらしていたことは明らかだ。少数の人間に限れば、相当稼いでいたと言ってよい。

Q信者の中には、Qアノンで一儲けすることに夢中になっている人間もいた。Q支持者たちが頻繁に使うスローガンのいくつかを、商標登録しようとした者までいたほどだ[†11]。Qの支持者でありメディア・クリエイターのダスティン・「ネモス」・クリーガーが、ロイターに語ったところによると、彼は議事堂襲撃事件によって自ら取り扱っていたQ関連グッズが取引停止されてしまった。そのことで、一〇〇万ドルから二〇〇万ドルもの売り上げを失ったという。[†12] Q界隈の英雄、勇敢なる元陸軍中将マイケル・フリンは、Q信者たちが惜しみなく使ったお金を最大限享受した人間のひとりであった。彼は、ディープステートに「潜伏」する間に五〇〇万ドル近くの訴訟費用を抱え込むようになったが、Qアノン関連グッズの売り上げや、Qアノン関連イベントにおける講演収入から莫大な利益を得た。[†13]

しかし、Qアノンの関連商品の中で、信者の新規獲得やメディアの注目を惹きつけることにもっとも貢献したのは、最初の大ヒット商品である書籍『Qアノン――大いなる覚醒への招待』（*QAnon: An Invitation to the Great Awakening*）であったといってよいだろう。毎週大量の本が出版されているが、その中で売り上げの上位に入るのはほんのごくわずかにすぎない。しかも、これほど雑に書かれたほとんど内容のない本がこれほど売れようとは、まず考えられないことだ。

『大いなる覚醒への招待』は、WWG1WGAを名乗る十数人の匿名の著者らが自費出版した本である。二〇一九年二月後半にアマゾンでヒットするやいなや、ただちにQ関連本の輝かしい定番となった。Qの関連本は、大抵電子書籍とSEO対策(3)の寄せ集めのようなものでしかないが、その中にあって際立った存在感を放っている。それぞれの章には、タイトル通りの内容が書かれている。例えば、新規のQ信者たち

（2）（訳註）ティースプリング（Teespring）は、Tシャツなどのカスタム商品を手がける電子商取引プラットフォームである。

（3）（訳註）SEOとは、Search Engine Optimization（検索エンジン最適化）の略。SEO対策とは、グーグルなどの検索エンジンからウェブサイトへの流入を最大化するための対策のことを指している。

に向けてQがどのように情報を発信するのか。Qがどんなことを投稿しているのか。それらをどう解釈すればいいのか。それらの内容がなぜそれほど重要であるのかということについて、基礎的な導入の説明が書かれているのである。「われわれの仕事は、子どもたちを傷つけ、われわれを奴隷化する勢力から権力を取り戻すことであり、未来をつくり出すことだ」と序文には書かれている。「われわれが意図するのは、権力を奪い返し、〈われら人民〉のもとに取り戻すことだ」[†14]。『大いなる覚醒への招待』には、少なくとも理屈としてはこのようなことが書かれている。

本の制作に関わった人間のひとりが、後に『デイリー・ビースト』（*The Daily Beast*）のウィル・ソマーに明かしているところによれば、本を出版するもともとの動機はそれほど高尚なものではなかった。眠れる大衆を覚醒させてやろうなどという燃えるような野心があったわけでもなかった。本の出版は、Q関係者の投稿を禁止したレディットへの意趣返しであった。プラットフォームから締め出されない形で、自分たちの言いたいことをまとめて共有しようとしたのであった[†15]。「誰もあの本がベストセラーになるなんて思っていなかった」と著者のひとりはソマーに語っている。

したがって、『大いなる覚醒への招待』は読者を啓発するための本というよりも、不満の表明として理解されるべき本である。この点を踏まえるならば、なぜ「序文」が部外者にとってほとんど理解不能なQ界隈の業界用語で溢れているのかがよくわかる。本に掲載されている内容は、Qドロップについての異様に詳しい説明であり、それらの説明も恐ろしく曖昧でシニカルで表層的なものだ。各章の内容にしても、ユーチューブ動画の内容を文字に起こしたものや、Qと何の関係もない人たちへのインタビューなどで水増しされている。

Qアノンではよくあることだが、本の内容についての正確さや首尾一貫性は重要なことではなかった。

ただ信者たちが同意しそうな内容が書かれていただけのことであり、この本の内容に賛同する人たちが現に数多くいたということだ。この本を購入した多くの人が、随分と有頂天なレビューを書いている。だが、同書はトランプの助言者であるロイ・コーンのラストネームのスペルを間違えており、期限切れのリンクの引用ばかりであり、Qと関係のない話題に脱線した箇所も多い。有頂天なレビューを書いた人たちは、これらの点を特に気にしなかったということなのだろう。この本で初めてQに目覚めたという人も多くいたようだ。そうした人々にとっては、まさに求めていたものが得られたということなのであろう。そして、同書は発売されるや直ちに大成功を収めた。それによってアマゾンのアルゴリズムは大きな影響を受け、消費者に対する同書の露出度は大いに高められた。[†16]

瞬く間に「傑作」、「必読書」、「三〇〇ページに及ぶ驚くべき情報」（本は二七〇ページまでしかない）などという大袈裟な五つ星レビューが殺到することになった。[†17] その後それらのレビューそのものが、何百ものオススメを獲得するようになった。誰かが人為的にレビューを操作していたのだろうか。そういうことも考えられるかもしれない。だがおそらくは、同じ志を持つ者同士が、自由への道を歩む仲間を互いに見つけたということなのだろう。

数日以内に『大いなる覚醒への招待』は、アマゾンのベストセラー商品となった。自動生成される新商品チャートでは第二位になり、政治部門ではトップ一〇に入り、検閲セクションでは『華氏４５１』や『侍女の物語』をおさえて一位となった。二〇二〇年末までに二四〇〇ものレビューがついたが、それらのうちの八〇％は五つ星評価であった。この評価は、議事堂襲撃事件が起きてサイトが閉鎖されるようになるまでの間、アマゾンのいくつかのカテゴリーでは上位一〇〇位に入る高評価であった。『大いなる覚醒への招待』は正真正銘の大ヒットであり、Qムーブメントの言説を活性化させていく巨大な原動力となった。他にも、いくつかそれなりに成功したQ関連本があった。熱烈なQ推進者のプレイング・メディックの本は、一年もしない間に一三〇〇以上の高評価を獲得した。しかし、『大いなる覚醒への招待』ほどの大成功を遂げたものは、他になかった。同書はあまりにも大きな成功を収めたため、著者たちが収益をめぐって公然と争い、互いにペテン師と罵り合うほどであった。[†18] WWG1WGAの著者たちは、もう二度と一緒に本を出版することはないだろう。

二〇一九年の三月には、グランド・ラピッズの集会と『大いなる覚醒への招待』の大成功という二つの絶頂期が到来した。これらの成功は、近年の多くの陰謀論のように一瞬の成功というわけでは断じてない。Qが、凄まじいレベルの生存能力を持ち合わせていることを証明するものであった。より多くの人々が、自分の人生にとって必要な何かをQアノンが満たしてくれることを発見するようになっていた。この月、グーグル・トレンドで「Qアノン」を検索する人が何度も急増した。[†19] おそらくは、ヒラリー・クリントンがとうとう無数の（立証されていない）犯罪の報いを受けることになると考えた人たちがいたのかもしれない。Qドロップを解読し、その真の意味を解き明かすことが楽しいと感じた人たちがいたということかもしれない。あるいは、目的を共有する友人ができるということが大事だったのかもしれない。いずれにせよはっきりしているのは、このムーブメントに対してネガティブな要素が影響を及ぼすということは一切なかったということだ。暴力沙汰が発生して否定的に報道されるようなことがあったとしても、QやQ信者たちはそれらすべてを偽旗攻撃であるとか、でっち上げだとして退けた。三三一〇番目のQドロップには、次のようなことが書かれていた。

Qの存在は、操作された物語にとっての脅威だ。

大統領を除いて、Qほどフェイクニュースメディアによって
攻撃されている人間はいないであろう。
犯罪の濡れ衣を着せるなどの様々な戦略が展開している
（橋で起きた事件やマフィアのボスの事件などについて考えてみればよい）
状況は絶望的だ。
論理的に考えるように努めよ。
自分の頭で考えるのだ。
分断をつくり出そうとするやつらは失敗する。

Qの人気が高まるにつれて、Qの支持者たちによる暴力行為が増えていくことになったため（それらがQと関係があるかどうかは別として）、主流メディアはQを重視せざるを得なくなっていった。Qアノンは、このように急速に成長し、熱狂的で大量の情報を発信する集団となったが、同時に多くの他の上位下達のカルト運動と同じように搾取の対象ともなった。注目されることがよいこととも限らない。Qにまつわる大きな出来事は、宣伝効果をもたらしたが、同時に詮索ももたらした。

フォロワーが増加し、メディアの注目度が高まることによってQはかつてないほどに必要とされていた。だがQが断続的にしか投稿しない状況は続き、時には投稿の間隔が数週間程度あいてしまうこともあった。そのため、伝道者や解読者たちが自らの存在をより積極的に主張し、Qの運動を方向づける余地が生まれることになった。Qの運動が悪用される危険性が、現実味を帯びてきたのであった。

陰謀論者の「解読」方法

カリフォルニア州の町グラスバレーは、もともと炭鉱町だったが今では観光地として栄えている。サクラメントからおよそ六〇マイル北東に位置し、共和党が非常に強いネヴァダ郡の中にある町だ。人口一万三〇〇〇人のこの町は、多くの人が日帰り旅行に訪れる場所であり、地元のテクノロジー産業の拠点である。しかし、金融セクターや製造セクターの機能を麻痺させるための戦略的ターゲットになるような町ではない。すなわち、人々にパニックと混乱をもたらすために、ディープステートが偽旗攻撃の標的にするような町であるとは到底考えられないような場所なのである。

あるいは、そう思わせるように仕向けられていたということなのか。

いずれにせよ、二〇一九年四月、勇敢なツイッターユーザーである@トップ・インフォ・ブログズ（@TopInfoBlogs）は、小さな町グラスバレーの何の罪もない学校行事に対して、今にも「聖戦」が仕掛けられようとしていることがわかったと主張した。匿名アカウントの@トップ・インフォ・ブログズは、「ブログ公共圏に参加し、情報を整理し、リストを作成する」ことを仕事としており、絶え間なくトランプとQを支持するリツイートを行っていた。そのリツイートの手を休め、元FBI長官でトランプの敵となったジェームズ・コミーによるツイートの中に、隠されたメッセージを発見したというのである。@トップ・インフォ・ブログズが食ってかかったのは、四月二七日にツイッタートレンドに掲載された次のような全く害のないコミーのツイートだった。

#わたしがやってきた五つの仕事

1　スーパーの店員

2　教会結婚式のソロ歌手
3　薬剤師
4　ストライキ期間中の高校代用教員
5　ＦＢＩ長官、中断†20

＠トップ・インフォ・ブログズは、存在しない物事を存在しているかのように感じ取る陰謀論者の特殊能力を見事に発揮した。コミーがツイッターで遊んでいるのではなく、彼が画策していた攻撃についてアナウンスしているのだということを見抜いたのである。＠トップ・インフォ・ブログズは、「わたしがやってきた五つの仕事」（Five Jobs I've Had）を縮めると「五つの聖戦」（FIVE JIHAD）になると決めつけ、アナウンスを見抜いたと思い込んだのである。その上でコミーがツイートに記した五つの仕事の頭文字（GVCSF）を並べてグーグル検索にかけた。その検索結果に出てきたのが、グラスバレーのチャータースクール財団（Grass Valley Charter School Foundation）であった。この財団はちょうどブルー・マーブル記念行事のオークションを開催中で、五月一一日のイベントに向けてファンドレイジングを行っているところであった。

タイミングが悪かったのである。＠トップ・インフォ・ブログズは「偽旗攻撃の警告？？」と書いたミームをつくり、自分のリサーチ結果を携えてＦＢＩに行くわけでもなく、この件を情報発信に熱心なＱアノン推進者であり陰謀論者のジョー・Ｍ（＠ストーム・イズ・アポン・アス）と共有した。(4) ＠トップ・インフォ・ブログズは、次のように書いた。

ジョー、コミーが最近「妙な」ツイートをしていて、それを解読してみたんだけど、みたかい？　おそらく暗号化された偽旗攻撃のメッセージだと思う。「ターゲット」にされるのはおそらくネヴァダの大規模な学校／家族行事が開催される場所だろう。

このイベントが開催される日程にあわせて偽旗攻撃が始まると思う。[†21]

ジョー・Mは、陰謀論の内容があまりにも荒唐無稽過ぎて、現実のものとは思えないなどと考える人間ではなかった。彼は@トップ・インフォ・ブログズのつくったミームを共有し、今は削除されてしまったツイートで自分の数十万ものフォロワーたちに向かって次のように発言した。「グラスバレーのチャータースクールで開催される五月一一日のブルー・マーブル記念行事で何も起きなければいいのだが[†22]」。

このツイートは、たちまち数千のリツイートを得た。ジョー・Mの数多くのフォロワーたちは、ドナルド・トランプのもっとも強力な敵であるジェームズ・コミーが自分の意図を公開の場で伝えようとしているのだと納得した。そしてフォロワーたちは、グラスバレー・チャータースクールに対して警告を始めたのである。学校関係者が今危険に晒されているのだと決めつけた人たちが、執拗で醜悪な懸念を伝えようとし始めたのである。フォロワーたちは、学校関係者を守ることが自分たちの仕事だと考えた。しかし、実際のところ本当に危険だったのは、彼らの警告そのものに他ならなかった。

グラスバレー・チャータースクールや地元の商工会議所、ファンドレイジングの開催場所に、Q信者からのメールと電話が来るようになった。ウェンディ・ウィロビーはグラスバレー・チャータースクール財団の会長として、こうした案件に対処しなければならない責任者であった。だが、一体どこから手をつければよかったのか。

「不穏なメールがいくつか届きました。学校からは、それらのメールをすべて学区や自治体の担当者へ委ねたと知らせがあったのです」。ウィロビーは二〇二〇年に行われたインタビューでわたしにそう語った。[†23] Qの世界の深みにはまればはまるほど、身体的な負担を感じるようになった。彼女は真夜中、暗闇の中で胸が締めつけられるような思いで過ごしたことがある。自宅外の自分の車の暗闇の中で、彼女は混乱し、押し寄せる感情に打ちひしがれながらメールやツイートを読んだのであった。一体どうしてこんな小さな、ささやかなイベントが、これほどのナンセンス極まりない事件に巻き込まれることになったのだろうか。何が起きているというのか。どんな危険があるというのか。

一年前を振り返りながら、ウィロビーは、突如として彼女の小さなイベントに関心が集まったことで最初は困惑したことを語ってくれた。そして、それが冗談ではないことを悟って、彼女は泣いた。

翌朝、不安に駆られた両親たちから、学校長のもとに何が起きているのかを問い合わせる電話が鳴り始めた。責任ある立場の人々は、親に対して何と言えばよかったのだろうか。例えば、ある匿名のツイッターアカウントが別のアカウントに向かって、ジェームズ・コミーの暗号化されたツイートのことを話したのだと説明すればよかったのだろうか。ドナルド・トランプに戦争を仕掛けるために、ジェームズ・コミーが記念行事の資金調達者を攻撃しようとしていることが明らかになったのだと言えばよかったのだろう

(4) @ストーム・イズ・アポン・アス (@StormIsUponUs) のアカウントは、最終的に二〇二〇年四月ツイッター社によって停止された。というのも、二五万ものフォロワーに向けて、新型コロナウイルスの「デマ」の背後にいるはずの民主党に「自由に銃撃せよ」と訴えたからだ。マイク・ロスチャイルドの次の文章も参照されたい。「嵐は来ていない」TheMikeRothchild.com (ブログ)。二〇二〇年四月九日。

か。「デジタル兵士たち」は、その記念行事が大量の児童誘拐事件の現場になりかねないことを危惧しているとでも言えばよかったのだろうか。何を言っても、親たちを安心させることにはならなかっただろう。

テロ攻撃を警告する数十の電話とメールが、様々な地元関係者に寄せられた。コミーのツイートが「本当は」何を意味しているのかを分析した動画も寄せられたが、そのリサーチャーの中にはネヴァダ郡のことをネヴァダ州と勘違いしている者たちもいた。学校当局は、何が起きているのか皆目見当もつかない状態であったが、怖がる親たちは学校に回答を求めた。Qアノンの支持者たちは、脅迫をしたのではない。グラスバレーの安全を本当に心配しているということを伝えたのである。あるメールはウィロビーに、イベントのセキュリティを強化するか、さもなくば即座にイベントを中止するよう訴えた。なぜなら、「この種の異常な出来事は、無差別乱射事件の引き金になる」からだ。

イベントのもうひとりの責任者であるキャシー・ドットソンが、この点について二〇一九年に話をしてくれたことがある。Qアノン支持者たちのツイート騒ぎが、ヒステリックな状態をつくり出していたし、親たちが心配するのも当然のことであったため、イベントが数多くの来場者を迎えて成功することは到底考えられなかった。だから、小さな町の小さな学校がやろうとしたささやかなブルー・マーブル記念イベントは中止された。Qアノンの伝道者たちのツイートのせいで。

できすぎた陰謀論のような運命の悪戯とでも言うべきか、この記念行事は新型コロナのパンデミックのせいで二〇二〇年も中止になった。ウィロビーは親たちと一緒にやる財団の活動が二年も途絶えて、この行事を再びやることができるのかわからなくなったと後に語ってくれた。そして彼女は、その被害の責任がまぎれもなくQアノンとその支持者たちにあると語った。

ジョー・Mは、いかなる良心の呵責も感じることなく次のようにツイートした。「このイベントを中止に追い込んだといってわれわれを攻撃してくる書き込みがあるけど、気にしちゃいないよ。たとえそれが偶然何か正しいことを言ってるようにみえてもね。コミーのツイートは明らかに、下部組織を動かすためのもので、暗号化されたメッセージを伝えるのに使われていたよ」[†24]。

事実、偽旗攻撃を信じていた人たちは、イベントが中止された後、自分たちの正しさを証明する証拠があることを確信した。五月一九日、ブルー・マーブル記念イベントが開催されるはずだった日から八日後、液体爆薬を用いた爆弾がクローゼットから見つかったとしてグラスバレーに住むマリー・リー・ダルトン五三歳が逮捕された。ダルトンは、爆弾がその部屋を借りていた住人のものであると主張した。警察は、その爆弾がどのようなターゲットに使われるはずであったのかを明らかにすることができなかった[†25]。だがQ信者たちは、自分たちの想定が誤りであることを示すような不都合なディティールを無視して、ダルトンの逮捕が記念イベントの一週間後に起きたという事実、そして自分たちが信じている内容と合致する部分にこだわったのであった。「誰か」が、ブルー・マーブル記念イベントを攻撃しようとしていたのであり、マリー・リー・ダルトン（最終的に爆弾所持の罪を認めた）こそがその「誰か」であったのだ。したがって、アノンたちは偽旗攻撃騒動についてほぼ全部間違っていたのだけれど、この件はすべて正しかったと思い込んだ。

「アノンたちは、陰謀論者のレッテルを貼られながらもグラスバレー事件を解読しテロを未然に防いだのだ。アノンたちが考えたことは真実だったのだ」。あるアノンは8chanでそう満足気に語った。他方であるQ支持者は、二〇〇〇回以上シェアされたツイートで次のように言い放った。「ジョー・Mは報われた。愛国者が人命を救ったのだ。ざまあみろ、荒らしどもめ」「もうひとつの偽旗攻撃から愛国者を守ろうとしている@ストーム・イズ・アポン・アスにエールを送ろう」[†26]。

しかし、ウェンディー・ウィロビーは真相を知っていた。「惨事を阻止したと信じている人たちは、誰も守っていません」。二〇一九年に彼女はそう語ってくれた。「この国を、この世界をもっと良くしたいと望むのであれば、パソコン画面の前から離れてどこかでボランティアの仕事でも見つけることです。子どもを支援する学校や組織を選ぶこともできるでしょう。あの人たちは自分たちがやったことに対する償いが必要だと思います」。

グラスバレー事件を通してQアノンに大きな注目が集まったものの、Qが得るものはなかった。この事件はQドロップの低調な時期に発生し、四月から六月までの投稿は全部で四二件しかなかった。Qがグラスバレーに言及することは一度もなかったし、支持者たちに何かをリサーチするように指示することも、事件のことを誰かに報告するよう促すこともなかった。Qの運動は、理論上Qドロップの指示に沿って動いている。しかしこの事件については、Qドロップだけをみていたのでは一体何が起きたのか、まるでわからなかっただろう。この事件は、Qアノン現象が新たな混沌とした局面に突入したことを示すものである。この新たな局面においては、Qドロップから明らかにされることは少ない。Qドロップは先手を打っていく役回りというより、状況に対応していく役回りでしかなかった。もはやそこに啓示的な意味合いはなく、単に論評的なものでしかなかった。時には、Qたちが全く反応しないこともあった。

Qの予言は、数え切れないほど外れた。拠点であったレディットを追い出され、何度もニュース沙汰になった。だが、それらを乗り越えてQアノンは強固なコミュニティになっていた。事実、Qは単に生き延びたというだけではなかった。Qは、コミュニティの核となるような根っからの愛国者たちを獲得しながら力強く成長していたのである。Qに関わることで金をもうけることもできた。それに、楽しくもない陰謀論に吸い込まれていくような時であっても、人生は良いものだ。

なかった。

ヘイトの巣窟

Qはまるで不死身のようだった。だが、二〇一七年一二月からQのホームになった8chanは不死身ではなかった。

二〇一九年八月三日、二一歳のテキサス住民がエルパソのウォルマートでAR15を乱射して二三人を殺害し、二二人[(5)]以上の負傷者が出た。その二〇分前に男は犯行声明を8chanにアップロードしていた。移民問題や経済について触れたその声明は、長たらしく一貫性を欠いたものであった。銃乱射事件の実行犯が8chanに犯行声明をアップロードするのは、五一人が殺されたニュージーランドのクライストチャーチの事件、またカリフォルニア州ポウェイにあるシナゴーグの銃撃でひとりが殺害された事件に続いて三度目であった。[†27] 犯行声明は、あけすけにクライストチャーチの銃撃事件と人種差別主義者たちの野放図な「ディスカッション」の双方に言及していた。8chanの特殊な魅力は、大部分この管理されない自由な「ディスカッション」によるものといってよい。

三人の銃乱射事件の犯人はすべて、犯行声明を8chanの/pol/にアップロードしていた。そこにいたユーザーたちは、クライストチャーチの犯人が犯行に及ぶ実況映像をみながら喝采を送っていたのである。[†28] 匿名掲示板は、ただ人種差別主義者のミームや一貫性を欠いた陰謀論だけで溢れかえっていたわけではないということだ。8chanの利用は、銃乱射事件の典型的手口として定着し始めていたといってよい。8chan

(5)(訳註)エルパソの乱射事件における負傷者数は、報道によって食い違いが多い。筆者は二三人以上負傷と記述しているが、ここでは二〇二三年に米司法省が発表した数字に従って二二人以上負傷と修正した。

は、こうした乱射事件の実行犯たちが英雄として崇められるような場所だったのであり、閉鎖されるべき場所だったのだ。

「8chan がヘイトの巣窟であることは、繰り返し証明されてきました」。8chan のセキュリティを担当していたクラウドフレアのCEOマシュー・プリンスは、ブログの投稿で自社のサービス停止を告知しながらそのように述べた[†29]。「われわれは非難されるべきコンテンツをやむを得ず容認しておりますが、悲劇的事件を直接誘発したり、故意に法律を侵していることがはっきりするような場合、そのようなプラットフォームに対しては一線を引いて厳しい姿勢で臨みます。8chan は、その一線を踏み越えたのです。したがって、われわれが 8chan にサービスを提供することは金輪際ないでしょう」。

クラウドフレアが 8chan のハッキング防止機能を解除した際に、未知のハッカーから大規模なサービス妨害攻撃（ＤｏＳ攻撃）を即座に受けることとなり、掲示板はダウンし、その間Qは沈黙させられることとなった。その数日後、8chan を復活させようとするささやかな試みが企てられた。8chan ユーザーが、P2Pネットワーク上に 8chan のクローンサイトを立ち上げたのである。ただ、そのサイトは自分たちのIPアドレスを公開してしまっていることや、「うっかり」児童ポルノをダウンロードしてしまうようなつくりになっていることが発覚する始末であった[†30]。/pol/ の人種差別主義者たちと同様にQアノンのデジタル兵士たちも、何か他の手段を講じる必要があることはもはや明らかであった。

8chan が、セキュリティを担当する企業から見放されてしまったという状況は、誰にとっても明白であった。だが、Q信者たちは違った。彼らは信念を貫いたのである。結局、テキサスの乱射事件が起きた二〇一九年の八月におけるQの沈黙は、それ以前のQの沈黙となんら違わなかった。「8chan がオンラインに復活するまで、Qチームは『公式に』沈黙することになりそうだ。復活は、九月五日の議会公聴会の後になるだろう」。あるQインフルエンサーは、ジム・ワトキンスが議会下院の国土安全保障省委員会に召喚されていることに言及しながらツイッター上でそう語った。[†31] ワトキンス自身も、九月のはじめに 8chan がもうじき復活するだろうと語った。[†32]

8chan の復活は、すぐには実現しなかった。だが、それは怠慢によるものではない。その後三カ月以上もの間、ジム・ワトキンスと彼の息子ロン・ワトキンスは、ネット上の様々な場を検討し、自分たちの掲示板を復活させようと努めた。そして、8chan は「8kun」として復活することとなった。「8kun」という名前への変更は、赤ちゃんや小さな子どもに愛情を示すための日本語の敬称「ちゃん」が、年長者やより敬意を払われる人間に用いられる敬称の「くん」へと成長して変化したことを意味している。しばらくして、ワトキンス親子はとうとう新しいホストを見つけた。ワシントン州バンクーバーに住むプログラマーのニック・リムであった。彼は、インターネットサービスプロバイダーのビットミティゲートを立ち上げた人物であり、ネオナチの掲示板である「デイリーストーマー」のホストもしていた。[†33] リムのビジネス上のモットーは、「それが合法的なものであるならば、どんなものでも気にしない」というものであり、事実、その通りの人物であった。[†34] 8chan の人種差別主義と無秩序をそっくり引き継いだ 8kun は、数週間後、リムの会社の提供するセキュリティに守られて開始されたのである。

しかし、8chan の創設者であり、ワトキンス親子の宿敵となったフレドリック・ブレンナンは、8chan が成長したなどとは信じなかった。実際のところ、ブレンナンは 8chan が死すべき存在であると信じていた。[†35] 8chan が閉鎖されるとすぐに、怒りに燃えるブレンナンはソーシャルメディアや知り合いの記者を通じて、8chan が復活してきても一切関わりを持たないようにとネットワークの関係者に対して公然と圧力をかけたのであった。ブレンナンの圧力は、ワトキンス親子がニック・リムを見つけるよりもずっと先んじていた。8kunが新しいセキュリティのプロバイダーを見つけるたびに、ブレンナンは圧力をかけた。最初はイギリスのウェブサービスの会社で、この会社は圧力を受けてすぐに8kunから離れた。その後中国のeコマース大手のテンセントとアリババ、またロシアのインターネットサービスプロバイダーが続いた。ブレンナンはこれらすべてに対して圧力をかけた。あなた方は、無差別銃乱射事件の犯行声明を掲載するような掲示板の管理者たちと本当にビジネスをしたいと思っているのかと。そして大抵の人たちは、8kunとのビジネスを避けた。続く数カ月の間、8kunは何度もホストを見つけては失うこととなり、その間Qは沈黙していた。

8chanが最初にプラットフォームを失ったことは、Qアノンの問題と関係がない。だがブレンナンは、8chanを復活させようとする努力がQアノンの陰謀論と大いに関係するものであったと考えている。そして彼は、Q（それが誰であれ）がワトキンス親子と直接コミュニケーションをとることができる人間であると思っている。[†36] 彼らが必死になるのは、8chanで得られる収益が目当てではない。ジム・ワトキンスの稼ぎの大半は、他のベンチャー企業でのものだ。ジム・ワトキンスは、彼のサイトが「嵐」の実現にとって不可欠であることを本当に信じていたのかもしれない。あるいはワトキンス親子は、Qこそが、銃乱射事件の犯行声明を貼りつけるような人間の力を借りることなく、8chanのトラフィックを最大化できる存在であると考えていたのかもしれない。ジムもロンも、自らがQであることについては何度も否定してきた。トランプ政権時代を通じて、ずっと否定し続けてきた。

ブレンナンは二〇一九年一一月、NPRのポッドキャスト「オン・ザ・メディア（*On the Media*）」で、ワトキンスに雇われている幹部社員から聞いた話について語った。それによると、ワトキンスは8chan自体が死んでしまったと考えているようだ。だが、新たな事業を立ち上げて「Qアノンを取り戻す」ことに専念しているのだという。[†37]結局、その新しい事業とやらは、旧い事業にすぎないのかもしれない。ワトキンスがＱと直接つながっているという確固たる証拠はいまだにないのだが、8chan が閉鎖されている間、Ｑがずっと沈黙していたという事実は非常に印象的である。二〇一八年の一月のことを思い出してほしい。ポール・ファーバーの掲示板からＱが始まったばかりの頃、Ｑは何度も「この場所以外でコミュニケーションすることはない」と宣言した。つまり、Ｑは 8chan 以外のどんな場所でも投稿はしないと言っていたのである。Ｑは、ロン・ワトキンスによって安全なトリップコードを与えられ、本人確認のための特別なセキュリティを提供されていた。だからこそＱは 8chan にのみ存在したのだ。おそらく 8chan の新しいホームの側にしても、Ｑに支持者たちを引き連れてきてもらう必要があったはずだ。

軍の諜報グループに与えられた、悪の一味からアメリカと世界を解放せよという聖なる使命の成否が、フィリピンの大物ポルノ業者の所有する粗悪な匿名掲示板の運営にすっかり左右されてしまうのは一体なぜなのか。Ｑ信者たちがこうした疑問を抱くことはない。Ｑが数カ月間沈黙していたときでさえ、Ｑアノンの誰ひとりとして動揺している様子はなかった。ひょっとするとその間、世界を救う必要が特になかっただけなのかもしれないのだが。

いずれにせよ、8chan 復活のための戦いは続いた。「8kun は以前よりも強力になって復活するだろう」。8kun がその後さらに閉鎖された後、一〇月後半にニック・リムはそうツイートした。[†38]最終的に 8kun はロシアのホスティングサイトであるメディア・ランドＬＬＣをホームとした。それはサイバーセキュリティの研究者たちが、クレジットカード詐欺やマルウェア、フィッシング詐欺に幅広く関連していると考えているサイトであった。[†39]こうして、ロシアの港湾都市ウラジオストクに位置し、北朝鮮国境から数時間の場所でホスティング・サービスを得られるようになったおかげで、偉大なアメリカの愛国主義者のアイコンであるQは復活を遂げたのであった。二〇一九年の一一月一一日に投稿された三五七九番目のドロップは、次のように宣言した。

/agg_イメージ_失敗/
/ルート_DoD_11.11.18/
アメリカは再びひとつになるだろう。
未来が過去を証明する。

Q

8kun は機能停止状態が続き、ホスティングの問題もなかなか解決しなかった。だが、Qは二〇一九年終盤までにすっかり復活したようだった。この間、他の 8kun ユーザーは投稿できないのにQだけが投稿できるような期間もあった。8kun は、最終的にニック・リム自身がホストを務めるヴァンワテック(VanwaTech)に移動した。これは明らかに、リムが 8kun のホストをするためだけに立ち上げたものであった。リムは否定しているものの、フレドリック・ブレンナンは、ジム・ワトキンスも共同所有者のひとりであると確信している。[†40] それ以来リムは、8kun が閉鎖されないように、QがQであり続けられるように、ひたすらロシアに拠点を置くIPアドレスやホストを使ってきた。そしてQが復活することで、トランプ支持者たちの世界においては、状況が上向きになっていったのである。トランプは、彼の前に立ちはだかる意気軒昂な敵に対してあらゆるところで勝利しているようにみえた。経済は絶好調だったし、民主党員たちはトランプやQコミュニティからは病人のようにしかみえないバイデンを大統領候補に選び、自ら災いを招き寄せているようだった。トランプへの弾劾も否決されて終わった。

しかし、Qアノンには別の運命が待ち受けていた。トランプがなかなか嵐を到来させることができずにいる一方で、Qアノンはひたすら成長を遂げていった。より暴力的になり、あらゆるものの陰謀論へと変化を遂げていったのである。そのすべては新型コロナウイルスのパンデミックによるものであった。

たとえコロナ禍以前にQがどんな存在であったにせよ、新型コロナウイルスのパンデミックがなければ、Qアノンは今日のような姿にはならなかっただろう。4chanのアノンたちがどのようにゲームを始め、ジム・ワトキンスやロン・ワトキンス、ニック・リムや他の人間がQの運動をどのように立て直していったにせよ、パンデミックがなければ、Qアノンは再び成長することはなかっただろう。だがQは、ますます成長していったのである。

第6章　神は勝利する
——なぜ人々はQアノンを信じるのか

合理的な人間であれば、長い間予言されていた出来事がなかなか起きなければ、それが起きるという確信を保てなくなるだろう。しかし、信奉というものは合理的に説明できないものだ。そして、信奉する人間の頑強なまでの論理の欠如は、ディープステートが自分の子どもを殺そうとしていると考えるような人々に限ったものではないのである。誰もが、実現する可能性が極めて低いにしても、良いことであれば信じたいという、生まれながらの欲求を持っている。これこそが希望の核心である。シカゴカブスのファンは、一〇〇年もの間、何世代にもわたって、来年こそはワールドシリーズを制覇するのだと主張し続け、毎年期待を裏切られてきた。いつか本当にワールドシリーズ制覇を成し遂げるまで、ファンは同じことを言い続けるだろう〔ただし、二〇一六年にカブスはワールドシリーズを制覇している〕。キリスト教徒はキリストの再臨を何百年も待ち望んでいるが、キリストはいまだ姿を現していない。何もシカゴカブスのファンやキリスト教徒の精神に、異常な兆候があるということではない。彼らの信念がそうさせるのである。信じることが人間に希望を与えるのである。希望のない人生は、ただ絶望的なものでしかない。

騙されたという決定的な証拠を突きつけられても、それでも人は信じてしまう。間違ったことの証拠を、実は正しさの証拠であると考えて、的外れなことを言ってしまう。そうしなければ、絶望の淵に陥ってしまうからである。

Qの先駆者たちも同様であった。地方自治体や法執行機関が、イラクの通貨ディナールの投資話は詐欺だと発表し、多くのディナールのブローカーが起訴された後も、ディナール投資ビジネスの伝道者の掲示板には、更新された情報が書き込まれた。二〇一八年、『デイリー・ビースト』は、トランプ大統領が「すべての通貨が公平に扱われる」と暗号めいた発言をしたことを受けて、トランプ支持者たちがディナールを大量購入したと報じた。実際のところ、この大統領の発言は、米中貿易不均衡の文脈でなされたものであり、ディナールとは全く無関係のものであった。[†1] また、新型コロナウイルスのパンデミックを受けてロックダウンが実施されている間、ネサラに関する何百ものツイートが投稿された。多くの人が根拠もなく、クレジットカードの負債や住宅ローンが突然消えたとか、新型コロナウイルスにより疲弊した経済を強化するため、(二〇二〇年)五月に議会で可決された新型コロナウイルス経済救済法こそが、実は待望の「福袋」であると主張した。[†2]

新型コロナウイルスのロックダウンの頃までには、Qが軍事諜報機関とは無縁の詐欺師であり、ネットの荒らし屋であること、Qの「予言」はストリップモール[(1)]の霊能者がやるような、にわか仕立ての推理にすぎないことが何度も暴露されていた。一方で、Qアノンのメンバーは、ますます暴力的で抑えがきかない行動をとるようになり、法律に触れるようにさえなっていた。しかしながらQ信者にとっては、こうしたことは単に一時的な挫折にすぎず、金で買収されたメディアが嘘を伝えているにすぎないと確信してい

(1)(訳註)屋外型の小規模ショッピング・モールのこと。低層の店舗が横に連なって並んでおり、駐車場から直接各店舗の入口にアクセスする設計となっている。

た。誰もが、ただひたすら計画を信じる必要があったのだ。

Qが何度も述べてきた通り、「これから起きることを、止められる者など存在しない。何者も、止められはしないのだ」。

人はなぜ陰謀論を信じるのか

Q信者がなぜ信じ続けるのかを理解するためには、そもそも人間がなぜ陰謀論を信じるのかを理解する必要がある。

人間の脳というものは、危険な状況を認識する必要があるので、一定のパターンを求め、混沌の中に秩序を見出し、何もないところにコントロールを働かせるようにできている。陰謀論のもっとも基本的な主張は、自分たちが影の勢力から狙われているというものだ。この主張があればこそ、いかなる難問や突発的な出来事にも納得のいく答えが得られ、その出来事の中心に自分たちがいると感じられるのだ。例えば、癌になるのは、無作為に細胞が誤作動を起こすからではなく、ケムトレイル(2)や5Gインターネット、あるいはマイクロチップが人間に害を及ぼすからなのである。応援していた候補者が選挙で敗退したのは、選挙活動がうまくいかなかったからではなく、彼らを権力から遠ざけようとする腐敗した陰謀のせいなのだ。万事こういった具合である。

われわれの人生には、個人的、職業的、そして集団としての失敗がつきものである。人は、こうした失敗が誰かのうっかりミスや偶然によるものだと信じたくないものだ。なによりも、それが自分自身の過失によるものだと信じたくはない。自分が大失敗するとか自分の身に起こることをコントロールできないということを、受け入れなければならなくなるからだ。そんなことは、恐ろしすぎてできないのだ。

心理学者のロブ・ブラザートンは画期的な著書『賢い人ほど騙される』の序章で次のように述べている。「陰謀論は、脳が生来持つバイアスやショートカット機能と共鳴し、人間の内面の奥深くにある願望、恐れ、世界や人々についての思い込みを利用する」、「わたしたちすべてが生まれながらの陰謀論者なのだ」[†3]。人間の思い込みは、インターネットの普及によって始まったわけでもないし、インターネット時代に強まったわけでもない。何十年も前からの世論調査が示す通り、アメリカ人の半数以上がなんらかの陰謀論を一貫して信じており、一九六三年当時と同じくらい多くの人が、二〇一三年になってもJFK（ジョン・F・ケネディ）は複数の暗殺者によって殺されたと信じているのである[†4]。

何か大きな予想外の出来事を目の当たりにして、説明に苦しむ人もいるだろう。ブラザートンによれば、西暦六四年のローマ大火について、伝説的なローマの歴史家タキトゥスは、悪党の一団が市民の鎮火活動を阻んだとか、腐敗した皇帝ネロが自らの目的のために放火したのだといった噂について記している。タキトゥス自身は、ローマ大火のときには八歳前後だったはずで、彼の記録は二次資料を用いて数十年後にしたためられたものである。タキトゥスやその後継者のローマ史家たちが、「本当は何があったのか」について熟考したことは明らかだ。だが、そこで取り上げられた陰謀は二〇〇〇年後の今に伝わるほど根強いのである。

陰謀論を信奉する人の多くは、普通の仕事や愛する家族を持っており、一日中暴力的な思想に浸っていい

（2）（訳註）ケムトレイルとは、コントレイル（contrail＝飛行機雲）に「化学物質」（chemical）という言葉を掛け合わせて生まれた言葉である。長時間残留する飛行機雲は、人口削減計画のために散布された有害化学物質であると主張する陰謀論のこと。

るわけではない。日常生活の中にちょっとした裏側が隠されているのだと信じて、戯言《ざれごと》を言って友人を苛立たせるというだけのことである。例えば、保証期間満了と同時に電話が壊れ、買い替えを余儀なくされたことを怪しむようなものだ。フランチャイズの子ども向けゲームセンターつきピザレストランである「チャッキー・チーズ」は、食べ残しのピザを「リサイクル」して新たに不格好なピザをつくっている、などというネットでバズった陰謀論について考えてみるのも愉快なことだ。[†5]

誰かが自分を騙そうとしているという考えが広まるのには、それなりの理由がある。実際、騙そうとする人は多いのだ。世の中には、誰かを犠牲にして一儲けしようとする詐欺、ぼったくり、ペテン師、ケチ、怪しげな人々が溢れている。自分たちを陥れたり傷つけようとする多くの力が存在するなどと考えるのは妄想にすぎないと言い切ることはできない。事実、そう考えることは脳が正しく働いていることを意味するかもしれない。科学ライターでポッドキャスト「スケプトイド（Skeptoid）」を主催しているブライアン・ダニングが二〇一一年のポッドキャストで述べたように、陰謀論の信者の中には、助けを必要とする人々と必要としない人々がいる。特に問題ない人々も多いのである。

ダニングは次のように述べる。「もしも陰謀論者と話したことがあるのなら、妄想癖の兆候を表にみせない人の方がずっと多いということがわかるはずです。通常の陰謀論者は、実は知的で思慮分別がある人たちなのです。実際のところ、思った以上に彼らは自分たちと違わないので、不安に感じるほどです」[†6]。

深夜に奇妙な音で危険を感じたり、世界の出来事をみて、世間で言われている以上のことがあるに違いないと思ったりするのは、単に脳が理解しようと働いているからにすぎない。人間は誰でもそうするものだ。しかし中には、普通の人以上にそのように反応する人がいるのだ。

現実となった陰謀

陰謀論者にとっては、身の回りの危険を察知するということと、陰謀論を確信するということはほとんど同じことである。こうした誤った同一視は、過去に遡って暴いた悪事を、あたかも陰謀論の証明であるかのように考える点にも顕著にみられる。陰謀論者にとって、過去に遡って暴かれた悪事は「現実となった陰謀」であり、現在取りざたされている陰謀論もすべて真実であるという証拠とみなされるのだ。しかしながら、陰謀論と陰謀の間には決定的な差がある。

もちろん現実に陰謀は存在する。そのことに異議を唱える者はいない。誰かの悪事によってわれわれが癌にかかるという例を考えてみよう。実際に、他人の間違った行動によって癌にかかるという例は多くある。だが、それはケムトレイルとか5Gインターネットの害毒といったことではない。そんなものは存在しないからだ。一方で、有害物質投棄、食品への発癌《がん》性物質の使用、水質汚染など、実際に癌を引き起こすようなことが大企業によってずっと行われてきた。これは紛れもない事実である。

ローマの大火より前の時代でさえ、陰謀がささやかれていた。カエサルは、元老院の復権と旧怨を晴らすことを目論《もくろ》んだローマの政治家たちの共謀によって殺害された。[†7] 米国でも、副大統領が暴徒の一団に襲われそうになった二〇二一年一月の連邦議会議事堂襲撃事件から遡ること一五〇年前、陰謀をたくらんだ暗殺者たちが、大統領、副大統領、国務長官を暗殺しようと試みた。ただひとり、ジョン・ウィルクス・ブースだけがエイブラハム・リンカーン大統領の殺害に成功した。またドイツ軍将校たちは一九四四年七月にアドルフ・ヒトラーを殺害しようという陰謀をたくらんだ。そして米国公衆衛生局は一九三二年から一九七二年にかけて、アラバマ州タスキギーの黒人小作人に対して、梅毒の治療を行わなかった場合の症状の進行を長期にわたり観察するという、著しく非倫理的な陰謀を行っていたのである。

こうしたことは、すべて陰謀である。しかしながらこれらは、「現実となった陰謀論」ではない。具体的かつ理論的に陰謀論と説明できるケースはないのである。[†8] 陰謀とは、誰にも知られておらず、その多くは内部告発者や法的文書の暴露、あるいは陰謀者が逮捕されたおかげで明らかになったものである。一方で、有害物質が空気中に散布されているというケムトレイルや、九・一一テロが米国政府内部の犯行であったというような、今日の言説において非常に人気のある陰謀「論」が真実であったと「暴露」されたことはない。このようなスケールの大きな話を具体的に立証することは、不可能としか言いようがないのである。

それにもかかわらず、Qアノンの投稿者は、もっともらしさを証明するための修辞的レトリックとして、「真の陰謀論」を使うのを好む。Qの神話の中でいわゆる確証済みの過去の陰謀としてもっともよく言及されるものに、CIAによってメディアが操作されたとされる「モッキンバード作戦」がある。Q支持者はこれをもって、CIAがジャーナリストを買収して自分たちに都合の良い記事を書かせている証拠と主張するのである。もうひとつよく言及されるのが、「MKウルトラ」というコードネームのもとでCIAが実行した、マインドコントロールの方法を探るための著しく非倫理的な実験である。Qはこれが現在も続いているとほのめかしている。

こうしたCIAによる悪事はすでに検証されているにもかかわらず、しばしば陰謀論の仲間内では、実際の証拠が裏づけていることよりもずっと下劣なことが行われていたと仄めかすために利用されている。モッキンバード作戦に関して言えば、唯一入手可能な文書が示しているのは、二人のワシントン在住のレポーターをCIAが一九六三年の数カ月だけ監視していたという事実であり、もちろんそれは非倫理的なことではあるにせよ、大規模かつ長期的な陰謀とは言えない。[†9] それに、その怪しげな事業は「モッキンバード計画」と呼ばれており、「モッキンバード作戦」ではなかった。同様に政府は、一九五〇年代から六〇年代にかけて、全体として「ＭＫウルトラ」と呼ばれる一六〇を超える実験の一環として、何も知らない人たちにＬＳＤを投与したことを明らかにしている。しかし、政府は結局この計画を放棄し、被験者をマインドコントロールする方法を獲得することは決してなかったのである。[†10]

しかし、人々が陰謀論を信じるのは、それが世界の「本当の」仕組みについて自分たちがすでに持っている偏見とぴったり合うからである。すでにみた通り、これは必ずしも悪いことではない。だが多くのＱ信者にとっては、「やつらはみんなして自分を狙っている」という気持ちが「やつらはみんなして自分を狙っている。だから自分が先にやつらを捕まえてやる」という思いに変わるのである。これがＱの危険性である。信じることが危険なのではなく、信じない人たちを敵とみなすことが危険なのだ。フーバー・ダムの件から議事堂襲撃事件に至るまで、これまで再三取り上げてきた通り、極めて危険なのである。

Ｑ信者にとって、Ｑは陰謀論ではない。彼らの多くは、信者と呼ばれることに苛立ち、代わりに「陰謀のリサーチャー」であると自らを名乗っている。通常、カルト的な陰謀論の運動に希望を見出すような人はいないが、自分たちこそが陰謀をリサーチして突き止めるのだという思いは、信者たちに希望を与えてくれるのだ。

ジュデイジョの場合

Ｑの誕生以来現在に至るまで、典型的なＱの支持者は、白人の保守的なアメリカ人である。これらの人々は、リベラルなエリートに迫害されたという思いから暗い陰鬱な気持ちにならざるを得ず、強迫観念的にドナルド・トランプを英雄視してきた。元Ｑ信者のジタース・ジュデイジョはこうした人々とは、全く違ってみえる。進歩的なインド系オーストラリア人である彼は、ユーモアのセンスがあってよく笑う性格で、自分自身を中絶権利擁護派でドラッグ合法化支持者、バーニー・サンダース支持者で、反体制的であると認識している。これらの特性からは、彼は到底アメリカの陰謀論にハマるような人間にはみえない。進歩主義者たちが粛清され、軍が国家を支配するのを率先して応援しようとする陰謀論者とは、対極にいる人間にみえる。

だが、彼も陰謀論に取り込まれた一人だ。ジュデイジョは二年間もQアノンに熱中し、多くの社会的なつながりを退け、ますます孤立し、Qが語る内容に執着するようになった。[†11] Qにハマる前にジュデイジョは、主流メディアがドナルド・トランプの台頭を見通すことができなかったことに困惑を覚えた。彼は、トランプを否定したり無視したりする主流メディアとは一線を画すような、別の説明を探し求めた。その結果、彼は多くのものを発見したのである。

最初に出会った陰謀論メディアは、インフォウォーズであり、彼の陰謀論の遍歴はアレックス・ジョーンズから始まった。息もつかせずQドロップを解読するジェローム・コルシにも引き寄せられた。Qの世界においてジュデイジョが見つけたのは、何が起こっているのかについてのより良い説明だけではない。暗闇に立ち向かおうとする愛国者たちの存在も発見したのである。二〇一七年末から一九年まで続いたQへの信奉は、彼自身の言葉によれば「論理ではなかった」。それは希望だったのである。

何週間もかかってようやく実現できたＺｏｏｍでのインタビューにおいて、ジュデイジョは「わたしは信じたかったんです」と述べた。これまでQの背教者はほとんどいなかったため、彼は一時的にメディアの寵児となった。多くの人に、彼の話は真実味を帯びて聞こえたのである。

「善人がより良い未来のために、良い闘いをしていると信じたかったんです」とジュデイジョは述べた。

Qの語る物語は、彼に多くのことを説明してくれた。Qは、民主党がバーニー・サンダースをねじ伏せたのは、ヒラリーとその一味が政権を維持するためにやったことなのだと説明した。またQは、メディアがトランプの勝利を見抜けなかった理由も説明した。メディアは救いようがないほど腐敗しており、トランプがつくり出した「民衆の動き」に全く気づいていなかったのだ。またQは、ヒラリーを黙らせるとか連邦準備制度理事会を改革するなどといった、トランプが約束してくれたはずの「反エスタブリッシュメント」政策を実現できない理由も説明してくれた。ディープステートが随所でトランプを邪魔していると か、あるいは、彼らの悪事を暴くためにトランプはあえて失敗しているという話だ。Qはジュデイジョに、こうしたあらゆる恐ろしい人々を排除して、トランプの聖なる約束を果たすために、秘密の戦争が行われているのだと語りかけた。ジュデイジョはその戦いに参加したいと思ったのだ。

Qとの出会いのプロセスはゆっくりとしたものだったが、彼は瞬く間にQアノンにハマった。彼は大学卒業に二度までも失敗し、ADHDの診断を下された後、数カ月間Qメディアにどっぷり浸った。そこでジュデイジョは、Q信者の仲間と交流するようになった。間もなく彼は、レディットやユーチューブにかじりつくようになり、Qの伝道者たちが暗号化されたメッセージを解読する長々しい映像を視聴し続け、スレッドを読み耽るようになった。彼はQのおかげで、喜びを知り、自分を制御できるという感覚を覚え、自身が他の誰でもない特別な存在だと感じ始めた。自分は前進できない落伍者などではなく、ADHDのおかげで普通の人よりも集中できる能力を与えられた戦士なのだと思えるようになった。Qによって彼は、落伍者ではなく価値のある人間になれたのである。

「Qに出会ったことで、自分が大切な存在であると感じることができるようになりました。自尊心を持つことができたんです」と彼は述べた。今でもQ信者がソーシャルメディアに四六時中書き込んでいるような感情を、彼も共有していたのだ。「Qアノンの中にいると、自分が世界を救っているように感じるんです。そうやって最高の自己評価ができるんです」。Q信者は暴力的でひねくれた神話に没頭しているものの、自分たちが無秩序的であるとか暴力的であるとはみなしていない。ましてやQの神話が国内テロだとは夢にも思っていない。勝利しなければならない戦争がそこにあると考えているだけなのだ。

Q信者たちは、「自分たちが、最大の偉業を成し遂げているのだと考えることで、(闇に)打ち克とうとしていた」。つまり、ジュデイジョにとっては、Qアノンが文字通り世界を救済できると映ったのだ。振り返ってみると、彼がADHDと診断されたことの心理的効果がこうした思い込みを生み出すことに関わっており、彼をQアノンに走らせるのに重要な役割を果たしたともいえる。多くのQ信者は、自分たちにソーシャル・スキルが欠けていたり、空気を読めなかったり、反復行動をしてしまうこと(これらはすべて自閉症の典型的症状である)が「武器になる」と感じている。こうした「自閉症者」は、有力政治家がペットや穀物の退屈な写真をツイッターに上げているのを見つけて、それらを「トウモロコシ暗号」とか「犬暗号」であると解読する。政治家たちはこれらの暗号を使って、善と悪の闘いで重大な出来事が起きていることを知らせていると言うのだ。「自閉症者」たちは、こうした深読みを通じてQの謎を解き明かし、自分たちの個性的な能力を誇らしげに示すのである。同じ能力は、トランプがツイートで間違ったスペルを書いたときなどにも用いられる。「自閉症者」たちは、まともにスペルも書けない大統領という以上の深い意味をそこに読み取ろうとするのである。彼らは自分たちの一連のスキルを、はっきりと「武器化された自閉症」と呼ぶ。これはQと同じ頃に4chanで流行った言葉だ。[†12] ジュデイジョは自分自身もそうだと考えるようになった。つまり、Qの謎めいたヒントによって、世間から不自由なハンディキャップとみられていたADHDを、良い意味で活用できるようになったと信じたのだ。そして、ついに彼は、他のすべてを遮断するほど自分の時間と労力をQにつぎ込むようになった。

少しずつ彼は、楽観的だが懐疑的な進歩主義者から、冷笑的な陰謀論者に変わっていった。やがて、Q以外のことを一切話さなくなった。彼には、その生活を止める動機となるものが何もなかった。家庭も、仕事も、何もなかったのである。彼との関係が続いていた人たちもいた。それらの人々は、一切何も知らされていないか、もしくは彼と一緒に陰謀論の穴に引きずり下ろされてしまったかのいずれかだ。彼は、Qを信奉していることを家族、親戚、友人には秘密にしていた。そんなことを言ったら、滑稽だと思われるとわかっていたからだ。しかし父親だけにはQについて教えたところ、父親もQに夢中になった。Qが伝える秘密の知識をめぐって、父親との間に絆が生まれた。その絆があまりに強すぎたために、彼がQから抜けた後も、父はまだQ信者のままだ。

「Qは人々を社会から遮断し、仲間と引き合わせ、社会から孤立させるのです」。ジュデイジョはそうわたしに説明した。「Qから離れようとする人はいません。自分が間違っていると認める動機がないのです。友人や社会に対してそれを認めてしまえば、以前と同じようにはみてもらえなくなります。身近な人たちとの関係が永遠に損なわれたまま、離れていってしまうのです。Qではなく自分のせいで」。

彼の信念に力を与えてくれていた希望は、やがてある種の中毒症状へと変わっていった。Qドロップや Q神話の言説、他の人が知らないことを知っているという特別な感覚への中毒である。そしてついには、より良いものを求めるという切実な気持ちへの中毒に変わっていった。これほどまでにすべてを網羅する中毒症状が無害なものであるはずはなかった。ジタース・ジュデイジョは、こうした中毒症状によって家族も正気も失い、陰謀と冷笑主義の沼の淵にまで追い込まれたのである。それから二年の月日が流れ、彼はQの陰謀論に関する釈明困難で納得せざるを得ない反証にいくつか遭遇し、その結果、最終的にQから脱出した。

ジュデイジョのQ陰謀論からの離脱のプロセスは、完全に終わったわけではない。しかし、これから述べる多くのQ信者と比較して、彼はずっと前を進んでいる。残された信者たちは、彼を追ってこちら側に来ることに関心はないのである。

正しい旅、間違った方法

Qを外部から懐疑的にみている者の目には、ここに述べているようなことはすべて馬鹿馬鹿しく映るだろう。当然ながら、多くのジャーナリストや学者はQアノンについてそうした論調で書き立てた。オランダの応用心理学者であるヤン・ウィレム・ファン・プルイヤンは、NBCのサイトに投稿した意見記事において、「正気とは思えないだろうが、実際その通りなのである」と述べた[†13]。初期のQアノンに関する論評の中には、Qアノンは「4chanを引き裂くに至った狂気じみた陰謀論」とするものもあった。一方、『バズフィード』はQアノンを陰謀論と呼ぶことを一切止めにして、Qに対して不正確で不公平な「集団的妄想」という呼称を与えた。まるでQ信者は、皆精神病であるかのようにである[†14]。Qに対して同情的な記事を書くジャーナリストさえも、この運動の信条を愚劣だと言い、すべてが奇妙だとコメントせずにはいられないようだ[†15]。

確かにQ信者の中に、裁判を受けられないほどに精神を病んだ人々が含まれていることは疑いようがない。またおそらく、単に荒らし行為をするためにQに入り込んだり、あるいは実際に、不健全なまでにユダヤ人や民主党支持者を憎んだり、ドナルド・トランプを崇めている人々もいるだろう。しかしながら、こうした極端な考え方を持つ人々は例外的であって、Qを信奉するほとんどの人たちは、実在しないものを熱狂的に信じているだけである。多くのマスコミが、Q信者を絶望的で助けるに値しない存在として書き立てる一方で、Q信者を精神障害者でもなければ、特に危険な存在でさえないと（一部の人は間違いなく危険だとしても）みなす考え方も存在する。Q信者は、物事の答えがわからず何が本物であるかがみえにくい状況下で、それらを切望する探究者なのだと考える人たちがいるのだ。

ポッドキャスターであり科学ライターでもあるブライアン・ダニングによれば、Q信者は、自分たちのことを犠牲者だと考えている。進歩主義者が勢力を拡張させるようになって、かつて自分たちが頼りにしていたルールがすべて書き換えられてしまったと感じているのだ。この点で、ドナルド・トランプはリアリティ番組のお調子者でもなければ、ロシアマネーに支えられた平凡なビジネスマンでもない。彼は神に触れられた救世主であり、疎外された進歩主義のこの勢力拡大を止めるために、軍によって選ばれた人物なのだ。トランプに垣間みえるこうした宗教的側面を理解することも重要である。ダニングによれば、Q信者は自分たちが神の働きをしていると信じているのである。これはQアノンに蔓延する救世主思想と呼応する。

ダニングのポッドキャストは、保守派のみならずリベラルの聖域に対しても同程度の時間を使ってメスを入れている。というのも、陰謀への信奉はあらゆる政治運動、あらゆる層の人々に共通しているからである。この姿勢は、ダニングがQアノンの訴求力を概念化するのに役立っている。ダニングは次のように述べる。「Q信者、アンティファのメンバー、そしてトランプを取り巻く銃愛好者たちは、もとを辿れば同じ所から来ているんです。彼らは正当性を求めており、抑圧者に対して暴力的に行動する必要があると感じているんです」。しかしながら、暴力的な思想を持つ人々や、意味不明な陰謀を信じる人々が、必ずしも悪い人であったり、愚かな人であるわけではない。「ほとんどのQ信者は他のグループと同様に道徳的なのです。ただ、自分たちの人生に対する不満を裏づけるような悪い情報に出会ってしまったのです」とダニングは言う。

とどのつまり、Qは「正しい旅を間違った方法でしている」というのがダニングの評価である。ダニングによれば、ひどいことばかり目立つが、Qが存在するのにはそれなりの理由がある。Qは解決策を求める人々で構成されていて、彼らはひどい解決策をみつけ、「でたらめ」で人生の穴を埋めているのだとダニングは述べる。科学的思考を持つダニングのような人物が、Qについて完全に有害とばかりはいえないという考えを持っていることに驚く人もいるかもしれないが、これには他の懐疑論者や批判的思想家も同意している。

メタバンク（Metabunk）[3]創始者で、『ウサギ穴からの脱出（*Escaping the Rabbit Hole*）』の著者でもあるミック・ウェストは「陰謀論者は敗者だ」と言う。オーストラリアから南カリフォルニアに移住してきたウェストは、陰謀論者に共感しながら、彼らの主張を丹念に論破することでキャリアを築き、特に人々が陰謀論から抜け出すのを助けるために本をまとめた。ウェストこそ、なぜ人はQアノンを本気で信じるのかという問題を解明するのに、うってつけの人物なのだ。

ウェストによれば、Qのような陰謀論は「正しい側につきたいと望む人々に特権を与える」。トランプが大統領となったことで、Qアノンは実際に権力の側についたといえるのだが、「いまだに、真の権力者たるディープステートに対して劣等感を持っている。日課としてクロスワードパズルに夢中になるのと同じで、それは面白く、頭の体操になり、達成感を与えてくれる儀式のようなものだ」。Qを信じることは、趣味にとどめることもできるだろうが、「同時により大きく、より重要な何かでもある。つまり、Qアノンであるということは、趣味と真実の探求を同時にするような経験であり、一味違う昼メロみたいなものだ」とウェストは指摘する。

ダニング同様に、ウェストもまたQの実際の教義に正当性があるとは考えていない。Qの教義を「陰湿」と呼び、その危険性について長々と語っている。[†16] しかしながらウェストは、Qが信者に与えるものに魅了されてもいる。特に、ウェストが理解しようとしているのは、インターネットを使って人々を洗脳し、過激化させる方法である。「Qは、豊富なコンテンツを揃え、ユーザーが目的や意義を感じられるようにしているのです」。いうまでもなく、これらはすべて、思考の原動力として非常に強力なものである。「すでに多くの人がQアノンに没入しており、影響を受けているのです」とウェストはさらに説明する。「相当な割合の人々がすでに陰謀論を信じています。Qは自己強化型のフィードバックループです。つまり、Qなんて馬鹿馬鹿しいという人が多くなればなるほど、知名度が上がるというわけです」。ウェストによれば、ほとんどの陰謀論が、JFK暗殺や九・一一テロ攻撃のような歴史的事件について、次々とすぐに忘れられるような話題を積み重ねていくだけであるのに対して、Qだけは、常に新しいネタを取り入れて自己改革している点が異なっているという。

大抵のQ信者は、難問に対するふさわしい答えを探している途中で、見当違いの方向に行ってしまった人々である。だがウェストは、意義や目的の感覚が、旅というより聖戦のようになったとき、暴力や無政府状態に陥ってしまうと考えている。こうしてジハーディスト(聖戦主義者)が生まれるのである。

(3)(訳註)メタバンクは、ミック・ウェストが運営するネットフォーラムのこと。ケムトレイルについて議論するサイトからのスピン・オフ版として生まれた。

自分自身のアイディアの魅力

ジハーディストはもちろん、自分の行いの正当性を信じている。表向き支持するフリをしているだけの信念のために、自分自身の身体を吹き飛ばそうとする人はいないだろう。しかし、Qから収益を得ている抜け目ない人たちは、本当にQの陰謀論を信じているのだろうか？

それは愚問というものだ。詐欺師かと聞かれて、「はい、そうです」と答える詐欺師がどこにいるだろうか。表面上は、自分たちの活動を収益化しているQの推進者たちが、Qのメッセージを信じていないと考える理由はない。確かにQアノンの活動で金儲けしている者もいるが、だからといって彼らがメッセージを信じていないということにはならない。Qのもっとも声高な推進者たちが、信者たちよりも多様な見方や懐疑心を持たなければならない理由などあるだろうか。

概して、Q信者は主流メディアと話すことを嫌う。Q信者にとって、主流メディアは腐敗していて、人民の仇敵《きゅうてき》で、陰謀の極みだからである。ジャーナリストはディープステートの命令に従い、真実に見せかけた虚偽の記事を延々と書きながら世論を誘導しているとQ信者たちは思っているのだ。したがって、自分の言葉がそうした記事にゆがんだ形で使われることを恐れており、発言が正確にそのまま引用されたとしても不満を表明する。主流メディアからコメントを求められても、Q信者のほとんどはこれを常に無視するか公に晒して嘲《あざけ》るのである。

Qを熱心に応援する人たちが、その活動で稼ぎを得ながらも、Qの神話を本当に信じているのだという ことを示すいくつかの具体例がある。

そのひとつは、ロサンゼルスで脚本家を目指していたある男の話だ。彼は仕事に行き詰まって故郷に帰ると、ネオン・リボルトとして知られるQのインフルエンサーとして生まれ変わった。[†17] この男、本名ロバート・コルネロは、ユダヤ人、ゲイ、有色人種が手を組んだことによって、自身のハリウッド進出の夢が阻まれたと恨みを持つようになり、そこからQコミュニティで神聖視される役割を果たすまでになった。コルネロはネオン・リボルトとして、オルタナ右翼のためのソーシャルネットワークであるギャブ（Gab）最大のQグループの管理者となった。彼は、Qの研究者を名指しで非難しながら奇妙な罵詈雑言で溢れたブログを大量に書き連ね、Qコミュニティに非常に大きな影響力を持つようになった。コルネロは、一五万ドルの資金を集めて本を自費出版し、それをQ信者に売りつけたのである。

こうした目を見張るような手口で金儲けをしているところをみると、当然ながら次のような疑問が湧いてくる。コルネロは、Qが実在すると本当に信じているのだろうか。それともこれは、彼が脚本家としては成し得なかった、自分の本格的な文章力を活かして金を儲けるための一種の悪徳商法なのだろうか。コルネロが、ネオン・リボルトとして活躍する以前にソーシャルメディアに投稿していた記録が存在するのだが、そこから判断するに、彼はおそらく本物のQ信者であろう。匿名希望のコルネロの知人によると、彼は自分が周りの人間の中でもっとも頭が良いと信じるようなタイプの人間であり、自分が常に成功の一歩手前まで進んでいたと思っているような人間である（彼は自分の脚本が一度も売れたことがないにもかかわらず、金をとって「脚本コンサルティング」さえしていたという）。トランプが大統領に就任する頃までには、コルネロ名義のツイッターアカウントは、ネオン・リボルトの人格の兆候を示すようになった。(4) #ドイツ観念論（GermanIdealism）というタグを賞賛したり、トランプやアン・コールターの投稿をリツイートし、

（4）（訳註）アン・コールターは、保守系の政治解説者。過激な発言で知られる。日本語に翻訳されている著書に『リベラルたちの背信――アメリカを誤らせた民主党の60年』（栗原百代訳、草思社、二〇〇四年）がある。

「左翼は、うかつにも白人が力を取り戻すことに貢献した」といった主張をするようになったのである。[†18]

今では、コルネロが本名で管理しているツイッターアカウントの投稿内容はほとんど削除されているが、二〇一八年五月時点ではアカウントが残っていた。最初のQの投稿から数カ月、ネオン・リボルトの人格を利用するようになってからかなり経っていたにもかかわらずだ。コルネロ自身の投稿は削除されているが、まだ彼のアカウント@RobertCornero宛てのツイートは確認することができる。そこでは、Qのスローガンや神話を自由に使っているのがわかる。ある中年女性から「軍事法廷と絞首刑」というリプライをもらったのを最後に、コルネロ名義のやり取りは終わった。それ以後コルネロは、完全にネオン・リボルトになり替わったのである。[†19] 当時、コルネロは脚本の世界からは完全に離れていたようだ。ギャブ上で、彼は、「グロボホモ（globohomo）」（「グローバル化した」と「ホモセクシュアル」の合成語[(5)]）がはびこるハリウッドなど焼け落ちてしまえという過激な書き込みをして、フェイスブック上のライターのグループから追い出されている。

明らかに、ロバート・コルネロは、Q伝道一辺倒の人格に移行するまで、本名でQアノンを絶賛するほどQアノンを信奉していたのである。そして、Qアノンが説く内容を絶対的に信じていると思われる人間は、コルネロだけではなかったようだ。

わたしは、一人の有力なQインフルエンサーの親族から連絡をもらった。このインフルエンサーは、二〇二一年初頭の取り締まりでアカウントが停止される以前は、ツイッターで三〇万人のフォロワーを抱えていた。この親族は、本人に迷惑をかけることを恐れて身元を明かさなかったが、当のインフルエンサーがソーシャルメディアで膨大な数のフォロワーを獲得したことは、決してペテンでも詐欺でもなかったと筆者に明言してくれた。また、膨大なフォロワーを収益化しようとも考えておらず、外国の諜報機関に騙されたのでもなく、影響力を追い求めているとか、詐欺を働こうとしたわけでもないとのことだった。つまり、そのインフルエンサーは、心からQアノンの信者だというのだ。

「彼は家族の多くにQアノンの教えを吹き込もうとしました」と親族はわたしに説明した。「家族が続々とQアノンに巻き込まれていくなかで、幸いなことに、家族同士の何人かで助け合うことができました」。親族たちの考えでは、このインフルエンサーの実生活上の人格とネット上の人格は、互いに入り交じり、両者の間の隔たりがほとんど失われ、複数の精神疾患を患うまでに至っている。良い人で知性もあった親族が、こんな人格になってしまうのをみて衝撃を受けたという。

ほとんどすべてとはいえないまでも、多くの主要なQインフルエンサーが本物の信者であることは間違いない。その一方で、有名なQ信者の中には、後にQアノン運動に敵対した者もいる。Qアノンの黎明期の拡大にもっとも貢献した二人アレックス・ジョーンズとジェローム・コルシだ。両者とも、当初Qの投稿者だった人間は完全に侵害され、偽情報の山に取って代わられたと主張し、Qと袂を分かった。[20] そしてQは、最初にトランプがリツイートしたことでも知られる@マガピルという狂信的帰依者も失った。ある匿名のトランプファンは、現在は削除されている（まだアーカイブで読める）ブログの投稿の中で次のように主張している。彼は「Qアノンとその目的（原文ママ）は非常に対立している」と書き、Qアノンが、

（5）（訳註）二〇一六年頃からオルタナ右翼のソーシャルメディアで利用されるようになったネットスラングで、欧米の経済エリートが信奉する新自由主義的価値観を皮肉る意味で使われる。また、「global」と「homogenization」の合成語であるとの説もある。多国籍企業のグローバルな活動と社会的にリベラルな価値観の普及により、伝統的な文化や価値観が破壊され、行き過ぎた均質化をもたらすとされる陰謀のことだ。

アレックス・ジョーンズや他のメディアの〝自由な思想家〟を抹殺するための左派による心理作戦であるとほのめかした[†21]。

人の心中を読むのは難しいが、少なくとも陰謀論の界隈にも、主流メディアで報道されることに苛立ちを感じず、主流メディアを通して自らの考えを明らかにした者がひとりいる。ダブ・オブ・ワンネスの名でネサラについてインターネット上で発言して一躍有名になったシャイニー・グッドウィンである。しかし、グッドウィンをもっとも頻繁に取材したジャーナリストであるショーン・ロビンソンでさえ、真実は決してわからなかった。ダブは本当にネサラが天から宝を降らせるようなものだと考えていたのだろうか。それとも、クライド・フッドがオメガ・トラスト詐欺で成功したのをみて、もっと大きな規模でそれを再現しようとしたのだろうか。

グッドウィンの死後数年経った今でも、ロビンソンは彼女が真の信者だったのかあるいは詐欺師だったのか、わからないという。もしかしたらその両方だったのかもしれない。

ロビンソンいわく、グッドウィンが自分自身の作り上げた神話を本当に信じていたのか否かは「わたしが抱くすべての疑問の中心にある」。「彼女への取材や調査から、わたしはグッドウィンが、自分自身のアイデアの魅力に取り憑かれてしまったのだと考えています」。こう述べるロビンソンであるが、いまだに、グッドウィンが何を信じていたのか、何が彼女に確信をもたらしたのか、そしてそもそも、ネサラに関する最初の提案をどのように思いついたのかについて、はっきりとはわかっていないという。

グッドウィンは、自分がカルトの指導者であることは否定した。単に自分は、他の人々が感じられない事柄を感じ取ることができるだけだという態度を取り続けていたのだ。とはいえ、明らかに彼女はネサラの活動から何か特別なものを得ていたはずだ。彼女の暮らしが豊かではなかったことから考えるに、金銭的な稼ぎはそれほどなかったようだ。だとしたら、彼女が得ていたものとは何だったのか。

二〇〇四年にロビンソンがグッドウィンにインタビューした際、彼女は、ロビンソンに言わせると「きっちりした格好でおしゃれをして」彼のオフィスに現れた。そこでグッドウィンは、陰謀論者であろうとなかろうと、他の人と同じであることを示したのである。彼女は重要な存在でなければならなかった。ロビンソンから「あなたには文章を書く才能がある」とか「人をまとめる能力は特別な才能だ」と言われ、彼女は顔をほころばせた。「彼女は承認と肯定を必要としていると思ったんだ」とロビンソンは述べた。彼女は自分が築き上げたコミュニティの一部になったような気持ちになり、そこでダブ・オブ・ワンネスとしてネサラを信じるようになったのだ。そうすることで、重要で唯一無二の存在になれると考えたからだ。

このコミュニティの一部になるという感覚こそが、人々をQに引き寄せ、そこにとどめさせる究極の力といってよい。悪人が罰せられるという約束もQを生み出す要素にはなるものの、何か重要で強力なものの一部でありたいという感覚は、非常に過小評価されている。Q信者は、自分を究極の目的のために戦う兵士だと考えている。そして、それを侮辱するのではなく、むしろ認めてくれる人たちに囲まれているのだ。確かに、Qはミスを犯し、物事を間違え、最悪のことを言う人たちばかりの掲示板に書き込んでいる。しかし、それは敵の攻撃だと言い逃れ、切り捨てることができる。Q信者にとってリアルなこと、目にみえることとは、それが彼らにとってどう感じられるかということだ。Qはどんな疑問に答えてくれるのか。Qが埋め合わせてくれる人生の穴とは一体どのようなものか。それは他の方法では埋めることのできない穴である。ある者たちにとってそれは、自分たちの憎む連中がとてつもなく恐ろしい経験をするのをみて、コミュニティの仲間と一緒に気持ちよくなることだと理解されている。

しかしながら、少数ではあるものの、さらに次のより悪い段階に進んでしまう者もいる。中には精神的な病気が原因の場合もある。また、欲求と怒りが暴力的な恨みに凝り固まったために起こることもある。その結果もたらされるのは、議事堂襲撃事件から無数の小さな家族の悲劇に至るまで、暴力、苦痛、そして人生の崩壊にほかならない。

第Ⅱ部

深刻化

「(私の母には) 困難な局面に対処する力がないのです。こういう種類のストレスに対応する際には、怒ったり陰謀論に走りがちなところがあります。新型コロナウイルスのパンデミックが始まると、彼女はすぐさまQに飛びつきました。」

——ナタリー (筆者のインタビューに答えて)

第7章　これはゲームではない

——Qアノン信者たちの犯罪

「死にたくない」。一三歳の少女は叫んだ。[†1]
　彼女は命乞いをし、彼女を止めようとする人物と泣きながら言い争った。報道が伝えるところによれば、少女は弟や妹たちとともに猛スピードで走る車の中に閉じ込められていた。そしてその走行中の車のドアを押し開けようとしたのである。それはまず間違いなく彼女の人生でもっとも恐ろしい瞬間であったことだろう。彼女はまだ一〇代だった。

　少女と弟や妹たちは、人身売買の一味に拉致されていたのであろうか。アドレノクロムをつくるために拉致されようとしていたのだろうか。ジョージ・ソロスのせいで殺されそうになりながらあわや逃れようとしている瞬間だったのだろうか。いや、そうではない。彼女たちが閉じ込められていたのはミニバンタイプの青色のホンダ・オデッセイであり、この車はニュージャージー州のロッキングハム・カウンティを猛スピードで走っていた。運転していたのは二九歳のアルパロス・スライマン、彼女たちの父親だったのである。[†2]　ＦＭ局が流す昔のロックのヒット曲をＢＧＭにしながら、スライマンはヒラリー・クリントンが子どもを食べる悪魔であるとか、政府が自分を殺そうとしていて、Ｑアノンとドナルド・トランプだけがこの恐怖から彼を助け出してくれるという妄想に没頭していた。そして、彼はまさに警察に追われていたのである。

スライマンと警察のカーチェイスは、Q神話が国内テロや暴力的な過激思想の形をとって現実世界に溢れ出してきた数多くの事例の中のほんの一例にすぎない。Qの影響下で引き起こされた議事堂襲撃事件のはるか以前から、Q信者たちは暴力的な犯罪、児童誘拐、さらには殺人にさえ関わっていたのである。

Qアノンの暴力性

Q信者たちは否定するが、Qアノンの神話の核心部分には基本的に暴力的要素が含まれている。善と悪の間の「秘密の戦争」が、軍事法廷で死刑を即決して終わるなどと考える運動は、どう考えても暴力的としかいいようがないだろう。事実、Qアノンが何のために戦うのかを語る言葉は驚くほどテロリストたちの言葉とよく似ているのである。

カルト問題や宗教的暴力を研究するカリフォルニア大学サンタバーバラ校のマーク・ユルゲンスマイヤー教授は、一九九三年に世界貿易センタービルを爆破したマフムード・アブハリマに獄中インタビューを行ったことがある。アブハリマは、世界貿易センタービルの地下で爆発物を満載したバンを爆発させるのを手伝い、六人が死んだ。アブハリマは、社会の変革をひき起こそうとか、彼の理想に対して人々が「意識を高める」ことを望んでやったわけではなかった。彼は「善と悪との争い、正しいことと間違っていることとの争い」を戦っていたのであり、その戦いはユルゲンスマイヤーには「理解できない」ものであった。[†3]

正しい人間と間違っている人間の間で目にみえない戦争が行われている。これは、Qアノンのもっとも重要なポイントといってよいかもしれない。わたしはユルゲンスマイヤー教授に会って、アル・カイーダやＩＳＩＳとＱアノンを関連づけるのはやり過ぎかどうかを質問してみた。彼はそれが大袈裟なこととは思わないと答えた。

ユルゲンスマイヤーは、Ｑ信者の大半が最終的には他の何かに興味の対象を移していくことになると考えているが、「そうでない人たちは、危ない」とも述べている。マフムード・アブハリマの例を繰り返し持ち出しながら、「行動を起こすために進んで命をさし出そうとする熱狂的信者が存在します。われわれからみればそれはテロリズムですが、彼らのイデオロギーとは矛盾していないのです」と続けて語った。「秘密であるということが力を与えてくれるのです。他の誰もが知らないことを知っているという自惚れた満足感をもたらしてくれるのです。テロリストの攻撃は、敵に打撃を与えるだけでなく、支持者たちに戦争が継続していることを確かめさせる意味もあるのです」とも語った。その上で彼は気が重くなるようなことを言った。「アメリカが攻撃された九・一一テロのとき、その衝撃の大部分は驚きによるものでした。誰が何のためにこんな攻撃をするのかがまるでわからないことからくる衝撃だったのです。Ｑアノン信者たちだってこうした大それたことをやらないとは限りません」。

Ｑアノンが組織化され、暴力的になっていったスピードは、いかなる形態のイスラム原理主義者よりも素早かった。アル・カイーダのハイジャッカーたちが東海岸上空にて四機の飛行機を乗っ取り、アメリカ大陸史上最悪の攻撃を行ったとき、この組織が生まれてからゆうに一〇年以上が経過していた。同じように日本の終末論を説くカルト集団オウム真理教も、教団メンバーが東京の地下鉄にサリンガスを散布し、一三人が死亡し数千人が被害を受けた一九九五年の事件が起きた時点で、すでに教団創設から一一年が経過していた。これまでＱ信者の個人や組織的集団がこれほどの惨劇を起こしたことはないが、Ｑ信者たちが溢れかえった議会議事堂の襲撃事件は、その可能性があり得ることを疑いなく示した。だが問題は、Ｑ

が掌握する範囲で生じる大規模な惨事に尽きるものではない。QやQに人生を捧げた人たちのせいで引き起こされる小さな家庭の悲劇は、終始起きているのだ。

アルパロス・スライマンの場合

アルパロス・スライマンがフェイスブックに残したメッセージやライブ配信動画（今ではすべて消えてしまっている）をみる限りでは、彼は家族とビデオゲームを愛するごく普通の男のようであった。[†4] 九・一一やワクチン、イルミナティなどに関する陰謀論をいくらか信じてはいたものの、警察とカーチェイスをやらかして自分の子どもに死の危険を味わわせるような人間とは到底思えない。

しかし、新型コロナウイルスのパンデミックが発生し、ボストンのローガン空港で荷物係として働いていた彼は一時解雇された。彼がアップロードした動画からは、家計が苦しく絶望的な状況が読み取れた。彼は陰謀論の動画に熱中するようになった。Qアノンの一〇回シリーズの人気動画「フォール・オブ・ザ・カバール」（*Fall of the Cabal*）を彼が発見したのは、六月の最初の週のどこかであった。それから数日のうちに、彼は自分がQの秘密の戦争のターゲットにされていると思うようになった。ロッキングハム郡で警察の追跡が始まる数時間前、スライマンは一晩中起きてフェイスブックに奇妙で不穏なメッセージを書き込んでいた。FM局のWRORで流れている懐かしのヒットソング（「アイム・スティル・スタンディング」や「バンド・オン・ザ・ラン」のような曲）を通して、Qが自分に語りかけてきたというのである。彼が言うには、ジョン・F・ケネディ・ジュニアは一九九九年に飛行機事故で死んだと思われているがそれはフェイクであり、もうしばらくしたら復帰して副大統領を引き受けるということだった。そしてバラク・オバマが生まれたのはケニアであることや、ミシェル・オバマは女性のフリをしているが本当は男であると信じていたようである。これらはともにQのコミュニティでは広く信じられていることである。

翌朝、子どもたちはスライマンに懇願して彼を落ち着かせようとした。スライマンは子どもたちと彼のフェイスブックのライブ配信をみている人たちに語って聞かせた。警察は子どもたちを誘拐しようとしていたのだと。さもなくば銃撃事件を偽装してスライマンを殺そうとしていたのだと。「誰もやつらを止めることなどできないんだ」。彼が言うには、長女と妻は助けを求めて時速一〇〇マイルを下回ったときに車から飛び降りたが、彼を騙して捕まえようとしていたのだという。スライマンは、近所の人たちが彼を秘密裏に監視していたと主張した。そして、フェイスブックに書き込みをした人が、スライマンにもう車を止めるよう懇願した際に、彼は自分の英雄たちに助けを求めたのであった。「ドナルド・トランプ、オレは奇跡的なことを求めているんだ。誰か、Qアノン、オレを助けてくれ。Qアノン、助けて！」[†5]

スライマンはQアノンの世界の新参者であったせいか、間違った発音をしていた。「キュー・アノン」ではなく「キュー・アー・ノン」と呼んでいたのである。またいくつかのQ神話についても誤解していたようだ。だが彼を追跡している警察からすれば、そんなことはどうでもよかった。五人の子どもを父親の手から救い出すことができるかどうかということだけが問題であった。結局、彼の車のタイヤがパンクして、彼の運転する車は通りかかった車に衝突し、そのまま警察のパトカーにも衝突し、最後は木に激突したのであった。スライマンは事件を起こすことなく逮捕された。そして、奇跡的なことではあるが子どもたちも無傷だった。彼に対する訴訟はいまだに係争中である。

なお、Qアノンがスライマンを助けにやってくることはなかった。

Qアノンの世界では、アルパロス・スライマンの追跡劇と同じような話が繰り返された。基本パターンは同じである。ある人間がもとから持っている陰謀論的な傾向のせいでQアノンと出会うことになり、その後瞬く間にQアノンの考え方に強く深く傾倒していくというパターンである。スライマンは新型コロナウイルスのパンデミックのせいで失業し、誰かを責めずにはいられなかった。スライマンは、コロナのパンデミックはデマであり、生物兵器に由来するものであり（陰謀論者が矛盾することを同時に信じるのはよくあることだ）、人口の大部分を絶滅させるためにビル・ゲイツとジョージ・ソロスが資金提供したというQアノン界隈で広まっていた陰謀論に傾倒した。そこから彼の行動は、急速にエスカレートしていった。スライマンは、ほどなく陰謀を企てる連中が彼の命を奪うと思い込むようになった。だからこそ彼は、デジタル兵士たちと同じことをやった。つまり、やられる前にやり返したのだ。

スライマンが辿った運命は、すでに他の人間が経験していたことでもあった。

フランク・カリの死

二〇一九年の三月一三日になるまで、ガンビーノ・ファミリーのボスであるフランチェスコ・「フランク」・カリは、先代の有名なボスであるジョン・ゴッティと同じように華やかに暮らしながらも、世間から注目されるのを嫌っていた。カリは目立たないよう静かに暮らし、新聞沙汰になることはなかった。ところがカリはある事件の後、全国的な話題の的になった。スタッテンアイランド近隣の富裕層エリア、トッド・ヒルにあるカリの自宅通路に駐車されていた彼の車に、青いピックアップ・トラックが突っ込んだのだ。[†6] 自宅から飛び出してきたカリは、その運転手と言葉を交わしたが、その男はカリを一〇～一二回銃で撃って殺したのである。カリの死後、マフィアウォッチャーたちは彼を殺した人間の素性を知ろうと努めた。ニューヨークのマフィア組織は長らく平和であり、ファミリーのボスが銃殺されることは一九八五年以来なかった。そればかりでなく、彼は自宅そばで銃撃された。これは組織犯罪の世界におけるもっとも大きなタブーのひとつを犯すことだったのである。新たなマフィア同士の戦争が始まろうとしていたのであろうか。それともファミリー内部の権力闘争だったのだろうか。

そのどちらでもなかった。警察はスタッテンアイランド在住の二四歳の労働者、アンソニー・コメロを逮捕した。コメロの弁護士は最初、カリが彼の姪とコメロが付き合うのを認めなかったと主張していた。裁判が進むにつれて、コメロはマフィアとは何のつながりもなく、組織犯罪の関係者などよりもアルパロス・スライマンとはるかに多くの共通点があることが判明していった。コメロは陰謀論者であり、右翼メディアの熱心な消費者であり、彼の弁護士が右翼メディアにハマったせいで正気を失ったと訴えたほどであった。[†7] 逮捕から数週間後、コメロは自らの右翼的忠誠心を外の世界に向けて伝えたかったようで、罪状認否の審理中に青いペンを握りしめてメッセージを書き始めた。そのメッセージの大半はトランプ信者たちのお決まりの文句だった。「MAGAよ永遠に」「USA」「われらは団結する」「責任ある愛国者たち」といった具合だ。

だが、その後彼はこう続けたのだ。「オレはQの指示でやった」。

コメロのケースは、Qアノンを信奉する人間が犯した最初の殺人というわけではなかった。その好ましからぬ栄誉にあずかるのは、シアトル在住のバッキー・ウォルフだ。ウォルフはポロシャツを着たオルタナ右翼のクラブであるプラウド・ボーイズのメンバーである。彼は、兄弟の頭を「四フィートの長さの尖った金属製の刃がついた剣のような道具の中子《なかご》の先」で刺した。その事件を起こす以前には、ウォルフはフェイスブックに数多くのQアノン関連の投稿をしていた。[†8] 検察官が後に陳述したところによると、ウォルフは警察に通報し、自分の兄弟の正体がトカゲであり、死ななければならなかったのだと口走った。[†9] 物欲的な動機とは思えないウォルフの事件で注目されたのは、Qアノンの投稿よりも彼の深刻かつ明白な精神障害であ

った。ウォルフは精神に異常をきたしていたという理由で有罪を免れ、地域の精神療養施設に再勾留された。[†10]

ウォルフと異なり、コメロのケースではQアノンが主要な話題であった。彼は常にQアノンの話題に立ち返ろうとした。二〇二〇年二月の公判では、「言っておきたいのは、オレの電話の中には国中で行われている麻薬の密輸や性的人身売買についてのデータが大量に入っているということだ」と発言した。[†11]事件から数カ月後、コメロの弁護士は、コメロが陰謀論に取り憑かれた人間であり、裁判を受けるには精神的に不適格であることを認めさせようとする文書を提出した。コメロは著名人たちがディープステートのメンバーであり、「アメリカを破壊しようと目論んでいる」と信じ込んでいたという。[†12]もちろんそれはQの中心的な教義である。

フランク・カリの殺害事件に先立って、コメロはすでにニューヨーク市長のビル・デ・ブラシオやカリフォルニア州選出下院議員のマキシン・ウォーターズのようなディープステートの左翼的人物を私人逮捕しようとしたことがあった。コメロの弁護士はこのことを証拠として取り上げながら、コメロがGMCシエラでフランク・カリの駐車していたエスカレードに激突したのは、彼が間違った思い込みでやってしまったことではあったにしても、アメリカを救おうという動機ゆえのことであったと訴えようとしたのである。コメロが主張するには、カリが「手であおぐような動作」をしたことで命の危険を感じ、カリの顔を一〇〜一二回撃ったということであった。[†13]

コメロとスライマンの事件において驚かされるのは、どれほど瞬く間に彼らが過激化していったかということだ。事件を引き起こす土壌が見事にできあがっていたことに驚かされてしまうのである。スライマンがQの動画を観始めたのは警察に追われるほんの数日前のことにすぎないし、コメロの弁護士が言うには「コメロ氏がQアノン支持をやかましく訴えるようになったのは、どれほど長く見積もっても（カリを銃殺した）五、六週間前」のことだった。弁護士いわく「Qアノンに対するコメロ氏の支持の仕方は、急進的な政治組織に参加するという次元を超えていました。妄想的な強迫観念に取り憑《つ》かれていったのです。妄想に取り憑かれながら、彼はディープステートについての秘密の知識を手にしたと思い込んだのです。そしてコメロ氏がアメリカ人の生活様式を守るための戦いにおいて、崇高な役割を果たすことができるようQが彼に直接語りかけてきたのだと信じ込んでいたのです」。その結果、彼は「自らの行為の不当性を理解することができなくなってしまったのです[†14]」。

コメロの「強迫観念」が最終的にフランク・カリに照準を合わせていった理由は定かではない。Qがマフィアに言及したことは一度もなかったし、トランプにしても組織犯罪を撲滅するために何か特別な努力をしたことがあるわけではない。事実、銃撃事件後のQドロップは、事件のことを「フェイクニュース」と呼び、メディアがコメロをダシにしてQを陥れようとしていると訴えたのである。

いずれにせよ、陰謀論のせいでコメロが善悪の区別すらできなくなったという考え方は非常に説得力がある。二〇二〇年七月にスタッテンアイランドの判事は、彼が裁判を受けることができない精神的な不適格者と判断した[†15]。アンソニー・コメロの殺人事件は奇怪でゾッとする内容であり、世間に動揺を与えるものであった。しかしコメロの事件は、あくまでもひとりの人間の仕業であった。Q信者の集団が陰謀論を現実化していくようになると、事態は一層奇怪になり、ますます極端化していくことになった。

ペンタゴン小児性愛問題タスクフォース

Qはさしたる証拠もなしに、世界の有力者たちを取り上げて小児性愛者呼ばわりし続けてきた。Qの初期の投稿である一五三番目のドロップでは、ドナルド・トランプが大統領選に打って出たのは、「おそらく子どもたちが誘拐され、麻薬漬けにされてレイプされているのに、世界の指導者たちや捜査当局が黙認していることに我慢できなかった」のであろうと説明した。

二〇二〇年八月、『デイリー・ビースト』のジャーナリストでありQウォッチャーでもあるウィル・ソマーは、ある集まりについての記事を書いた。直近の二年間ペンタゴン小児性愛問題タスクフォースの任務に関わっていたと自称する怪しげなQアノン信者や風変わりなアクティビスト、法律家たちの集まりであった。主催者はティモシー・チャールズ・ホルムセスという元ジャーナリストであった。ホルムセスは、子どもたちがディープステートによって誘拐され、幽閉されていること、その誘拐に関わっているのがワシントンのウクライナ大使館にある知られざる児童売買地下ネットワークであると主張した。ホルムセスが言うには、彼だけがペンタゴン小児性愛問題タスクフォースに関する記事を書くことを許されているのだという。トランプ大統領の肝入りによって、子どもたちを守るために直々に集められたこのタスクフォースのチームの人々は、子どもたちが州の児童保護サービス機関に送られ、そこから性奴隷を扱う秘密組織に売られていると考えていた。

ホルムセスは幾人かの人間と共に、その秘密組織の恐ろしさをテーマにしたユーチューブ動画のシリーズを作成した。その中には、過激で精力的な九・一一陰謀論者のフィールド・マコーネルもいた。冗長な内容で、いつ終わるとも知れないシリーズ動画であったが、それらのいくつかの動画には数十万の視聴回数が記録された。そしてその動画を視聴した人の中に、視聴した内容に基づいて行動を起こした人もいた。少なくとも、フィールド・マコーネルが制作した一本の動画が、アルパロス・スライマンのユーチューブ視聴履歴の中に記録されていたのである。

実際のところ、その「タスクフォース」は何をやったのだろうか。ホルムセスとマコーネルの二人の仲間であるクリス・ハレットとカーク・ペンダーグラスは、Eクローズという怪しげな法律事務所を通じて、家庭裁判所に粗雑な訴訟を仕掛けた。それらの訴状は法律用語を支離滅裂に用い、でたらめで間違いだらけだった。これは市民主権運動（sovereign citizen movement）がよく使う戦略である。混乱するような言葉を使い、理解不能な訴訟書類を送りつけて意図的に法のシステムが停滞する状況をつくり出し、自分たちがアメリカの法律から適用除外されているという考え方を押しつけようとするのだ。だが、タスクフォースの目標はもっと大きなものだった。必要があればどんな手段を用いてでも子どもたちを救うことであった。もし仮に児童保護サービス機関の悪党が幼子を連れ去りに来たときに、その悪党を撃ち殺す必要があると言うならばそうするべきだと考えていたのである。

もちろん、ペンタゴン小児性愛問題タスクフォースなどというものは存在しない。このことは国防総省がウィル・ソマーに対して確言した。どの州においても、児童保護サービス機関が子どもを誘拐して血を飲むような秘密組織に売り渡している証拠は存在しない。Eクローズの『弁護士』というハレットとペンダーグラスも、法曹資格さえ持っていなかった。さらに、アメリカのどの法廷においても、市民主権運動の戦略が法的に妥当なものとして認められたことはない。

しかし、Qアノンが創出した異世界の妄想は、失った親権を必死で取り戻そうとしている母親たちに強く響いた。児童の誘拐が横行しているという証拠はないが、子どもの親権をめぐる争いは後を絶たない。配偶者が子どもを奪って、子どもを虐待する秘密組織に売り飛ばそうとしているという告発が、頻繁にQアノン信者に取り沙汰されるようになっていった。Qアノン信者たちは、悪の秘密組織が子どもを連れ去るために児童保護サービス機関を利用していると考えていたのである。

悲しむ親たちから子どもを奪い取る政府機関の悪行という筋書きは、Q信者にとっては非常に説得力があった。そのためホルムセスとマコーネルは、このネタに関連する陰謀論を次々と生み出して大いに稼ぐことができた。Eクローズの「法律家」であるペンダーグラスは、ライブ配信で自分が支持者からの「寄付を主な収入源として生活している」と発言していた。フィールド・マコーネルは二〇一九年一一月にストーキングとハラスメントの罪で逮捕されたが、その後四万四〇〇〇ドルの裁判費用を調達することができた。この案件は、二〇二一年中頃現在においていまだ係争中である。だが、Qアノンの多くがそうであるように、ここにはペテン以上のものがあった。母親たちは、子どもらが危険に晒されていて、何かしなければならないと本当に信じていたのである。覚醒した母親たちは犯罪に走り、混乱をつくり出していくこととなった。複数の児童誘拐も生じた。それらの誘拐事件は、児童保護サービス機関の人間によるものではなく、Qアノンに毒された親権裁判中の母親によるものだったのである。この混沌とした状況は、二〇二〇年一一月、Eクローズに「助けられた」はずの母親のひとりがその事務所の「弁護士」一人を銃殺するに至って頂点に達した。

アブクッグとペトリ・ブランチャードの事件

Qアノンを信じた母親たちが、自分の子どもを誘拐から守るために自ら誘拐事件を引き起こしていったのは皮肉なことだ。そうした母親のひとりにシンシア・アブクッグがいる。四人の子どもを育てるシングルマザーだ。アブクッグは二人の小さな子どもと共にコロラドに引っ越してきた。しかし彼女は代理ミュンヒハウゼン症候群であると判断され、最終的に一番年少の子の親権を失うことになった。代理ミュンヒハウゼン症候群は、親が周囲の同情を引こうとしたり注目を得ようとして、子どもの病気を自作自演的につくり出そうとする精神障害である。[16]

アブクッグの苦境は、ホルムセスとマコーネルからすれば好都合であった。彼らは、州がなぜ自分の子どもを連れ去ったのか理解できずに錯乱状態になっている母親を食い物にしようとしたのだ。『デイリー・ビースト』が入手した警察記録によると、アブクッグは警察関係者と思われる人物の力を借りて子どもを救出するという空想に取り憑かれていたようだ。ライアン・ウィルソンというQアノンを信奉する「訓練されたスナイパー」にディープステートの悪者たちを急襲してもらい、里親の家に幽閉されている子どもを救い出そうと目論んでいたのである。[17] そのときスナイパーを用意する手筈を整えていたとされるのがマコーネルであった。マコーネルはアブクッグに対して、トランプ大統領が守ってくれると語っていたという。アブクッグの一五歳になる娘が、アブクッグのことを密告したことで、襲撃計画はかろうじて未然に防がれることになった。

マコーネルとウィルソンが罪を問われることはなかったが、アブクッグは二〇一九年九月の下旬、あわや逮捕されそうになって逃走をはかった。アブクッグが姿を消そうとする直前に、警察が彼女の家に踏み込んだ。アブクッグの家の中からは、Qアノンのグッズが発見され、その中には熱烈なQ推進者ジョー・Mが以前使用していたツイッターのハンドルネームが刻まれた青いブレスレットがあった。ジョー・Mは例のファイブ・ジハード・キャンペーン騒動（第五章を参照）を支持した人物である。[18] アブクッグは何カ月もの間、子どもたちの救出者を自称するQ信者たちの家を転々として過ごした。その間、彼女に対して好意的な態度を示す怪しげなメディアのインタビューに答えて、アブクッグは自身の苦境を記録にとどめている。彼女は、アーカンソー州のある焼け落ちた家に仲間と共に辿り着き、その後モンタナ州のカリスペルで一二月下旬FBIに勾留されることになった。誘拐の企てに関わった重罪で検挙されたのである。[19]

彼女は無罪を主張し、二〇二一年中盤現在において判決を待っているところだ。

シンシア・アブクッグのケースは、危険な要素を多分に孕《はら》みつつもかろうじて悲劇を免れた。もちろん、彼女の家が家庭崩壊したことや、子どもが心に傷を負ったであろうことを除外してということではあるのだが。ペンタゴン小児性愛問題タスクフォースが煽《あお》って発生した同じような誘拐事件が他にもあった。ユタ州に住む母親エミリー・ジョリーは、監督付で息子の場所を訪れているさなか、息子を誘拐した。父親から息子を守ろうとしたというのが彼女の言い分であった。アブクッグと同じように、彼女も公然たるQ信者であり、市民主権運動に傾倒しており、Eクローズのフェイスブック・グループのメンバーでもあった。[20]そしてまたアブクッグ同様ジョリーのケースも、彼女がオレゴン州で逮捕され、息子が親権者である父親のもとに送り返されて終わった。しかし、ペンタゴン小児性愛問題タスクフォースが引き起こしたもうひとつのケースは、それほど簡単に終わらなかった。[21]

拳銃で武装し、陰謀論で興奮し切ったニーリー・ペトリ・ブランチャードは、彼女の七歳になる双子姉妹を誘拐した。双子姉妹は、ケンタッキーの田舎で子どもたちの親権者であるニーリーの母親の家にいた。ニーリーは、アブクッグやジョリーのような錯乱した母親にありがちなタイプではなかった。彼女はEクローズの熱心な支持者であり、Eクローズのフェイスブック・グループではモデレーターとして振る舞っていた。[22]Eクローズの「法律家」のひとりであるクリス・ハレットと非常に仲が良く、自動車のナンバープレートには「Eクローズ」と書かれていた。彼女はまた、Qアノンと市民主権神話の双方についての熱烈な信奉者であった。逃走をはかっている間、当局が自分に対して一切の法的管轄権を有していないことをフェイスブック上で公言していたほどだ。当局はその主張を認めず、およそ一週間後ニーリー・ペトリ・ブランチャードは逮捕された。[23]

二〇二〇年一一月、彼女はジョージア州で逮捕されて再び注目を集めた。フロリダ州のオカラにあるクリス・ハレットの自宅において、彼を射殺した罪を問われての逮捕であった。ケンタッキーでの誘拐事件に対して、一万ドルの保釈金を払って保釈されている間、ペトリ・ブランチャードはハレットが政府と共謀していまだ祖母の親権下にある自分の子どもを傷つけようとしていると信じ込むようになった。[†24]そしてハレットの自宅で言い争いになった彼女は、結局彼を殺してしまったのである。銃撃現場を目撃した証言者が警察に話したところによれば、彼女はハレットに銃を向けて「わたしの子どもを酷い目にあわせて、この野郎」と叫んだのだという。[†25]

銃撃事件が起きたのは、ペトリ・ブランチャードがケンタッキー州で児童誘拐の罪によってちょうど起訴されたときのことであった。もちろん、その罪状はハレットやEクローズがどうにかできるようなものではなかった。[†26]フロリダ州当局は銃撃事件がこの起訴と関係があると考えていたが、彼女に詳しい説明を期待することはできないだろう。理由が何であったのかはともかく、誘拐と殺人の罪を犯した彼女は再び逃亡した。再逮捕の手を逃れるために市民主権の戦術を使おうと試みるも失敗し、彼女は勾留されることとなった。彼女の異母姉妹は、小児性愛問題タスクフォースが精神障害を抱えるペトリ・ブランチャードを利用したせいで、悲惨な結果が生まれてしまったのだと非難した。

Qアノン信者の単発の犯罪も大きな問題ではあるが、こうした計画的で組織的な事件は、運動としてのQアノンが現実に抱える危険をよりはっきりと示している。ドナルド・トランプがラジオ越しに直接語りかけてくるなどと本気で思い込んでいる人間の危険な行動を防ぐことは、かなり難しい。しかしこれらの児童誘拐は、集団で実行されたものだった。関わった人々は、権力を持った悪い連中が家族を狙っていると信じていた仲間同士だった。彼らは他のQ支持者からの寄付のおかげで資金源には恵まれていたし、逃亡時に安全な隠れ場所を確保することもできた。逃避行に際して物質的、人的サポートを得られたのだ。また、Qアノンに好意的なネット配信者や陰謀論に好意的なジャーナリストたちに自分の物語を語ることもできたし、さらに自分の犯罪を法律上正当化するためのアイデアをQ仲間と一緒に考え出すことも可能だったのである。

二〇二一年の議事堂襲撃事件やそれ以前のアル・カイーダ、オウム真理教のような大規模な宗教カルトのテロ事件と同じように、Q信者たちの児童誘拐事件は、錯乱した単独犯による偶発的犯罪などではなかった。これらの事件は計画的な陰謀だったのであり、関わった人々は自分たちが何を望むのかを正確に知っていた。望むものを手に入れるための計画も準備していた。そしてこれらの計画は、多くの場合一時的にではあってもも成功したのである。

その他の犯罪事件

Qアノン関連の事件は、フーバー・ダム封鎖事件やカリとウォルフの殺害事件、後の議事堂襲撃事件にとどまるものではない。Qの影響下で起きたと思われる数々の犯罪は、Qアノンの運動が不安定で影響を受けやすいパーソナリティの人々によって担われていることを示している。いくつか例を挙げてみよう。

・アリゾナ州セドナのチャペルでは、Q信者によってQアノンのスローガンが悪戯《いたずら》書きされた。Q信者は人身売買を止めるための「使命に基づいて」実行したとのことで[†27]、この案件は現在も係争中である。

・ある動画作成者が、ユーチューブ本社で大量殺人を実行すると脅迫して有罪判決を受けた。この人物は、自分の陰謀論とQアノンの動画が検索結果から除外されていることから脅迫に及んだという[†28]。

・Q信者のジェシカ・プリムは、ニューヨーク市に停泊中だった病院船USNSコンフォートに乗船しようとする自分の姿をライブ配信した。彼女はバッグの中にナイフを所持していた。配信映像での主張によると、船の中で捕えられている子どもたちを救出するようドナルド・トランプが「彼女に語りかけた」ことで、彼女は乗船を試みたのだという。[†29]

・テキサスのQ信者であるセシリア・フルブライトは、酩酊状態で何台かの車を道路外で走らせようとして逮捕された。トランプが「悪の一味と児童売春ネットワーク」をやっつけるのを助けようとしたのだという。[†30]

・武装した二人の極右活動家が、フィラデルフィアのコンベンションセンターでの開票作業を妨害しようとして逮捕された。活動家たちは、後部の窓にQのステッカーを貼ったSUV車で現場に乗り付けていた。その後この二人は、議事堂襲撃に参加したため、保釈が取り消されることとなった。[†31]

・ポートランドのQ信者であるコディ・メルビーは、二〇二〇年の大統領選が「盗まれた」ことに抗議して、連邦裁判所の壁に二発の銃弾を撃ち込んだ。[†32]

Q信者の暴力的な傾向は、遂にはFBIが注目するほど悪化した。FBIのフェニックス支部が二〇一九年五月に作成したメモを、ヤフーが数カ月後に入手している。そのメモには「(国内過激派の)陰謀論は、近代的な情報市場の中に出現して拡散、発展していく可能性が非常に高い。こうした陰謀論が時に集団や個人の過激派を、犯罪や暴力行為に走らせることになりかねない」と書かれていた。メモはQアノンを著名な「過激派政治」運動のひとつであると名指しで記していた。こうした過激派政治運動は「暗に暴力行為を支持し、正当化する」ところがあり、「陰謀論に走る国内の過激派たち」を惹きつけ、自らの信念に

従って行動する意欲に満ちているとのことだった。[†33]

しかしQの支持者たちは、自分たちの運動が平和的なものだと考えていた。リサーチする人や愛国者たちが、ネット上で平和的に集まっているにすぎないという姿勢を一向に変えなかった。Qが暴力的行為を容認したことはなかったし、暴力行為に走る人間は誰であっても本当のQアノン愛国者ではなかったのである。加えて、嵐が来たときには軍事法廷が開かれ、裏切り者や子どもを殺す殺人者たちを起訴し、裁くためのシステムが適切に機能すると考えられていた。

Q信者たちは、自分たちの仲間が引き起こした暴力行為について、Qを悪くみせるための偽旗攻撃だとみなした。Qアノンの運動がもたらす暴力行為は、すべてこの「真のスコットランド人論法」〔反例に対して、「真の」「本物の」というレトリックを用いて反例を認めない論法のこと〕の誤謬のもとに語られてきたのである。Qに心酔する人たちは、暴力行為を生みだすQアノン運動の内的要因に目を向けることがなかった。彼らは常に、誰が自分たちの運動を傷つけようとしているのかという外的要因にばかり目を向けた。そのためQ信者たちは、FBIの報告書がQを貶める目的でヤフーによってでっち上げられたものだったと主張した。ティモシー・チャールズ・ホルムセスはCIAのスパイであり、Qアノン内部で暴力を煽る任務についていたのだと言われた。シンシア・アブクッグの件は単なる親権争いにすぎず、彼女とQの間につながりがあるかのように言われるのは「陰謀組織によるプロパガンダと嘘」であるとされた。[†34]

「メディアは、Q支持者たちが暴力的であることを示すどんな証拠も持ち合わせていない」。Qアノンの著名なインフルエンサーであるデービッド・「プレイング・メディック」・ヘイズは、二〇二〇年のブログの投稿でFBIの報告書がフェイクであると主張した。[†35]「そのような証拠は存在しない」のだと。

メディアの伝えるQアノンの暴力行為を、Q信者たちはフェイクニュースであるといともたやすく決めつけるが、その一方でメディアが伝えない知られざる無数の事件が起きている。愛する者同士が互いに傷つけ合うことになる、家族の小さな悲劇の数々である。

これまで報道されることのなかったリックの事例をここで取り上げておこう。リックは中西部に住む人物で、Qアノンに洗脳されてしまった昔の友人から執拗につきまとわれ、殺害の脅迫を受けた。

リックの場合

リック（仮名）がわたしのところに送ってよこした法廷の記録によると、彼はガース（仮名）と何十年もの間友人であった。ところが最近、ガースの何かが変わった。ガースは独自の投資システムを開発したが、そのシステムが破綻し、数百万ドルの負債を抱え込むことになったのである。当然ながら、誰かがその責めを負わなければならなかった。そこでガースは思ったのである。「すべてわかった」と。「彼は、政府が彼の打つ手に対して対抗手段を取っていたと考えたのです」。リックはわたしにそう説明した。「例えば彼が株をやろうとしたときに、そのことが知られていて、誰かが彼の利益幅を減らそうとしていたと考えたのです」。

リックによるとその頃、ガースは自分のパソコンのカメラの場所にテープを貼って、自分の車のGPS機能を取り去ったのだという。銃を購入することに夢中になり始め、銃弾や戦闘用装備をどっさりと買い込んだ。ガースは、その年の夏までには、政府が彼を破滅させようとした計画の全貌をなんとか突き止めたと考え、それを体系化されたグラフや図表にまとめていたのであった。ガースは、その計画が公にされるより先に政府は自分を殺すだろうと思っていた。ガースがQアノンを発見したのはちょうどその頃だった。そしてQの運動は、彼の日常生活を蝕《むしば》み始めていた誇大妄想を直撃するように、止めどなく彼の妄想を刺激していったのである。

「彼は以前から〔陰謀論に〕ハマっていました。でもそれは、Qを見つけたときのような感じではなかったのです」。Qを発見したガースは急速に目覚めた。ガースは弾を込めた銃を持ち運ぶようになり、ナイフと銃弾を携行できる戦闘用のチョッキを着るようになった。自分が国防長官に指名されて、ロシアや中国とのハイレベルな会合に出席しているとも思い込むようになった。彼に賛同しない人間は、国家への反逆に関わっていると考え、自宅上空を飛ぶ飛行機は彼をスパイしているとみなした。そしてドナルド・トランプがツイッターで直接自分に語りかけてくるのだと人々に話した。

数カ月もしないうちに脅迫が始まった。法廷の記録によると、その年の後半から翌年にかけて、ガースは執拗に自分の近親者たちに嫌がらせをするようになった。嫌がらせは物理的にもデジタルの手段を通しても行われ、それらの内容はどんどん暴力的で強迫観念的なものへとなっていった。ガースは大量の脅迫メッセージを家族や地裁の判事、友人のリックに送ったのである。

「Qはもう君を狙っている。彼らは至るところにいるんだ。ご愁傷さま」。そう書かれたテキスト・メッセージをリックはみせてくれた。

「トップにいるQの中の人間からすべて僕宛てに直接メッセージが届くんだから信じられないことだよ。いわゆるインテリジェンスってやつだ。君には到底理解できないことだろうけど。君は自分の子どもを射殺して家庭を壊した。君は僕から逃げられない運命なのさ。容赦ない拷問が待っているぞ」。ガースは、彼の一番年上の子どもも犠牲になるだろうと言い、自分が以前に受けた判決は「絞首刑に等しい」ものだったとツイートした。ガースは、最後には周囲の愛すべき人たちを脅迫し始めたのであった。ツイッター経由で時に公然と、時に個人的に、国家への反逆罪で頭を撃ち抜いてやると何度も繰り返し言い続けたのであった。

「彼は、殺すぞと言ってわたしたちを脅迫していたのです」。そう言うリックの声は震えていた。「殺すという脅しは、本当にやるかどうかが問題だったのではありません。いつやるのかが問題だったのです」。

Q界隈の多くの悲劇的事例と同じように、この殺害予告は実行されずに終わった。ガースは数々のトラウマを経験してきた人物である。親権をめぐる争い、重いメンタルヘルスの問題、近親者の自殺を経験してきた。しかし不正な法的戦術を用いて子どもを取り返そうとしたQ信者の母親とは違って、ガースは親権を取り戻すことにはそれほど関心がなかったようだ。その代わり、彼のQへの信仰はひたすら敵に対する血生臭い復讐を望むという形をとった。そしてこのケースにおいては、彼の身近にいる人々が敵とみなされたのである。

「わたしたち家族は死ぬほど怖い思いをしています」。リックは、ガースを訴えたケースについて州がまとめた法廷資料の中の陳述でそう述べている。

「(二〇一九年の)五月以降わたしたちは、家から三度逃げ出したことがあるのです。あるときはつくりかけの夕食を持って逃げ出したことがありました。ガースがわたしたちの家の外にいる写真をツイッターのタイムラインで見て逃げ出したこともあります。三度目のときは危険を警告されて逃げ出しました」。

「いつもわたしたち家族は、不安に怯えています。家は常に施錠して戸締まりを怠りません。恐怖を感じているのです。わたしは絶えず窓の外をみて、彼の姿や彼の車がないか注意を払っているのです。わが家は給料をもらえなくなってお金がなくなりつつあります」。

「わたしたちは、完全に彼の支配下に置かれていると感じています。彼が脅迫する内容をいつ実行に移すのかを心配しています」。

ガースが殺害を実行するよりも先に、捜査当局が介入した。ガースの子どもが警察に通報し、とうとう彼は逮捕されたのである。彼はいくつものストーキングやハラスメントの行為、判事への脅迫などの罪に問われた。この件は裁判が行われるまでに一年以上かかった。というのも、パンデミックが起きたり、ガースが法廷に立てる能力があるのかどうかを確かめるヒアリングが何度も行われたり、ガースが保釈中に行方をくらませたりしたからである。リックはわたしに早く終わってほしい気持ちを伝えてきた。「本当にこの問題を終わらせたいのです」。ガースのヒアリングが行われる直前に、リックはメールでそう訴えてきた。ガースの他の被害者たちも、同じように思っていただろう。

だが、Qアノンから被害を受けた他の多くの人々の場合、正義の実現には時間がかかった。陰謀論の狂気は簡単には終わらなかったのだ。代替医療、ワクチン陰謀論、子どもの救済、そして何よりも新型コロナウイルスの問題に熱心に取り組むフェイスブックのグループやインスタグラムのページに集まる様々な人々の間に陰謀論が新たに拡散し、過激化していったのである。

Qは以前にも増して、もっとひどいものになっていったのだ。

第8章　子どもたちを救え
――二〇二〇年、パンデミックがQアノンを変えた

二〇二〇年三月、新型コロナウイルスが世界を変えた。このときQは突如として裁判にほとんど注目しなくなり、パンデミックの時代にふさわしいネタに集中するようになった。感染者数は日を追って増加し、人が集まる主だった施設や娯楽の場所は閉鎖された。アメリカ人はもぬけの殻となった店舗に物資を買い込もうと押しかけた。人々の生活は一変した。何千万人もの人々がやることもなく、話すこともなく、行くあてもなく、孤立して家に閉じこもり、失業することになった。

家に閉じこもった人々はインターネットに依存しながら外の世界とつながっていたため、陰謀論がウイルスと同じくらい急速に広まることとなった。ビル・ゲイツが何千人もの人間を殺すために、コロナウイルス株の特許を取得したのではないか。コロナウイルスは、あらゆるところで見かけるようになった5Gインターネットの中継機によって拡散されたのではないか。ドナルド・トランプが二期目の大統領選に確実に敗北するように、メディアと「大手製薬会社」が新型コロナウイルスのパニックをすべて捏造したのではないか。すべてがフェイクだったのではないか。新型コロナウイルスは、ただの悪性のインフルエンザだったのではないか。もしくは悪の一味が「役立たず」とみなした大量の人々を計画的に殺害したのではないか。

Q界隈は、こうした新しい話題によって持ちきりになった。そしてインスタグラムのインフルエンサーや健康愛好家、極左の反ワクチン派などの新顔たちが、新たに参入してきた。これらの人々は、Qアノンが複雑で急速に展開するコロナ禍の出来事に対して単純明快な説明を与えていることに惹かれて群がってきたのである。新たに集まってきた人たちの大半はQの神話についてほとんど何も知らなかった。だが、Qのメッセージの中に反権威と反専門家の要素をみて気に入ったのだ。こうして、リベラルの大粛清を予言するところから出発したQアノンのムーブメントは、進歩的な健康愛好家の母親たちやバーニー・サンダースの支持者たちを多少なりとも取り込むことになった。

もちろん、Qアノンのいつものテーマも引き続き話題になっていた。コロナ禍の早い段階において、ソーシャルメディア上ではQアノンが生み出したある陰謀論が話題となった。ロックダウンは市民を守るためのものではなく、人身売買組織に売られた子どもたちを軍隊が救出するために実施されたというのだ。Qアノンにとってロックダウンは、ウイルスの拡散を食い止めるためのものではなく、悪党を孤立させて一斉検挙するために仕組まれたものだったのである。政治やビジネスの世界の大物たちが検挙されているという噂が広まった。政治家や大物実業家、セレブリティたちに注目が集まったのである。セレブリティの話題として注目されたのがオプラ・ウィンフリーだった。

オプラ・ウィンフリーに関するデマ

Q信者たちは、オプラ・ウィンフリーが小児性愛者として逮捕されたのだと考えた。その根拠となったのは、フロリダにある彼女の邸宅が映し出された画質の悪い動画だった。その動画は、ソーシャルメディアの陰謀論コミュニティで出回るようになったものだ。じっくりと目を凝らしてみるならば、オプラが当局の人間によって邸宅から引きずり出されているようにもみえるし、彼女の資産が差し押さえられているようにもみえるものだった。「メディアの女王」はこの後どうなるのだろうか？　トランプ大統領が秘密裏に署名した大統領行政令をもとに野戦法廷が開廷されるのではないか。グアンタナモ刑務所が密かに出張してきて、しつらえられた死刑台で首が切り落とされるのではないだろうかなどと囁かれた。

　二〇二〇年三月一七日の夜、一般のアメリカ人が失業するかさもなくば人工呼吸器につながれた状態で死んでいくかと気を揉んでいる間、ネットの中のもっとも陰湿な場所で「#オプラ逮捕」が瞬く間に広まっていった。始まりはフェイスブックだった。あるユーザーがボカラトンにあるウィンフリーの邸宅で、連邦捜査官と思われる人物が「敷地の下のトンネルを掘り返している」写真を投稿したのである。その後すぐにあるユーチューバーが、その写真が「ハリウッドの小児性愛者」の逮捕を示すものだと語った。そのユーチューバーはさらに「ボカラトンの邸宅が児童の人身売買の現場」であるという衝撃的な主張も行ったのである。この件はレディットを席巻し、ツイッターのトレンドにも上がるようになり、フェイスブックで広く拡散していった。そして、『ワシントンポスト』がその真偽を確かめる必要性を感じるほどに広く知られるようになった[†1]。その結果、オプラがフロリダに家を持っていないことが判明したのである。トンネルもなければ、地下の秘密の穴も存在しなかった。

　ウィンフリー本人がこの件について発言したのはその日の深夜だった。「わたしの名前がトレンドに上がっているという電話をもらったわ。恐ろしいデマが投稿されていると聞いたのだけど、それは本当のことではないわ」。彼女は、四三〇〇万人のフォロワーたちを安心させようとそうツイートしたのだった。「強制捜査を受けていないし、逮捕もされていないわ。ちゃんと消毒して世間から距離をとっているだけ。みんな安全に気をつけて」。

Q信者たちは、パンデミックに関する陰謀論をつくり出し拡散させるのに重要な役割を担った。怪しげな陰謀論が出現するところでは、どこでもQ信者たちの姿があった。それがマスク着用の効果に関するものであろうが、パンデミックの本当の原因についてのものであろうが、はたまた本来患者で溢れているはずの病院がもぬけの殻にみえるような動画であろうが、陰謀論あるところでは必ずや、ミームをつくり、デマを共有するQ信者たちの姿があった。Q信者たちがシェアした陰謀論は、新規参入者たちを過激化させていった。新規参入者の多くはドナルド・トランプをひどく嫌っていたのだが、トランプのもっとも過激なはずの部分や陰謀論的な考え方については賛同したのであった。

突き詰めていえば、メディアが嘘をついているという信念は党派的なものではない。また、ビル・クリントンとヒラリー・クリントンは、政治的信条を超えて嫌われている。裕福なエリートたちが不道徳な行いをして責任を取らずに逃げているという考え方や、二〇一六年にクリントンを支持した民主党員たちのせいでバーニー・サンダースが潰されたという受け止め方も党派を超えて共有されている。新型コロナウイルスのワクチンや5G技術は、実験が行われていないため潜在的な危険があるという懸念は、正当なものとして広く共有されている。ロックダウンやマスク着用の義務化にしても、いずれも見当外れなものであると考える人たちや、ある種の巨大な社会統制であると受け取る人々は、党派を超えて存在していた。リベラルも保守もこれらの考え方においては、よく似ていたのである。Q信者たちは、こうした考え方を持つ人々であれば誰であっても快く歓迎しようとした。

新型コロナウイルスが蔓延するなか、Qはロックダウンによってインターネットをやる以外何もすることがなくなった人たちから、熱狂的に受け入れられていった。人々はネットの中で一体何が起きているのか、何ができるのかを必死で見極めようとした。だがそれは、一度ハマったら脱け出せなくなるウサギの穴のようなものだった。そして多くの人がそうであったように、コロナ禍で新たにQの陰謀論に参入した人々も、責め立てるべき敵の姿を教えてくれる陰謀論の伝道者たちを好きになったのである。

MMSとHCQ

新型コロナウイルスの陰謀論は、この新しい疾病が報告され始めるのとほぼ同時に登場した。しかし、重要人物であるQはウイルスが蔓延していく最初の局面においては沈黙していた。アメリカにおける新型コロナウイルスの最初の感染者は二〇二〇年一月後半に記録されているが、Qドロップでパンデミックが言及されるのは、三月二三日になってからであった。[†2] トランプ大統領が新型コロナウイルスを「チャイナウイルス」と呼んだことに同調した三八九六番目のドロップは、単に既存のウイルス陰謀論を焼き直したものにすぎなかった。ただし、そのウイルスが老いぼれたジョー・バイデンを「保護する」ようにつくられているというQのアイデアが加えられてはいたのだが。[†3]

長期に及ぶQ不在の期間において、主たるQの伝道者たちはその空白の位置を代わりに占め、「物語」を支配するようになっていった。パンデミックが世界を覆い尽くしていくなかQが沈黙していたこともあって、Qの伝道者たちが大活躍することとなったのである。彼らは新型コロナウイルスを利用して自分たちの社会的知名度を高め、コロナ禍の真っ只中にいる人々に混乱をもたらした。何にも増して注目すべきは、彼らがコロナを利用して物を売ったことだ。もっとも熱心に売られたのは、誰も手に負えないはずの新型コロナウイルス感染症を治療すると謳《うた》った偽物の治療薬やインチキ療法であった。

一般に「ビッグ・ファーム（大手製薬企業）」陰謀論として知られているものは、コロナ禍に先立ってQ神話の一部となっていた。二〇一七年一二月に投稿された二五二番目のQドロップでは、エイズが「権力者の一味」によって製造されてきたものであることが仄めかされていた。またその数カ月後に投稿された六九三番目のドロップでは「大手製薬企業はいつ利益を稼ぐのだろうか。治療のときか、それとも病気を封じ込めるときか」と問うていた。Qのもっとも奇妙なドロップのひとつが、二〇一八年四月の一〇一〇番目のドロップだ。このドロップでは、家庭用品業界を牛耳るビッグ・ファーム陰謀論が示唆されていた。

製薬企業（CLAS－D）
水
空気
家庭用洗浄剤に使われる化学物質
（癌《がん》）（床の上の赤ちゃんが手を口に含む。それが始まり。）
ワクチン（すべてではない）

つまり、パンデミック発生の初期段階においてQの伝道者たちには、コロナ禍にふさわしい陰謀論の準備ができていたということだ。こうしてQの伝道者たちは、反医薬品を訴える人たちの間ですでに人気のあった治療法を推進するようになった。例えばMMSである。MMSは、柑橘類の抽出液と混ぜると、工業用漂白剤の主成分でもある二酸化塩素に変化する「ミネラル溶液」である。[†4]

MMSは、陰謀論者や代替健康法愛好家たちの間で、自閉症からエイズまでのあらゆる病気に対応する奇跡の治療法として人気があった。また、あまりに安価でFDA（米国食品医薬品局）や医薬品産業らの手がける医薬品を無用にしてしまうため、悪い連中に抑えつけられているというかにもありそうな嘘の話で人気だった。ＭＭＳはコロナ禍以前においてさえアメリカ国内に展開する足場を持っていたのだ。こうして多くのＱインフルエンサーがコロナ予防にＭＭＳを推奨していった。ＭＭＳを推奨した人の中には、新たに登場したばかりの無名のアカウントやチーフ・ポリス2と呼ばれた「元警部」のアカウントなどがあった。[†5] Ｑインフルエンサーたちは ＭＭＳの抗菌性を執拗に宣伝し、肌にスプレーをしたり口で吹きかけたりすればウイルスが直ちに死ぬと訴えた（ウイルスと細菌は実際には同じものではないのだが）。また、メディアが大手製薬企業の利益を守るために、ＭＭＳは漂白剤だと嘘をついていると主張した。さらには、ＭＭＳを利用すると他の多くの病気も治せてしまうという思いがけない恩恵があることを訴えたのであった。[†6]

ある物質がより多くの症状を治療できると言い張る場合ほど、実際の治療における効果が小さなものでしかないという法則が存在する。ＭＭＳの場合は病気を治さないというだけでなく、服用した人が病気になることもあれば死んでしまうこともある。[†7] 政府がこうした事情からＭＭＳの服用を控えるように勧告したのも当然のことであった。何人ものＭＭＳ推奨者たちが、ＦＤＡから制裁を科されることとなった。報道機関もＭＭＳが偽物の薬であると激しく攻撃した。ＭＭＳを摂取することは実質的に工業用漂白剤を飲んでいるのと同じことで、深刻な健康被害が懸念されると批判されたのである。まさしくその通りであった。

その一方でＱは、新型コロナウイルスやウイルスの感染拡大を阻止するために実行されたロックダウンが、ジョー・バイデンを不当に当選させるための戦略の一部であると主張し始めた。起きていることのすべては、一〇〇年に一度のパンデミックなどではない。Ｑが二〇二〇年に大量のドロップを投稿して主張したように、ディープステートが選挙に勝つために「すべての手駒」を投入していることによるものなのだ。パンデミックと低迷する経済の責任をトランプに負わせて彼の責任を追及することで、トランプの再選を阻止しようとしているのだとQは主張した。だが、そうはいっても、MMSに関してQインフルエンサーたちが早い段階から集中的に宣伝したことで、Qも影響を受けた。Qが新型コロナウイルスに関して言及し始めた頃に投稿された三九〇九番目のQドロップでは、ループス〔皮膚結核の一種〕治療薬ヒドロキシクロロキン（HCQ）を新型コロナウイルスの治療目的で使用することを禁止するために、「フェイクニュース」メディアと民主党のエスタブリッシュメントらが結託していることが訴えられた。ヒドロキシクロロキンは一般に知られているように、パンデミックの初期段階で注目されるようになったものだ。亜鉛と抗生物質アジスロマイシンと一緒に服用すると、ウイルスを撃退する可能性があると言われた。

MMSを多くの人に売り込むのは難しかったが、HCQと亜鉛、アジスロマイシンの組み合わせは比較的受け入れられやすいものであった。右翼のご意見番や陰謀論の世界の主流にいる人間たちは、大手製薬企業とメディアが潰そうとするほどの奇跡の薬であると噂した。HCQは、ロケットのような速さで急激に広まっていったのである。HCQがパンデミックを終息させ、反トランプ派の左翼「専門家」に恥をかかせる可能性を秘めているということは、パンデミックに関する保守派の最大の話題となった。Qは終始この点を強調し続けたのであった。

Qは四月と五月にHCQに十数回言及した。QアノンCoffee神話におけるHCQへの注目度は、トランプの取り巻きらがHCQに注目するのにつれて高まっていった[†8]。トランプ自身がHCQを奇跡の薬であり、仮に効き目がないにしても無害なものだとしつこく勧めたのである。彼は四月の記者会見で、HCQを摂取して「何を失うというのか」と大袈裟に問いかけた[†9]。HCQへの熱狂が陰謀論の世界を席巻した。インフルエンサーたちは、HCQの効能や安さを褒め称えた。リベラル派の連中がどれほど人々に服用して欲しくないと思っているか、またトニックウォーターとグレープフルーツの皮からＨＣＱを家庭でつくる方法や、顔の艶《つや》が良くなるという嬉しい副作用まであることを熱心に訴えたのである。トランプは自身もＨＣＱを服用していると主張していた。そしてＨＣＱがあまりに広く知られるようになって在庫が不足し、これまで医者にＨＣＱを処方されていた患者たちが危険に晒されてしまうなどと言うのであった。

その後ＨＣＱへの熱狂は徐々に消えていった。ＨＣＱの効用を主張した最初の研究は、厳格な科学的根拠を持たないものであると広く非難されることとなった。その後の研究は、ＨＣＱが新型コロナウイルスに対する予防効果がないことを明らかにした。加えて、ＨＣＱの推進論者が熱心に勧めたように大量摂取する場合、相当深刻な副作用が生じる可能性があり、場合によっては死ぬこともあり得ることを明らかにしたのであった。[†10] いずれにせよ、もしトランプがコロナ感染予防のためにＨＣＱを摂取していたと言うのであれば、彼が一〇月にコロナに感染した以上、明らかに効き目がなかったということになるだろう。あるいは、ディープステートがそう考えるように仕向けているということなのだろうか。

Ｑアノンママ

パンデミックが進むにつれて、ＺＯＯＭ会議やソーシャルディスタンスに配慮した誕生日のカー・パレードなどへの物珍しさは消えていった。人々は家にこもり続けることに飽き飽きだった。ウイルスにもうんざりしていたし、混乱に陥った自分たちの暮らしに疲れ切っていた。退屈し、孤独な状況に置かれていたため、人々はこのような状況に陥ってしまったことへの説明を探し求め、敵を探し、娯楽を求めた。そして、陰謀論はこれら三つすべてを提供してくれたのである。

恐怖に怯えながら孤立していた無数の母親たちが、生物兵器や児童人身売買に関する陰謀論、また神秘主義的陰謀論を新たに消費するようになった。[11] これらの陰謀論は、とりわけインスタグラムでライフスタイル分野に影響力を持つインフルエンサーたちを惹きつけた。これらのインフルエンサーの多くは、インスタ映えする自分たちの生活をみせびらかしながらオンライン・ブランドを立ち上げている若く魅力的な母親たちである。有名人インフルエンサーとそのフォロワーたちは、何か恐ろしいことが起きていて、人々の意識を高めることが、唯一その恐ろしいことを食い止める方法なのだということを一様に感じていた。

最初に知った陰謀論がQアノンだったという人は、ほとんどいない。「Qアノンママ」になった人の多くは、ソーシャルメディアのインフルエンサーたちが活躍する場にすでに出回っていた他の陰謀論を経由して、Qを発見したのだった。広く拡散した動画「プランデミック」もそのひとつだ。その動画では、科学者、外国政府、製薬業界の人間たちからなる影の陰謀集団が、コロナの大流行を計画的に引き起こしたと主張された。「プランデミック」は五月に広く拡散し、大ヒットとなった。数千万回の視聴回数を獲得し、ラッシュ・リンボーからカルメラ・ローズまでのあらゆる人物に注目されることとなった。カルメラ・ローズはモデルであり、二三〇万人のフォロワーを持つライフスタイル・インフルエンサーでもあった。彼女は「ユーチューブが削除し続けているこの動画をみんなが観るべきだと思う」と語った。[12]

インフルエンサーのコミュニティで大きな話題を呼んだ他の陰謀論に、オンラインの家具大手企業ウェイフェアーに関するものがある。ウェイフェアーが、公然と（しかし秘密裏に）高額なキャビネットの購入者名簿を用いて、児童人身売買を行っているという陰謀論だ。[13] 証拠はなかったが、六桁ものフォロワーを擁する人気インフルエンサーたちがこの陰謀論を熱心に推進した。そのうちの何人かは、身分を偽ってウェイフェアーに電話し、失踪中の子どもを取り戻そうとした。

「プランデミック」とウェイフェアー陰謀論が大規模に拡散したことで、世界中の常識的な人々のフェイスブック上に、突拍子もない陰謀論の考え方が出現するようになった。そして、そこからQまではほんのわずかな距離でしかなかったのだ。夏の終わりまでには、リベラルなインフルエンサーたちがQの好みそうな「われら団結して進まん」や「#痛み来たる」というフレーズをパステルカラーで彩り、フォロワーたちを楽しませるようになっていた。これらインフルエンサーたちは、児童人身売買の恐怖に関する涙ながらの告白ビデオや若いママたちに向けて、疑問を投げかけ、真実を追求するよう鼓舞するメッセージを送っていたのである。[†14]

Qアノンのリサーチャーであるマーク・アンドレ・アルジェンティーノは、これらのインフルエンサーたちを「パステルQアノン」と名づけた。彼女たちには、山のようにフォロワーがいた。パステルQアノンたちは、グロテスクなミームを量産したり、Q言説の中によくみられる意味不明の図をつくることはなかった。その代わり、甘いキャンディーで包まれたような妄想を語り、「やつら」の悪事を表現する美しいミームをつくったのである。パステルQアノンのオーディエンスたちは、陰謀論をどう解釈すればよいのかにほとんど重きを置いておらず、陰謀論の「知識」を用いて何をするのかにも関心を持っていなかった。パステルQアノンやそのオーディエンスたちは、Qに言及することがなかった。もしくはQが何なのかさえ知らなかったようだ。だが、それは問題ではなかった。彼女たちはQがそれまで二年にわたって言い続けてきたことを信じたのである。

ライフスタイル・インフルエンサーのコミュニティでQアノン陰謀論が爆発的に広まったことに対して、わたしは当惑した。そのため、即座に自分の疑問を投げかけてみることにした。これまで他のQ推進者についていて聞いて回ってきたのと同じ質問だ。本当に、Qアノン陰謀論を信じているのか。わたしは『アトランティック』（*The Atlantic*）誌のジャーナリストであるケイトリン・ティファニーに尋ねた。彼女はすでに数十人のインスタグラマーとそのフォロワーに接触しており、パステルQアノンについての重要な記事をいち早く発表していた人物であった。[†15] ティファニーは、パステルQアノンがリベラル派からトランプ支持者までのあらゆる政治的立場にまたがって存在する一方で、ほとんどすべての人がQの教義を政治的な信条というよりは個人的な信念として深く信じているようにみえると指摘した。

「彼女たちが丸ごとすべて信じているかどうかを言うことは難しいですね。というのも大半の人はジャーナリストを悪魔だと思い込んでいるからです」。そのため、彼女の取材を拒絶するのだという。極めて重要なことだと思われるのは、ティファニーが接触を試みたインフルエンサー（ほとんどいつもその接触は成功しなかった）の大半は、収益に直結する「グリッド」投稿でQ関連の情報を上げていなかったということだ。彼女たちはインスタグラムのストーリーの機能を使い、二四時間で消えてしまう短い動画や写真を利用してQアノン陰謀論を提供した。そのせいで、彼女たちはライフスタイル・インフルエンサーとしてというよりも、より個人的な使命として関わっているようにみえた。同時に、普段はグリッド投稿を通じてお金を稼ぐためにインスタグラムをやっている彼女たちが、Qアノン陰謀論についてはお金のためにやっているのではないということも読み取れた。商品を売るためではなく、知識をシェアすることが彼女たちの目的なのであった。ティファニーによれば、彼女たちのメッセージの多くに自分たちの責任を否認するような表現が含まれていたという。例えば「これが正気じゃないと思われることもわかっているわ。でも、これはわたしが真実を受け入れるための個人的な旅なのよ」といった具合だ。

パステルQアノンたちの真実への旅は、大抵の場合暗く誇大妄想的なものであったが、同時に明るく楽観的なものでもあった。彼女たちの世界観は、「リサーチする」ことによって構築されたものであった。

彼女らは、反科学、反ワクチンの考えに取り憑かれた左翼傾向のある母親であり、ピザゲート事件は本当にあったことだと信じていた。子どもたちは悪党政治家たちによって性的に搾取され、医学的にも利用されているのだと思われていた。ジェフリー・エプスタイン[1]の失墜と死は、やつらの悪事をすべて証明するものであると信じられた。そして彼女たちは、そうやって感じたことをエモーショナルに訴えかけることが、現実を学んでいくこと以上に価値あることだと信じていた。

「彼女たちが8kunの使い方を身につけようとしているとは到底思えないのです」とティファニーは語った。パステルQアノンは、Qアノン陰謀論を偶然信じるようになった人たちではあっても、それほどQの要素を色濃く持っていないというわけだ。「彼女たちがみているのは、大抵ユーチューブやフェイスブックでシェアされるものです。もしくは同じようなライフスタイルを持つインスタグラムのアカウントのストーリーです。いつも自分たちが独自のリサーチをしていると言うのですが、それは違うと思います」。こうしたパステルQアノンたちの多くは、「児童の人身売買ネットワークが存在し、メディアがそれを無視していること」についての赤裸々な思いを吐露しており、似たもの同士の似通った動画を、互いにみせ合っているだけなのだという。

パステルQアノンは、Qに導いてほしいと思っている人たちではないのだ。事実、どうみても正気とは思えないQ信者たちと一緒くたに扱われることに対して苛立ちを覚えている人も多い。ティファニーは、彼女たちが暴力沙汰を引き起こすことはないだろうと思っている。だが、彼女たちがインスタグラムを通してより広範囲のオーディエンスに向けてQの考え方を拡散していることや、人々に科学を信用しないように促し、世の中を不安定化させていることについては憂慮を覚えているという。

「パステルQアノンの女性の多くは、長くインスタグラムを使ってきました。長い時間をかけてオーディエンスを獲得してきたのです。彼女たちは互いを本当に信用し合っているのです」とティファニーは続けた。「（あなたが信用している人物から）陰謀論を聞かされるということはかなり重大なことです。何年もの間その人の生き方に憧れていたというのであれば、当然のことでしょう」。パステルQアノンの運動では、本物らしさやわかりやすさが重視された。インフルエンサーたちが築き上げてきた信用のおかげで、たとえ彼女たちが語る真実がティファニー言うところの「とんでもない陰謀論」であったとしても、オーディエンスたちを強くつなぎ止めてしまうのだ。

不安に怯える母親たちは、孤立していなかった。母親たちは、インフルエンサーたちの軍団に率いられていたのだ。インフルエンサーたちは、児童売春組織を追及するパステルカラーの訴えやリサーチの力で武装した戦闘集団であった[†16]。そして、彼女たちは黙っていなかったのである。

子どもたちを救え

インスタグラムでQアノンが活性化し、ママブロガーたちを団結させていったもうひとつの要因がある。それは二〇二〇年夏、ツイッターとフェイスブックによって、Q関連のアイコンや写真、映像などが厳しく取り締まられたことであった。Q支持者たちは、運動をなんとか続けていくための新しい戦略を探していた。ウェイフェアー陰謀論が大きな反響を呼んだのをみて、Q信者たちはツイッター社によるアカウン

（1）（訳註）ジェフリー・エプスタインは、アメリカの富豪。多数の未成年少女を性的目的で人身取引したとして起訴された。幅広い人脈を持っていたため、他の有力者への売春斡旋も噂され、全米を揺るがす一大スキャンダルとなった。二〇一九年、勾留されていた施設で死亡し、その死の原因をめぐっても多くの憶測を生んだ。

ト停止の鉄槌《てっつい》から逃れ、自分たちの物語を延命させる可能性があることに気づいたのである。

「#子どもたちを救え」のハッシュタグは、二〇二〇年夏に何百万ものフォロワーを持つインスタグラムのインフルエンサーたちが、数多くの投稿をバズらせる中から出現してきたものだった。これらの投稿の多くは、シンプルな動画や人目を惹くミームであった。人々を怖がらせるような統計データが投稿されることもあったが、大抵の場合不正確であるか文脈を捉え損ねたものであった。しかし、子どもの問題は人々が通常よく気にかけるものでもあったため、反響は大きかった。

「#子どもたちを救え」の人気ぶりに気づいたQ信者たちのアカウントは、内容的に簡単に同調できたということもあって、「#子どもたちを救え」のハッシュタグをQ中心のミームとスローガンで占拠した。トランプ政権が人身売買を取り締まるために行っているごくわずかな仕事に関する実際のニュース記事のリンクや、ジェフリー・エプスタインやクリントン夫妻の陰謀論に関するリンクなども投稿された。[†17]

「#子どもたちを救え」をハイジャックせよというQドロップの指示があったわけではない。しかし、人身売買から子どもを救おうという考え方は、瞬く間に秘密結社やアドレノクロムへの批判、トランプを支持する叫び声へと変わっていった。そして、ソーシャルメディア大手の「検閲」に巻き込まれることなく、新規参入者たちが仲間に加わることが可能となったのだ。というのも、主要なSNS企業は、あまり熱心にこのハッシュタグの運動を規制することができなかったからである。Qについてのハッシュタグや動画を禁止するのは難しいことではなかった。Q信者以外の人にとって、それらは不可解で無意味なものでしかなかったからだ。しかし、子どもを助けようという考え方は人々を安心させるものであり、反対しようのないものだ。そのような情報共有を妨げるということは、本質的に不可能だったのである。

「#子どもたちを救え」は、とりわけフェイスブックで爆発的な広がりをみせた。反人身売買や反ワクチン、悪の秘密組織を批判する何百ものフェイスブック・グループが、加入メンバーの数を数千パーセント増加させるという現象が生じた。即座にQアノンに対する明白な影響が現れた。APの報道によると、「#子どもたちを救え」は八月の最初の週だけで八〇万回以上利用されたという。[†18]「#子どもたちを救え」の人身売買批判の投稿をみてQ界隈にやってきた人の多くは、Qが何なのか、それが意味するところをまるで理解できなかった。人によっては、トランプ支持者でさえなかった。しかしパンデミックへの恐怖や、純粋に「何かしなければ」という気持ちに強く動機づけられていたこともあって、それら新規参入者たちは、急激かつ効果的に過激化していったのである。

二〇二〇年夏終盤、燃え盛《さか》るように暑い月のことだった。パンデミックは弱まる気配さえみせなかった。そうしたなか、反ワクチン、反人身売買、反5G、コロナ陰謀論者、反グローバリスト、健康法の提唱者、誘拐された子どもたちを救出しようとする活動家や怯える母親たちが、緩やかに連携しながら通りに姿を現し、行進し始めた。この混成集団は、アメリカ全土、さらには世界中の都市で出現した。そこから発信されるメッセージはまとまりに欠けることが多かったものの、使命感に満ちたものであり、心からの怒りが表明されたものだった。そして、その行進で掲げられる看板には、Qアノンのスローガンが刻まれていた。

七月三一日にハリウッドで撮影されたある動画には、怒り狂った人たちの姿が記録されている。それは、異議申し立てという雰囲気ではなかった。[†19]映像の中では、母親たち、二〇代の若者、学生たち、筋金入りの陰謀論者たちがほとんど人気《ひとけ》のない通りをゆっくりと歩いていた。手に持っている看板には、「すべての小児性愛者を死刑にせよ。ビル・ゲイツは邪悪だ。われわれは正義を求める。ハリウッドへの資金援助をやめろ。政府から小児性愛者を追放せよ」などと書かれていた。人々は、CNNの幹部たちにオフィスから降りてくるよう声を張り上げて訴えていた（ロックダウンが実施されていたので、彼らはオフィスにいなかったと思われる）。大半の人々は、ゆっくりと動く群衆の中をただ歩いていただけだった。あるいは、抗議活動などというものを一体どうやればいいのかと戸惑いながら、あたりを見回し歩いていただけであった。

他の都市においても、何百ものデモ行進が実施された。その多くはQの推進者が組織したもので、いずれも一様に混乱していた。様々な政治的思惑や考え方が寄せ集められた混乱ぶりであった。シカゴで反人身売買を訴える抗議者たちは、「ＩＣＥ（移民税関捜査局）は、小児性愛者の集まりだ」と叫んでいた。それは移民税関捜査局が、アメリカとメキシコの国境で実際に子どもたちのために実際にしていることとは、完全に食い違う主張だった。[†20] オハイオ州サンダスキーでの小さなデモを記録した動画には、「子どもは所有物ではない」という看板を持つ中年女性の姿が映されており、その女性から離れた場所には、ＡＲ15で武装したガイコツ仮面の男が立っていた。[†21] コロナ対策のために、マスクを着用してデモが行われるケースも普通にみられた。また、トランプのコロナ感染はフェイクなのかどうなのかを疑問視する陰謀論に影響を受けている人たちもいた。[†22]「#子どもたちを救え」の集会には、他の様々な集まりと見分けがつかないものもあった。トランプの二〇二〇年大統領選の集会や、警察官を支援するための「警察を応援しよう」集会、煽動者たちが殴る相手を探している反ＢＬＭ集団の集まりなどと似たり寄ったりの集まりもあった。

ただし、二〇二〇年の夏に台頭した「#子どもたちを救え」運動には二つの特徴があった。ひとつは、児童の人身売買問題と戦う既存のグループを手助けしようという関心が、ほとんどなかったということだ。[†23] 現にそうしたグループのひとつであるポラリス・プロジェクトは、「#子どもたちを救え」の活動が人身売買に関する大量の偽情報を拡散させていることで、「本当に助けが必要な人をみつけてサポートを提供することが難しくなっている」というプレスリリースを発表した。[†24] もうひとつの特徴は、「#子どもたちを救え」運動の集会が、Qアノンのスローガンやシンボルマークで溢れかえっていたということだ。現に、フェイスブックとインスタグラムに流れる「#子どもたちを救え」関連の情報の大部分は、Qアノン関連のアカウントによるものである。[†25] 「#子どもたちを救え」の集会を観察する場合、どこを見渡してもQが浸透していることを示す証拠を確認することができた。例えば、ピザゲート事件やアドレノクロムに言及したもの、「#われら団結して共に進まん」や看板に記された燃え盛る巨大なQの文字、Qにちなんだ表現で満たされたイラストなどがみられた。

だがQは、ヨガを習う若い母親やアメリカの水晶療法家たちの間でQアノン陰謀論が広まっていくことにあまり強い印象を受けておらず、ほとんど気にもとめていなかったようだ。Qは「プランデミック」やウェイフェアー陰謀論、アドレノクロム、さらには子どもたちを連れ去るための「トンネル」といわれているもの、「#子どもたちを救え」運動のデモに関わるどんなことにも一度も言及したことがなかった。パンデミックが始まった当初から、Q信者たちはQがしつらえた方向に向けてではなく、自分自身が望む方向に向けてQアノン陰謀論を推し進めていったのである。というのも、Q信者たちが進みたい方向というものがひとつではなかったからである。Q信者の中には、新規参入者たちの登場に否定的な者もいた。Qアノン・インフルエンサーの（インチキなコロナ治療薬MMSを熱心に売り込んでいた）ジョーダン・サザーは、ツイッターで「子どもたちを救え運動は、ディープステートの手先が侵入していて操られている」と主張した。ポートランドでデモに参加していたガイコツ仮面の人間は、「Qドロップなど一度も読んだことがない」とのことだった。[†26]

「#子どもたちを救え」運動に関わった人々の多くは、Qについてほとんど何も知らなかったか、Qと関わりたくないと積極的に主張していたかのいずれかであった。カンザスシティーでの抗議行動を組織した人物は、徒歩やバイクで参加する計画を立てていた人たちに、「陰謀論やQアノンの話は、この抗議行動で熱心に取り上げるべきことではない。これらのトピックを選んで話をするということは、今回のイベントの全体的な目的から外れた自己中心的な振る舞いであることを知っておいてほしい」と語った。[†27]

グローバル化するQアノン現象

Qアノンが飛躍的に成長を遂げていく一方で、Qの指導的役割は小さくなっていった。「#子どもたちを救え」運動は、フェイスブックやインスタグラムを通じて数百万の新規参入者を獲得していった。Qはこの成長を後押しするようなことは一切していないし、その必要性を認めてさえいなかったようだ。二〇二〇年の秋までには、少なくとも共和党員の八〇％以上がQアノンが捏造した陰謀論を少なくともある程度は信じているような状況が生まれた。同時にQは、Qアノンの装いを完全に捨て去り、いまや万物にかかわる真の陰謀論になったのであった。[†28]「#子どもたちを救え」運動が示すように、Qアノンのシンボリズムやイデオロギーは、共和党主流派や正統派の保守思想の中に入り込んでいた。それらのシンボリズムやイデオロギーは、政治的属性という点で非常に広範囲の人々を包含する信念を提供するものであった。大半の人々は何が起きているのかを知らなかったが、それにもかかわらず、Qアノン陰謀論に賛同したのである。しかしながら二〇二〇年八月、「#子どもたちを救え」運動がグローバルに拡がっていく中で、Qはほぼ沈黙していた。

いうなれば、Qアノンは運動の司令塔となる「指導者」なしで成長を遂げ、自らを支えていたのである。そしてその成長は、アメリカ国内にとどまるものではなかった。

Qアノンに影響を受けたデモ行進が、二〇二〇年夏世界中で発生した。この年、年間を通して七〇を超える国でQアノンのフェイスブック・グループを組織化する動きが進んだ。[†29] Qアノンはもともと、アメリカ政治やトランプ政権内部の争いについての瑣末な問題に関わるものであり、概してアメリカ中心主義的な現象であった。しかしロックダウンのもっともひどかった時期に、わたしはイギリス、ポーランド、フランス、ドイツ、フィンランド、スペイン、日本のジャーナリストたちと個人的に話をした。彼らは皆、困惑していた。ドナルド・トランプのような国際的に評判の悪い人物を救世主として崇《あが》める運動が、一体どうやって自分たちの国で発生したのか戸惑っていたのである。

世界中の人間が家から動けず、経済的な危機や各自の生活不安と戦っていた。社会の周縁で生きる人々（すべての権力を掌握する悪の集団に恐れを抱いている人々、メディアが自分たちに嘘をついているという漠然とした感覚を持っている人々、国際銀行の存在に反感を持つ人々などなど）は、世界中にいる。Qのいくつかの側面が、これらの人々にとって魅力的にみえたということもあるだろう。その一方で、Qアノン現象が生じたそれぞれの国では、各々の国の政治事情やソーシャルメディアのトレンドに応じて、ある面を払い落とし、別の面を大きく取り上げながら、少しずつ異なる独自の陰謀論が発展した。[†30] ある国ではQが政治運動として理解され、別の国ではQの反科学的な面が受容されていくということは、珍しいことではなかった。

ドイツの極右運動「ライヒスビュルガー」のメンバーは、Qがグローバリズムを否定していることを賞賛した。Qのグローバリズム批判は、フランスの黄色いベスト運動でも注目された。この運動は、政府の組織的腐敗と戦っている極右と極左の両方を支持する団体である。イギリスでは、既存の反ワクチングループや陰謀論集団と意気投合した「#子どもたちを救え」運動が、とりわけ急激に拡大した。日本ではどういうわけか、マイケル・フリンが英雄として讃えられている。ブラジルのQ信者たちは、極右のボルソナロ大統領への熱烈な崇拝と、宇宙人連合や神秘主義についてのニューエイジ的信念を一体化させた。[†31]

オーストラリアは、Qアノンにとりわけ悪戦苦闘を強いられた国だ。二〇一九年と二〇二〇年、ソーシャルメディア上でQアノン関連の情報が四番目に多く流れた国がオーストラリアであった。オーストラリアを上回るのは、アメリカ、イギリス、カナダのみである。[†32] Qの神話は、ロックダウンに対する抗議運動や陰謀論の中に深く入り込んでいる。Qアノン陰謀論は、いまや新型コロナウイルスのワクチンを拒否し、包括的で積極的なパンデミック対策を妨害する最大勢力のひとつとなりつつあるのだ。[†33] オーストラリアのスコット・モリソン首相は、バーンドスパイ（BurnedSpy）というハンドルネームで知られる熱心なQ推進者ティム・スチュワートと友人であることを暴露され、スキャンダルに巻き込まれることとなった。ティム・スチュワートの妻は首相のスタッフであった。モリソン首相とQアノンのつながりが発覚してから二年も経つが、モリソンはいまだにティム・スチュワートの陰謀論的思考が彼の指導者としての行動に影響を及ぼしてきたのかどうか議論することを拒否している。

陰謀論的な信念を大なり小なり持つ人は、世界中にいる。こうした陰謀論者の政治的な信条や立場は幅広く多様だが、Qに期待していることは皆同じだ。それは新型コロナウイルスのパンデミックがなぜこれほど続くのか、その「本当の理由」を知りたいのである。その理由と詳細についての捉え方は、Q信者の間でも揺れ動いている。例えばユダヤ人の策略を持ち出す人もいれば、ビル・ゲイツの大量虐殺思想を挙げる人もいるし、中国共産党のごまかしを取り上げる人もいるといった具合だ。だが、Qはこうした人たちに怒りの捌《は》け口を与え、仲間同士のコミュニティを提供したのだ。人々は非常に怒っていた。パンデミックが続くほどに、より多くの人々がロックダウンに従うことにうんざりするようになった。マスク着用を義務づける動きや、ソーシャルディスタンスを要求することに対して、公然と抵抗するようになった。それら抵抗の動きは、ソーシャルメディアを通して広く拡散するようになった。そしてQ信者は、何度も世間を騒がせたのである。

メリッサ・レイン・ライブリーは、アリゾナ州にあるPR企業のオーナーである。彼女がターゲット（Target）〔アメリカの大型ディスカウントスーパー〕で、自分は「Qアノンのスポークスパーソン」であると叫びながらマスクの商品棚を破壊している動画は、数千万の視聴回数を獲得した。彼女はその後一週間、施設で身柄を拘束されることとなった。[†34] 他の人たちと同じように、ライブリーはパンデミックに対して恐怖心を抱き、精神的に消耗する状況のもとで陰謀論を拡散するフェイスブック・グループにハマっていった。陰謀論は、悩みもがいている人、孤立してバラバラになっている人たちに心の安らぎを与えてくれたのである。フェイスブック・グループに参加したことで、ライブリーは急速にQアノンの動画に接触するようになっていった。彼女は、自分が世界の「覚醒」を目の当たりにしているのだと考え、同時に、その「覚醒」を実現していく上で、自分にも果たすべき役割があると思い始めた。ライブリーは、最後にはQアノンと縁を切って双極性障害の治療を始めたが、そのような人は彼女だけではなかった。反マスクの抗議行動では、他にもQ公認の陰謀論を必死で話す人たちや、店員に嫌がらせをする人、見物人に向けて咳をする人たちがいた。[†35] パームビーチ郡政委員会では、ある参加者がビル・ゲイツや5Gの通信基地についてわめき散らし、人々が覚醒したならばすぐにも「市民の逮捕」が始まるなどと叫んだため混乱に陥った。「#子どもたちを救え」運動が登場した夏が終わり、二〇二〇年の暗い冬が訪れた。新型コロナウイルスの蔓延は、アメリカの社会構造に穴をあけたと言ってよい。Q信者たちは代替的な現実をつくり出すことに必死になった。彼らはウイルスが本当は制御されていて、ウイルスで死んだとされる人たちは、実際のところ何か別の理由で死んだのであり、マスクは人々を従順に従わせるための奴隷の道具であると訴えた。Q信者たちは、いくつもの陰謀論をトレンド入りさせた。トランプがコロナに感染して入院したというのは、ディープステートを炙《あぶ》り出すための嘘であるという陰謀論、コロナウイルスで死亡するのは高齢者で基礎疾患に苦しんでいる者だけであるという陰謀論、コロナワクチンはウイルスよりもよほど有害であるという陰謀論などである。世に流布するすべての嘘は、ディープステートとその手先のメディアによるものだ。それらすべての嘘は、トランプが二〇二〇年のアメリカ大統領選で勝利することを阻むためのものであるとQ信者たちは考えたのであった。

Qは、民主党予備選に対してはほぼ沈黙していた。予想される候補者は、どれも軒並み左派の腐敗した愚か者たちにすぎず、一一月の大統領選本選においてトランプが余裕の勝利を収めることになるであろうから、民主党予備選で誰が最終的に勝ち残ろうが大した問題ではなかったのだ。バイデンもトランプも、コロナウイルスのせいで選挙運動を進めることがほぼ不可能だと思われるようになった頃、Qの方針はまとまったようだ。いわく、バイデンはウクライナ人の提供する金と、中国人の不正な投票操作技術に助けられている。彼と彼の家族は絶望的なまでに腐敗している。バイデンの息子ハンターは、悪質な幼児虐待者だ。ジョー・バイデン自身は、新型コロナウイルスを表舞台に出ないための格好の口実として姿を隠している、などである。

しかし、思いもよらぬことが起きた。ドナルド・トランプが、大統領選挙に敗北したのである。そのとき、Q信者たちにはひとつの選択だけが残された。すなわち、自分たちが最初から間違っていたことを受け入れるのか、それとも自分たちの失敗を説明するためのより複雑な陰謀論をさらにでっち上げるか。彼らがどちらを選んだのかは、おわかりであろう。

第9章　ミームが動き出す
――Qアノンとソーシャルメディアの戦い

インターネットの登場以前から陰謀論を信じる人たちはいた。ネット登場以前は、どの陰鬱な本屋が陰謀論に熱心であるのか、どの拳銃販売会やトラック停車場で話題の反クリントン新作ビデオが販売されているのかを知らなければならなかった。あるいは、国連の突撃部隊の侵攻を取り上げるラジオの短波放送が、どの周波数で流れているのかを発見しなければならなかった。当然ながら、そのような制約が陰謀論を信じることそのものを妨げることはなかった。だが、少なくともそうした手間が潜在的な陰謀論者予備軍の新規参入を妨げる障壁となっていたとは言えるだろう。そして、何も知らない初心者に陰謀論を広めることは、なおのこと難しかった。

ネット登場以前の時代、陰謀論はゆっくりと広まっていったものだ。大抵はラジオ番組やタブロイドの記事、新聞のコラムなどから始まった。その中には事実が含まれていることもあった。人から人へと伝わり、書き直され、何年もの時間をかけて世の中に広まっていった。口承の歴史や無形の遺産などと同じように、語り部たちはそれぞれの方法で陰謀論を飾り立てたものだ。だが、自分で本やパンフレットを出版しようとでもしない限り、その経験は受動的なものでしかなかった。陰謀論とは、何か事が起きた後になって初めて知ることができるものにすぎず、しかも手の届かないところにいるプレーヤーたちの情報を消費するだけのものでしかなかった。

インターネットは、実験的段階を経ていまや広く社会に浸透した。この変化に伴い、陰謀論はみつけることも拡散させることも突如として容易になった。怪しげな思想は、初期の電子掲示板や Usenet ニュースグループ〔ネット上の電子掲示板型情報交換サービスの一種〕と相性がよかった。インターネットのパイオニアたちは、あらゆるものをシェアした。初期の人気代替現実ゲーム「オングの帽子」[(1)]の攻略のヒントから始まってもっと危なげなものまで、何でもシェアした。それこそ、拳銃の押収やＦＥＭＡ〔米連邦緊急事態管理局〕のキャンプに投獄されている反体制活動家の噂話、ビル・クリントンがアーカンソー州知事時代にコカインをやりすぎて隔膜を壊しているという噂までシェアされた。[†1] その頃もＭＩ５ヴィクティム（MI5 Victim）や英国ＩＴ労働者（UK information technology worker）のようなアノンたちがいた。英国ＩＴ労働者を名乗るアノンは、自分が英国の諜報機関から迫害、脅迫を受けているという悲惨な話を大量に Usenet のグループや掲示板に対して大量に送りつけてスパム攻撃をした。そのため、ほとんどすべてのインターネットサービスから締め出されることになった。[†2]

初期のネットジャーナリストであり、エンジェル投資家〔ベンチャー企業を育てるために支援する個人投資家のこと〕でもあったエスター・ダイソンは、一九九七年に『ワイアード』誌に向けて「ネットはプロパガンダには向いていないけれど、陰謀論にとっては最適だ」と語っている。[†3]

ソーシャルメディア、とりわけベビーブーマー世代が家族と連絡を取るためのツールとして爆発的に普及したフェイスブックが、デジタル時代の陰謀論の発展にとって次の局面を用意した。ただし、そこにはあるねじれが存在した。フェイスブックのおかげで陰謀論に簡単にアクセスすることが可能となった。だがそれと同時にユーザーは、オーディエンスが望むことであれば何でも語り、自分のオーディエンスをつくり上げていくこともできるようになった。陰謀論は、いまや現実世界よりもオンライン上の方が早く拡散していく。ただし、ソーシャルメディアは何もないところから陰謀論をつくることを可能にしたのだ。もはや生存主義者〔自然災害などで発生するカタストロフに対処するため、生存術や避難訓練などに日常的に取り組んでいる人々のこと〕のニューズレターや、反イルミナティ主義者のブログ投稿の知らせが届くのを待っている必要はないのだ。いまやユーザーは、カチカチに凍った雪を溶かそうとする自分の姿を撮影し、雪が溶けないのはそれがフェイク映像だからだと言ってみたり、無数の微細なロボットがいるからだなどと主張すればいいのだ。そうすれば、運が良ければその陰謀論は広く拡散し、世界中の人々のフェイスブックやインスタグラムの画面に登場することになるだろう。まさに二〇二一年の初頭に起きた議会襲撃事件のときのように[†4]。

Qアノンとソーシャルメディアの相性は完璧だった。Qアノンたちが受動的ではなく、積極的であったからだ。Qアノンの運動は、陰謀の手がかりを解読して謎を解くことで成り立っていた。視覚的にも興味深いものがあった。陰謀についてどれだけの数の解釈があっても構わなかった。Qアノンは嘘の網を張りめぐらし、信者自らがその網に喜んで見事にかかっていった。Qアノンは、インターネットがもたらした

（1）「オングの帽子」は初期の代替現実ゲームであり、専門家の中にはQアノンの先行者として理解する者もいる。「オングの帽子」は、ニュージャージー州にあるパイン・バレンの森の奥深くに隠された多次元タイムトラベル装置をめぐる共同フィクションである。「オングの帽子」を取り巻く複雑なフィクションのほとんどは、一九八〇年代における初期のネット掲示板で始まり、作者のジョゼフ・マシーニーによって編集、拡張された。彼は、どこからどこまでが現実で、どこからがフィクションであるかをはっきりとさせることを拒んでいる。

お手軽なコミュニケーションと宣伝の力を使いこなした初めての陰謀論というわけではない。だが、ほぼすべてがオンライン上に存在し、科学の知識や軍事的専門知識を必要としない最初の陰謀論であったと言うことはできる。必要なのは、Qが憎む人間たちを憎むこと、そして互いに賞賛し合い気持ちよくなれるオンラインコミュニティを欲する気持ちだけあればよかったのである。

Qアノンは何から何までオンライン上で生まれた運動であったため、ソーシャルメディア抜きにはおそらく存在することができなかったであろう。もちろん、数多くのツイッターやユーチューブのインフルエンサーたちの疲れることを知らない「仕事」がなければ、これほど簡単にQアノン陰謀論が拡散することはなかっただろう。Qアノンがツイッター上でこれほど野放しにされなければ、共和党主流派の中にここまでQアノン陰謀論が浸透することはなかったはずだ。ドナルド・トランプも、自分の陰謀論を広めるためのプラットフォームとしてツイッターを選んだ。そして、Qがどのようにソーシャルメディアを使っていたのかを理解することなく、Qを理解することもできないであろう。ソーシャルメディア大手は、何年もの間、監督するでもなく説明責任を果たすわけでもなく、Qアノンに好き放題やらせていた。そしてその甘さが最悪の事態をもたらすのを、ただみているしかなかったのである。

ソーシャルメディアで成長を遂げたQアノン

陰謀論の大半は、現実世界の出来事とともに生まれ、原型がわからない何か別のものへと変化していく。その意味では、Qアノンは他の陰謀論と異なっている。Qアノンは何もないところから始まったのだ。まさしく、最初のQドロップからしてそうなのだ。Qはヒラリー・クリントンの逮捕というありもしないことを投稿した。そして嘘のディテールを追加していったが、元の出来事がそもそも嘘であったのだ。Qが最初に説明しようとしていたパンデミックや暗殺のような世紀末的な出来事も起きていない。ただ実現するはずのない未来の出来事についてのヒントが延々と提供され、それらがひたすら積み上がっていくばかりである。

Qアノンの動きは早かった。トレイシー・ビーンズが動画をつくり始め、ポール・ファーバーとコールマン・ロジャースがQ専用のフォーラムを最初にレディットで立ち上げるや否や、すでにそこにはヒラリー・クリントンが自らの「犯罪」によって裁かれるのを心待ちにするオーディエンスがいたのである。トレイシー・ディアスがQドロップの解読を行った最初の動画は別として、いくつものQアノン動画再生回数が六桁を突破した。グーグルでの「Qアノン」検索回数が二〇一七年一一月一八日に急増し、その後同年のクリスマス直後にも再び急激に増加した。[†5] Qアノンのハッシュタグがツイッターに初めて登場したのは二〇一七年一一月二日のことであった。その日はカナダ人の4chanユーザーが、Q陰謀論を投稿する人たちを「Qアノン」と名づけたのと同じ日だった。Qアノンはそこから一気に盛り上がったのだ。さらに、今はもう削除されてしまったが画像掲示板Imgur（イミジャー）のスレッドで「すぐそこに迫る嵐」について語った内容は、一二月までに一〇万回を超える視聴回数を記録した。

皮肉なことに、初期のQドロップの中には、グーグル、フェイスブック、ツイッターは信じるに値しない存在であり、ディープステートの手先であることを示唆する投稿があった。だがQは、ツイッター上で膨大な量の情報を生成していくようになった。二〇一七年の一〇月後半から二〇一八年二月の終わりまでに、およそ五〇〇万件のツイートが流れた。[†6] コンコーディア大学の博士課程に在籍するマーク・アンドレ・アルジェンティーノから得たデータによると、二〇一八年までにQの運動の主要人物、例えばデーブ・「プレイング・メディック」・ヘイズやイン・ザ・マトリックス（InTheMatrixxx）、Qアノン76（QAnon76）

らのツイッターアカウントは、ドナルド・トランプ、ショーン・ハニティ、マイケル・フリンのような有名人と並んでQ信者たちにもっとも言及されるアカウントとなっていた。さらに二〇一八年にはQに言及したハッシュタグが五五〇〇万件あり、#Qアノンの使用回数は二三〇〇万回に及んだ。[†7] Qは明らかにツイッター上で大ブレイクしたのである。ツイッター社がこのことについて一切気にする様子はなかった。このことは、Qにとってもアメリカの政治にとっても、根本的な影響を及ぼす大きな過失であった。

しかし、Qが大きな成果を獲得するようになったのも束の間、Qの運動は二〇一八年三月には早くも挫折を味わうことになる。レディットが、Qの最初の居場所であった「嵐の前の静けさ（r/CBTS）」の掲示板を閉鎖したのである。創設者のファーバーやロジャースらも追放された。「当社のコンテンツポリシーへのたび重なる違反、特に暴力を推奨し煽動するコンテンツや個人情報や機密情報の投稿を禁止する」条項への違反が追放の理由であった。[†8] だがその後繰り返されるように、別の場面でQの支持者たちは、追放措置を迂回する方法をみつけたようだった。[†9] レディットの別の掲示板「大いなる覚醒（r/GreatAwakening）」では会員数が爆発的に増加し、瞬く間に七万人を超えたのである。コールマン・ロジャースと彼の妻は、二四時間すべてQの話題だけを取り上げるユーチューブチャンネル「愛国者のお立ち台」（現在まだ彼らのウェブサイトに残っているが、ほとんど注目されていない）を立ち上げた。このユーチューブチャンネルではエンドレスでQアノン関係の議論が行われ、右翼のちょっとした有名人が、その日に扱っている偽情報をどんなものでもQ信者たちに売りつけることができたのである。

「愛国者のお立ち台」をつくったロジャースの成功はあまりにも見事なものであったため、彼が大失敗をやらかした後でさえ、チャンネルが生き残っている。ロジャースは、ライブ配信で自分のパソコンのデスクトップを画面共有している最中、うっかりQのトリップコードを使って 8chan にログインし、何かを投

「ごめん、足がつった」と発言したのだった。[†10]何人かの質問したが、ライブストリームが延々と流され続けただけだった。誰も答える者はいなかった。稿してしまったのだ。直後にすぐさま画面共有を終わらせて「ごめん、足がつった」と発言したのだった。†10

「Qとして投稿していたけど、どうやって投稿したの？」ひとりの視聴者がロジャースにチャット画面で質問したが、ライブストリームが延々と流され続けただけだった。誰も答える者はいなかった。何人かのトランプ支持者はこの事件を取り上げて、Qアノンは単なる冗談にすぎないと切って捨てた（熱狂的なトランプ支持者のレディット掲示板「ザ・ドナルド（r/TheDonald）」では、ルールとしてQアノンについてのすべての言及が自動的に削除されるようになっていた）。その一方で「愛国者のお立ち台」はたちまち五万人を超えるチャンネル登録者を記録し、右翼のちょっとした有名人が陰謀論を安心して語ることのできる空間として数年間運営され続けた。

ツイッターとユーチューブでQが成功したにもかかわらず、他のプラットフォームでQが言及されることはほとんどなかった。特にフェイスブックでの存在感は取るに足らないものであった。最初の数カ月Qアノンをグーグルで検索する人はほとんどおらず、主流メディアがQを取り上げる場合には大抵「誰がこんなナンセンスを信じるというのだろうか」という調子であった。例えば、QアノンがドナルドΓ・トランプを超天才として崇め立て、信頼を寄せていることを嘲笑《あざわら》った。ピザゲート事件をさらに間抜けにしたようなものだと言い、クレージー呼ばわりし、「怒りに満ちて熱に浮かされた夢」と形容した。[†11]公平な目でみるならば、それらは全くその通りであった。だが、Q信者たちはそうした批判をなんら気にもせず、すべてを受け入れ、ゆっくりと支持者を増やし、Qの神話を新たな信奉者に向けて提供していったのである。そして、Q信者たちの不断の努力は実を結んだ。それからの二年間、ソーシャルメディア企業がもう懲《こ》り懲《ご》りだという思いでQアノンの追放に踏み切るまでの間、Qはほぼ自由にあらゆる主要なソーシャルメディアのネットワークを支配したのである。

新型コロナウイルスのパンデミックが起きる以前から、Qアノンはインスタグラムで若年層のオーディエンスを獲得し、大きな存在感を放っていた[†12]。この若者たちの層が、コロナ禍の最中に一〇倍の数に増えた。QやQ関連のテーマを専門的に取り上げるフェイスブック・グループは、マーク・ザッカーバーグの部下たちが陰謀論の取り締まりに動くようになるまでの間に、数百万人のメンバーを擁するようになっていた[†13]。さらに、@マガピル（@MAGAPILL）についての説明で取り上げたように、Qの人気がツイッター上であまりにも急激に広まったために、トランプ大統領が最初のQドロップからほんの数週間後にQ信者のツイートをリツイートするまでになったのだ。Qの成長ぶりは、政治的対立が深まる時代にあって本当に凄まじいものがあった。Qはパンデミック以前でさえ、ソーシャルメディア経由で数万人にのぼる新しい信者を獲得していた。二〇一七年一〇月後半から二〇二〇年三月にかけて、Qアノンのハッシュタグやスローガンの利用は、六八〇〇万回を超えていた[†14]。

ツイッター社がQを取り締まるための具体的な行動を起こす数カ月前の時点で、Qは秘匿性の高いメッセージアプリであるテレグラムから動画投稿プラットフォームのTikTokに至るまで、陰謀論を撒き散らすプラットフォームであればどこにでも入り込んでいた。陰謀論に寛容なプラットフォームをつくれば、まるで嵐でも来たかのようなありさまとなった。ジョージ・ソロスに対する人種差別的で反ユダヤ主義的な暴言や陰謀論、煽情的なミームで埋め尽くされてしまったのである。

武器としてのミーム

Q信者たちは、仲間内にはよく伝わり、部外者には理解不能であるような特殊なコミュニケーション方法を開発していった。それは報道メディアからはみえず、ソーシャルメディア企業の監視をすり抜けることができるようなものであった。とりわけQ信者たちが得意としたのがミームである。ミームは、インターネット上に拡散される冗談めかした画像や動画のことで、文化を共有しているか否かを見極める基準としても機能する。ミームは、インターネット通信がミームをダウンロードできるだけの十分な通信容量を備えるようになって以降、ネットの中にずっと存在し続けてきた。一九九〇年代中頃には、不気味で体格のよい赤ちゃんが踊っている姿がネットに出現した。この何とも言えない微妙なダンシングベイビー・ミームは、「フックト・オン・ア・フィーリング（Hooked on a Feeling）」の音楽に合わせて回転するようになり、テレビドラマ「アリー my love」のお約束のギャグとなった。[†15] ミームは4chanのような場所でつくり出される言説において非常に重要な役割を担っている。4chanは、爆笑ネコ（LoLcats）やリックロール〔ネット上で話題と無関係な内容のリンクを貼る行為のこと〕のようなおふざけネタからゲーマーゲートの旗印のもとに女性ジャーナリストにハラスメントを加えるようなひどく破壊的な運動に至るまで、あらゆるものを世に普及させてしまう場所である。そうした場所でミームが果たす役割の大きさは計り知れないものがある。[†16]

Qの中の人物は、匿名掲示板においてどのような話し方をすればよいかを熟知している人間であったため、Q神話を広めていくのにミームがどれほど重要であるかをはっきりと理解していた。思えばQドロップは、読み手たちにミームをつくらせて、ソーシャルメディア大手の検閲とアルゴリズムを回避しながら、それらのミームを拡散させていくよう激励するメッセージで溢れていた。二〇一八年一月の五三二番目のQドロップに遡ってみよう。

ミーム／投稿

組織化され、まとまっているか？
大統領は少なくとも一度はリツイートするかもしれない。
始める準備はできているか？
世界に発信せよ。

事実、Qの狂信者たちはミームを使った戦いを始める用意ができていた。彼らは8chanでミームの力の重要性についてかなり熱心に語っていた。いわく、ミームは人々に物語を共有させる力を持ち、「何も知らない人たち」を覚醒させ、ディープステートの腐敗に気づかせる力を持つ。ツイッターのトレンドに取り上げられるハッシュタグを占拠してしまうほどの力を持ち、Qアノンたちがやっているリサーチをより多くの人に広め、そしてもちろんリベラルたちを泣きっ面《つら》にしてしまう力を持つということだ。Qがミームをつくろうと呼びかけてから数日後、ある一人のアノンが「戦略的に言って、次のような種類のミームはとても重要だ」という発言をした。

やつらが実行するよりも先に、やつらの偽旗作戦のシナリオを世の中に拡散させてしまう必要がある。

1. なぜならば、やつらが偽旗作戦を実行に移したときに、われわれがそれを予知していたのを示すことができるし、Qやトランプ大統領の情報の正しさが証明できるからだ。

2. なぜならば、もし(((やつら)))（アメリカの匿名掲示板でこの三重カッコを用いる場合、それはユダヤ人を意味する記号である）に偽旗作戦をやめさせることができたならば、罪のない人命を守ることができるかもしれないからだ。

3. なぜならば、事前に人々に警告を与えることで（さらに軍隊、諜報機関、警察が任務にあたっていることを知らせて安心させておくことで）、もし仮にディープステートの偽旗作戦の一部が「嵐」のさなかに実施されたとしても、人々を落ち着かせることができるだろうからだ。[†17]

ミームをつくろうというQの呼びかけに反応した別の 8chan 投稿者は、単純明快に「たくさんのミームをつくらなければいけない」と発言した。[†18] Qは自らの呼びかけに応じるフォロワーが現れるたびに、必ずや、メッセージを広め、検閲を打ち負かすミームの力を何度も繰り返し絶賛したのであった。Qのそうした振る舞いにはそれなりの意味があった。権力者たちが構成するディープステートと目覚めた愛国者たちが戦争を繰り広げているというQの神話は、絶望的なまでに偏狭な考え方であり、言葉で説明することは困難であり、どう考えても変人扱いされるのが関の山である。しかし、民主党の著名人が監獄にいる様子を描いた人目を惹くミームをつくり、そこにQドロップの文章や「牢屋に行きな」と叫んでいるオプラ・ウィンフリーの姿をそこに添えるならば、どんな人にも理解してもらえるだろう。[†19] こうしたミームを用いた方法で、Qは自らの存在を人々に発見させていったのである。狂気じみた陰謀の相関図を示すのではなく、「やつら」が恐ろしいことをしていて、「やつら」はその悪事について人々に問い質《ただ》されたくないのだという漠然とした不安を人々に与えたのだ。

画像は普遍的な言語だ。とりわけミームは簡単にシェアされて理解されるので、以前は落ち着いたメッセージを交換していた掲示板であったり、愉快な写真を共有するだけのフェイスブック・グループのような場所が、今やQの画像やアイコンで溢れかえるようになってしまった。その一例がギグル・パルーザだ。一五〇〇万人を超えるメンバーを擁するフェイスブックのミームグループで、パンデミックの間に過激化して右翼の掃き溜めのようになってしまった。もとはコーヒーや孫についての無邪気なミームを共有するような空間であったのに、ヒラリー・クリントンと戒厳令について絶叫しているミームを共有する場所になったのだ。[†20]そこまで変わってしまったのは、牧師でありQアノン信者であると自称するそのページの所有者のせいであった。新たに「覚醒した」この人物の投稿は日常的に数千の「いいね」を獲得し、シェアされた。Qアノン界隈にはダジャレや不平を口にするネコのガーフィールドの画像などが入り込む余地がない。Qアノンたちはずっとデジタル戦争を戦い続けているのだ。

Qとトランプのつながりが一層周知のものとなるにつれ、トランプはQのミームやスローガンを定期的にシェアするようになっていった。もっとも、トランプはQアノンとは何なのかをまるで知らないかのように振る舞うことも多かった。二〇二〇年三月の初旬、新型コロナウイルスのパニックが全米を覆い尽くそうとしていた頃でさえ、トランプは直面する混沌と恐怖に対して、演説をするでもなく、アメリカ国民に対してソーシャルディスタンスを心がけるよう言葉で説得しようともしなかった。彼はこの事態に対してミームを使って対応しようとした。トランプがバイオリンを弾くイラストに「わたしの次の作品は、……迫り来るものを止めるものは何もない」という文章が添えられたミームだ。そこに自ら「これが何を意味しているのかはわからないが、わたしは気に入ったよ」と付け加えた。[†21]

そのミームに添えられた文章が何を意味しているのか、多くの人が知っていた。その時までにミームは単なるコミュニケーションの道具でもなければ、人々を転向させるための方法でもなく、武器になっていたのだ。二一八九番目のドロップにおいて、Qはフォロワーたちに対して、標的に狙いを定めて思いのままにミームを撃てと命じた。デジタル戦争において、ミームは実際の戦争における爆弾や弾丸と同じくらい重要なものだとQは考えていたのである。Qのミームを止めようと形ばかりの努力をしているソーシャルメディア企業もまた、Qアノン神話の中に織り込まれていった。二〇一八年に投稿されたQドロップでは、陰謀論的で煽動的なミームを除去するソフトウェアをフェイスブックが使用し始めたことが指摘されている。これに対抗してQアノンの「自閉症者」(彼らが好んで使う言葉)たちはぼやけたフォントや逆さまにひっくり返った写真を使って対抗しようとした[†22]。ミームは非常に効果的なハラスメントの道具である。ハラスメントを意図したミームは、ボットのネットワークや「捨てアカ」を使っていとも簡単に拡散されてしまう。QやQ信者と衝突する人は誰であっても、ソーシャルメディア上でハラスメントや生々しいミームの嵐に巻き込まれてしまう可能性があるだろう。わたしもそのような経験をしたことがあるし、他の多くの人々も同じような目にあってきた。

カリフォルニア州上院法案第一四五号

数多くのリベラル派著名人や、辛口のトランプ批判者たちが、ソーシャルメディア上に編成されたQアノン旅団とでもいうべき戦闘集団によって襲われてきた。古いジョークや文脈外れのツイート、巧みに処理された画像を使ってQ信者たちは、コメディアンで俳優のパットン・オズワルドを小児性愛者に仕立て上げた。オズワルドは、反発を恐れることなくあけすけに自分が子どもに惹かれていることを公言するような人物として描かれた[†23]。Q信者たちは、モデルでインフルエンサーのクリッシー・テイゲンが秘密結社を動かす上層部の人間であり、小児性愛者であるという汚名を着せた。Q信者たちは、テイゲンは、嵐が来て粛清される前に夫と共に国外に逃亡しようとしているとみなされた。テイゲンが逮捕されて公開処刑の場に送り返されるに違いないと考えていたが、もちろん、そのようなことは実際には起きていない。Q信者たちは、テイゲンが子どもを死産したと発表した後でさえ、情け容赦なく彼女を非難し、ミームで攻撃してきたのである。[24] トム・ハンクスは小児性愛者、人殺しなどと何の根拠もない攻撃をQアノン信者たちから数多く被《こうむ》ってきた。そのせいでグーグルとユーチューブのアルゴリズムは、彼の検索結果を表示する箇所のトップに右翼のリンクを表示するようになったほどである。後でそれが不適切だと気づいて訂正されることになったのだが。[25]

ハンクスやテイゲンのような有名スターとはほど遠い普通の人間であっても、Qアノンが敵とみなせば、大量のハラスメントや荒らし、脅迫の標的とされてしまうのはあり得ることだ。

二〇二〇年八月、「#子どもたちを救え」運動が陰謀論の世界を覆い尽くそうとしていたときに、その攻撃の矛先はケイティ・スチュワートに向けられた。スチュワートへの攻撃は善と悪との戦いにおいて生まれたものではなく、カリフォルニア州議会が制定した州法一四五号をめぐって生まれたものであった。

スチュワートは、カリフォルニア州上院議員スコット・ウィーナーのコミュニケーション・ディレクターであり、通常厳しい詮索を受ける立場にはいなかった。ウィーナーはゲイでありユダヤ人であり、アメリカ社会の中でもっともリベラルな地域のひとつであるサンフランシスコの選挙区から選出された民主党議員であった。彼は好感度が高く、地元コミュニティの中でも目立つ存在で、自身の住む町で周辺に追いやられているマイノリティ集団のために日常的に活動しているような人間だった。

しかし、二〇二〇年の夏、ウィーナーに宛てて脅迫のメッセージが届き始めた。それらは、どぎつい暴力描写や子どもをレイプしたという非難、そして非常に不快なミームで溢れかえったメッセージだった。ケイティ・スチュワートは、自らの業務の一環としてそれらのメッセージに最初に目を通すことになった。その中にはごくわずかだが、「#子どもたちを救え」運動の主張を聞いて不安になった人たちからの純粋な質問も含まれていた。それらの人にはスチュワートが個人的に話をして、時には間違った考えを訂正することもできた。しかし、それらを圧倒的に上回る数のメッセージが中年女性たちから届いた。それらのメッセージには、スチュワートとウィーナーがレイプされて殺されることを嬉々として熱望する言葉が並んでいた。

大量の脅迫メッセージが届くようになった理由は、州議会で審議にかけられた直近の法案にあった。ウィーナーは、上院法案第一四五号（以下、一四五号法案と表記）を推し進めた主要人物のひとりだった。一四五号法案は、カリフォルニア州の刑法二九〇条にある抜け穴を塞ぐことを意図して提起されたものである。刑法二九〇条は、膣外性交をした当事者らの一方が未成年である場合、その相手を州の性犯罪加害者リストに自動的に登録することを定めている。ただし、「伝統的な」男女の性行為の場合は登録を差し控える裁量を判事が持っているのに対して、ＬＧＢＴＱの人間が対象の場合、年少者が一七歳で年長者が一八歳や一九歳のような状況においてさえ、年長者が自動的に加害者リストに登録されてしまうという不均衡が存在した。この法案は標準的な内容で、法案の審議、修正のプロセスもいたって普通に進んだ。しかし、同じ条文の中に「子どもの」という言葉と「性行為」という言葉が出てくることもあって、そのことに気づいた人の中には、何があろうとも阻止しなければならない、それが自分の使命だと考える人たちもいたのである。多数の市民が急遽声高《こわだか》に心からの懸念を訴えるようになった。カリフォルニア州は小児性愛を合法化しようとしているのではないか、そう懸念した人々がソーシャルメディアで自らの怒りを表明していったのである。

一四五号法案では、「一四歳から一七歳までの年齢に該当し、年齢差が一〇歳以内の相手と合意の上で性行為をした場合」、相手の年長者を性犯罪加害者リストに登録するか否かは判事の裁量に委ねられる。スチュワートはそう語った。一四五号法案が可決する以前は、判事は異性愛者の性行為に関する裁量を持つにすぎなかった。年齢の近い相手と合意に基づく性行為をしている数多くのＬＧＢＴＱの若者たちを、危険に晒すものであることが見落とされていたのである。一四五号法案が「小児性愛を合法化」しようとするものでなかったこと、子どもをレイプすることに目を瞑《つぶ》るためのものなどではなかったことは確かである。「法案が新たに認められたとしても、刑罰には何ら変更はありませんでした」とスチュワートは言う。「もし性行為が合意によるものでないとしたならば、それはやはり自動的にレイプと判断されるのです」。

しかし、ケイティ・スチュワートやウィーナー州上院議員にメッセージを送った人たちは、一四五号法案の詳細を理解しておらず、また刑法改正によって何が変わるのかという細かな違いなど気にもしていなかった。メッセージを送った人たちが気にしていたのは、子どもたちを救わなければということだけだった。そして、子どもを危ない目に遭わせるような連中は、殺してしまえと思っていたのだ。スチュワートによると、ソーシャルメディアでのハラスメントは「どこからともなく始まった」という。インスタグラムを利用しているQ信者インフルエンサーが、一四五号法案について取り上げた古い記事を右翼サイトで発見してそれをインスタに投稿し、これは小児性愛を合法化しようとするものだと主張したのだ。最初の投稿には、たちまち五〇〇〇近くのコメントがつき、その直後からメッセージの洪水がスチュワートとウィーナーに押し寄せたのだ。

「こんな最低の法案を通すなんて本気なのか。子どもと性的な関係を持ったとしても、子どもの側に自発的な意思があるなら法的制裁を軽減するだと。子どもが同意するなんてことはあり得ないんだよ」。スチュワートはわたしにこのような絶叫調のメッセージをみせてくれた。州議員のスタッフが、全米規模のニュースにどのように巻き込まれることになったのかをわたしが知りたがったので、メッセージを転送してくれたのである。別のメッセージでは「貴様らは最低最悪だ」と簡潔に書かれていた。他には、ウィーナーを「不気味な小男」と呼び、「ウィーナーの子どもがアナルレイプされることはないだろう。彼が合法化したんだからな」（ウィーナー上院議員に子どもはいない）。スチュワートは、怒り狂って電話をかけてくる人たちや殺害予告などがあまりに大量に押し寄せてきたため、インターンたちに電話受付業務をやめるよう指示しなければいけなかった。その代わりにスチュワートは、怒り狂ったQ信者たちと個人的に議論していた。そして、ウィーナーは狂信的な「#子どもたちを救え」運動の信者によって個人情報やアドレスをネットで晒されてしまい、世界中の人間から個人情報をみられることとなった。[†26]

以上はすべてQアノン信者らが主導したことであり、ほぼすべてがソーシャルメディアを通して広まったものである。ツイッター、インスタグラム、フェイスブックは、法案が法の不備を訂正するためのものではなく、あたかもリベラルな人々が小児性愛を合法化しようとするものであるかのように捻《ね》じ曲げる手助けをした。一四五号法案に反対したカリフォルニア州議会のある保守派上院議員は、「子どもとセックスをした大人に対する刑罰を軽減するものだ」とツイートした。このツイートは何千もの人にシェアされた。[†27]パステルQアノンのママやインフルエンサーたちも、フォロワーに同じような偽情報を拡散した。法案に反対するユーチューブ動画は何十万回も視聴された。「ひとつのアカウントに投稿すると、それがインスタグラムで一気に広まっていく」のだとスチュワートは言う。また、「ハラスメントを誘発するという点ではユーチューブが最悪」であったとのことだ。ウィーナーのオフィスには一〇〇〇件を超える殺害予告が押し寄せ、スチュワートはスタッフの安全を守るために州警察と対処しなければならなかった。スチュワートはこの間、ドナルド・トランプがこの一件をツイートしたらどうなってしまうだろうと強く恐れていた。

トランプがこの件に関するツイートをすることはなかった。彼がこの問題をそれほど重くみてはいなかったからである。しかしトランプをはじめ、ラッシュ・リンボーやテキサス州選出の上院議員テッド・クルーズらは皆、ドン・ジュニア〔トランプの息子〕が六〇〇〇件近くのリツイートを獲得したツイートに反応した。それは「ジョー・バイデン率いる民主党は、カリフォルニアで小児性愛者や子どもをレイプするような連中の願望に迎合するために働いている」という非難のツイートだ。クルーズは、スコット・ウィーナーの写真をリツイートして何の根拠もなく「今のカリフォルニア州の民主党は、大人たちがもっと子どもとセックスする必要があると思っていて、やったときには性犯罪者として登録するべきではないと考えている」と主張した。[†28] こうした非難が延々と続いたのである。

ソーシャルメディア企業はいつも、ハラスメントへの対応があまりにも緩慢であった。脅迫めいた投稿や虚偽の内容を含む投稿が、何年も放置されるようなことがあった。他の保守派の文化戦争でもよく見受けられることであるが、Qアノンらのハラスメントマシーンが新しい標的をみつけたことで、一四五号法案に対する攻撃は活力を失って下火になった。一四五号法案に対する攻撃は残忍で攻撃的であり、フェイクニュースの途方もない洪水が氾濫したが、フェイスブックやツイッターの対応が遅いことは今になって始まったものではなかった。この事例はソーシャルメディア大手が、Qアノンの活動に対してあまりにも緩慢にしか対応してこなかったことの一例にすぎない。議事堂襲撃事件の結果、ソーシャルメディアはQアノン対策を強いられることになるが、それよりもずっと以前から恐るべき帰結がもたらされていたのである。

フェイスブックの不作為

Qアノンが始まったばかりの頃から、ソーシャルメディア大手は、Qアノンが広がっていくのを阻止するために自分たちがどのような役割を果たすべきなのかがわからず途方に暮れていたようにみえる。それらメディア企業は、阻止するどころかQアノンのハッシュタグやスローガンやミームが人々をますます過激化していくのを、ほとんど監督もせずに許していたのである。有力なインフルエンサーたちがQの福音を説き始める以前の二〇一八年一月にまで遡ってみよう。フェイスブックに「アメリカを破壊するための一六年計画」（五七〇番目のQドロップ）というQの考えが投稿された際には、ヒラリー・クリントンやバラク・オバマを銃殺隊に処刑させろと主張するような人たちが、大勢集まってコメントしていたのである。ツイッターも同じ時期に同じ問題を抱えていた。Qが生まれたばかりの頃、数え切れないほどのツイートが民主党員たちを処刑せよと訴えていたし、数多くのハッシュタグが集まって公然と嫌がらせを組織化し、指示していた。[†29] そして、この当時嫌がらせを止めるべき立場の者は、何もしなかったのである。

Qはツイッター上で大いに成長を遂げたが、フェイスブックも引けを取らなかった。というよりフェイスブックの方が一層ひどかったかもしれない。フェイスブックでは二〇二〇年までにQアノンの影響下にあるグループが人気を得て巨大化していった。英紙『ガーディアン』によると、二〇二〇年の一年だけでも、フェイスブックとインスタグラムで一七〇におよぶQ関連のグループ、ページ、アカウントが存在し、これらで総計四五〇万人を超えるフォロワーがいたという。[†30] Qの名のもとに発生した最初の犯罪からずいぶんと時間が経過していたが、Qアノン勢力は増加し続け、コロナ禍では反ワクチンや健康愛好家たちがQ支持者へと変貌を遂げていった。Qアノンらの投稿が削除されることはあったが、それはあくまでもハラスメントのポリシーにあからさまに違反している個別の投稿に限られ、大抵の場合は違反していないものとみなされた。『ワシントンポスト』のインタビューによると、これらソーシャルメディア企業の幹部たちは、かなり早い段階から問題に気づいていた。しかし彼らは、「信念を取り締まること」を恐れた。

あるいは、リベラルな企業が保守主義を検閲しているのだとすでに憤懣やる方なかったトランプ支持者たちと「敵対する立場に立つ」ことを恐れて、なんら行動を起こさなかったのである。フェイスブックがQアノン対策に消極的であったことは、二〇二〇年の大統領選挙に向けて変更されたフェイスブック内部のルールや管理ポリシーを反映するものであったことが、二〇二一年に発覚している。フェイスブックは、大統領選に向けてアレックス・ジョーンズのような陰謀論を拡散する人間を大目にみるような方針へと軌道修正していたのである。[†31]

フェイスブック社と関わりのある外部の人間の中には、かなり早くから問題に気づいていた人がいた。その一人がブルック・ビンコウスキーだ。ビンコウスキーはファクトチェックで大きな役割を果たすオンラインサイトのスノープスで編集責任者を務め、スノープスがフェイスブックと提携することに声高に反対していた人物であった。ビンコウスキーは、フェイスブックがユーザーを過激化させ、陰謀論を成長させる危うさを秘めていることを見抜いていたのである。彼女はフェイスブックがファクトチェックの基準を設けることなど、単なる偽善でしかないと公然と批判していた。というのも、フェイスブックの当のユーザーたちが噂や中傷をばら撒《ま》いていて、彼女はその真偽を検証させられていたからである。[†32]

「本当に悲しかったです。わたしは正しい人間になろうとしたことなどありません。事実わたしは、目立ちたくて噂を流す変わり者、ちょっと人騒がせだと思われることを望むような人間でした」。そう語るビンコウスキーは、ミャンマーでロヒンギャの人々が虐殺された際に、フェイスブックで噂やヘイトスピーチが爆発的に拡散したことに大きな衝撃を受けた。[†33]

「二〇一八年にミャンマーに関する話題でフェイスブックがとんでもない状態になったとき、わたしはそのことを訴え出ることの是非を数カ月間悩みました」。というのも、この件を明るみに出すことで、フェイスブックに対する悪評が広まり、最悪彼女はスノープスを解雇されることにもなりかねなかったからである。だが、彼女は訴え出ることで、彼女に対する多くの圧力や監視を取り除くことが最善の策であると考えたのであった。

最終的には、彼女と他の匿名のファクトチェッカーたちが、『ガーディアン』の記事の中でフェイスブックの怠慢と一貫性のなさを強く批判することになった。ビンコウスキーは「しかし何の効果もなかったのです」と述べた。

案の定、ビンコウスキーは即座にスノープスを追われることになった。しかも、彼女は大きな罪の意識を抱えて苦しんでいた。ソーシャルメディアの最悪の使われ方を目の当たりにして、なんとか食い止めようとしたもののまるで叶《かな》わなかったからだ。彼女はその後、『バズフィード』に論評記事を書いた。絶え間なく変わるルール、ユーザーのエンゲージメントを増やせという終わりのない要求、深刻な事態に対して無関心な幹部たちに取り囲まれた状態で、無限に湧き出てくるフェイスブックの偽情報をファクトチェックし、ユーザーたちのハラスメントに対応するよう彼女は強いられた。その経験はまるで、嵐の中沈みかけたボートを漕ぐようなものであったという[†34]。その一方、フェイクニュースの問題にしても、暴力を誘発する陰謀論にしても、なんら解決策も打ち出されないままだった。その間、コロナ禍で孤立して恐怖に慄く多くの人々がQ信者へと変貌を遂げ、Qの勢力は拡大を続けたのであった。

Qアノンが本格的に活動を始める前に、フェイスブックは一体どのような抑制策を実行したのだろうか。ビンコウスキーに質問したところ、彼女は不満を溜め込んだカサンドラのようにうんざりしながら憤慨した声で答えた。容赦のない回答であった。

「二〇一六年と二〇一七年、彼らはわたしのいうことを聞くことができたはずだったのです」。「しかし、彼らは何もしませんでした。なぜなら、いまや誰もが知っていることですが、それが彼らのビジネス・モデルだからです。彼らは自分たちが何をしているのかを終始よく知っていました。彼らは否定するでしょう。しかし、彼らはわかっていたのです。こうして確信を持って言えるのは、わたしが彼らに向かって問題を伝えていたからです。わたしはフェイスブックと提携してファクトチェック事業を担当していたスノープスの従業員でした。フェイスブックのせいでとんでもないことが起きていました。このことについて、わたしは独自の見識を持っていたのです。だからこそ、フェイスブックの幹部たちに、わたしが言うことを聞き入れてくれるよう懇願していたのです」。

Qの勢力拡張にもっとも早く対応したのがレディットであった。レディットは、Qアノンが新たな段階に突入し、一層危険な存在となりつつあることを認識し、対抗策を取った。二〇一八年の八月後半、レディット掲示板「嵐の前の静けさ」の後継である「大いなる覚醒」では、フロリダのビデオ・ゲーム大会で二人の人間を射殺した銃撃犯としてミネソタ州の住民が間違って特定されてしまい、その人物の個人情報がネット上で公然と晒されることになった。[†35] 間違って「銃撃犯」とされた人は、最終的にその間違いが発覚するまで、右翼メディアに手ひどい中傷を受けるはめになった。レディットが取った措置は、警告でも一時的なサービスの中断でもなかった。Qの標的となった人物に対して個人情報を晒すドキシングが行われたり、暴力的な脅迫や意見が勢いを増していったりしたことをふまえて、掲示板「大いなる覚醒」をはじめとする十数カ所あったQ関連の掲示板がすべて閉鎖された。そして、Qアノンに関するまとまった集団的な議論は、すべて禁止されたのである。[†36] レディットは、Qアノンの運動から素早くプラットフォームを奪い取った。その後、取り締まりを回避して新たなフォーラムを立ち上げようとするQアノンらの試みに対しても、厳しい態度を貫いた。そのおかげで、世界でもっとも大きなソーシャルメディアのひとつであるレディットにおいて、Qは不可視の存在となったのである。レディットはQを望まなかったが、Qの方もレディットを必要としなかった。ソーシャルメディアの中には、まだQを必要とし歓迎してくれる場所があったのだ。

遅すぎたソーシャルメディアの規制

ソーシャルメディア大手のQアノン対策があまりに不十分であったため、問題はそれぞれのプラットフォームを利用するユーザーたちの手に委ねられていた。ツイッターを利用するリベラル派は、日常的にQアノンらが取り締まりを回避している事例を報告していた（ツイッターはサービス悪用事例の通報オプションにおいて、取り締まりを回避しているケースを想定していない）。大抵は同じアカウントが何度も繰り返しサービスを停止されることになるのだが、停止された人間はパーラー（Parler）〔極右に人気のあるアメリカのSNS〕のようなツイッターを追い出された人間が利用するプラットフォームに一時的に移動するだけである。そこでひとしきり利用停止処分を受けたことに対して不平を漏らし、自分の新しいツイッターアカウントを宣伝して、またツイッターに戻って投稿を始めるのである。

もちろん、もう少し組織的な取り組みも実施されていた。例えば、主要なQの伝道者やQドロップのまとめサイトを運営している人間を、炙り出そうとする取り組みが実施されたことがあった。Qmap.pubやQAgg.netのようなサイトは、Q信者がわざわざ8chanに入り込まずに、最新のQドロップについての情報を得ることができる場所だ。Q情報の生態系において、QドロップとQ信者をつなぐ中継点の役割を果たしており、非常に重要な位置を占めているのだ。イギリスのファクトチェックサイトであるロジカリーのような独立系メディアのいくつかが、Qのまとめサイトに狙いを定めた。二〇二〇年の夏、Qマップの管理人や、もっとも人気のあったまとめサイトの管理人についての情報が暴露された。まとめサイトの管理人は、ただひとりQによってその仕事を認められていたほどの人物であった。この人物は、シティバンクでIT部門の幹部ポストにいたが、この暴露によってすぐさま職を失うこととなった。[†37]

ツイッター、フェイスブック、ユーチューブがQとQの伝道者らに対して厳しい対策を取るようになったのも、これとほぼ同じ時期だった。二〇二〇年七月にツイッター社は、およそ一〇万件にのぼるQ関連のアカウントを閉鎖し、Q関連のリンクを使用できないようブロックし、検索結果にQ関連情報がより多く表示されるブーストの機能を解除した。[†38] 一カ月後にフェイスブックも同じような対策を取った。コロナ禍で急激に増加したグループの多くを取り締まったのである。続く数カ月にわたって、TikTokからオンラインマーケットのエッツィに至るまでのあらゆるメディアが、様々なプラットフォーム上でのQの成長を厳しく抑えるための措置を取った。[†39] しかし、主だったアカウントや動画チャンネル、Q関連商品を扱う小売業者やインフルエンサーたちはそのままだった。何より最大の影響力を持つ人物、ドナルド・トランプのアカウントは放置されたままであった。トランプはさしたる規制の圧力を受けることもなく、陰謀論やQのミームをツイートし続けていた。

ソーシャルメディア企業によるアカウント停止措置を逃れることは、Qアノンらにとって極めてありふれた行動となった。Qは四七三四番目のドロップで、この点について言及しており、Q支持者たちに「カムフラージュせよ。アカウントの停止を避けるために、QやQアノンなどの言葉を使わないようにするのだ」と訴えていた。[†40] 結局Qという言葉を使わない方針は定着しなかったのだが、それでもQ関連アカウントのほとんどすべてが閉鎖されてしまったわけでもなかった。ジョー・Mなどの主要なインフルエンサーたちを含む大半のQ信者たちが、この夏ツイッターからアカウント停止措置を受けたが、そのたびに何度も繰り返し復活したのである。フェイスブックも偽情報問題に苦慮していた。偽情報や小児性愛者たちの人身売買に対するヒステリー、太平洋岸北西部の森林でアンティファたちが森を燃やし始めたなどというQが仕込んだネタが拡散するのを何とか防ごうとした。そうしたネタは、ソーシャルメディアから右翼の有力な評論家に容易に飛び火してしまうのである。

そして、とうとう二〇二一年の一月六日がやってきた。偽情報や過激派の研究をしている専門家や研究者たちが恐れていた悪夢が現実のものとなった。議事堂襲撃にあたって暴徒らの足並みが見事に揃ったのは、ソーシャルメディアのおかげであった。加えて、ソーシャルメディアを介して人々は怒りを掻き立てられ、陰謀論が過熱し、襲撃が引き起こされたのだ。[†41] バイデンが選挙を盗み、大統領選挙の結果が覆されたのだという陰謀論が選挙から一月六日にかけての二カ月ほどの間に爆発的に拡散した。トランプ界隈の人物の中には、メディアの寵児になった者もいた。というよりも、トランプ自身がツイッターで不正選挙陰謀論を大いに増幅させた中心的人物であった。議会を襲撃した暴徒たちは、襲撃のさなかの様子をソーシャルメディア上に大量に投稿していった。それは暴徒たちを有罪にする証拠となるものであったため、ヴァージニア州選出の上院議員マーク・ウォーナーは、それら犯行現場を記録したデジタル情報を保存しておくよう通信会社やハイテク企業に公式に依頼したのであった。[†42]

襲撃事件を受けて、フェイスブックとツイッターはQアノンを厳重に取り締まった。フェイスブックは、数十万もの関連グループやページを閉鎖した。[†43] またツイッターも、主要なインフルエンサーを含む七万人を超えるユーザーに対して、利用を禁止した。[†43] その中にはドナルド・トランプも含まれていた。トランプは、十数カ所のプラットフォームからサービスの利用を停止させられたが、彼が愛してやまなかったツイッターもその例外ではなかったのだ。[†44] ソーシャルメディア大手は、三年以上の間Qアノンらに悩まされ続けた。数多くの犯罪にも直面してきたが、ここにきてとうとうQとの関係を断つことにしたのである。Q信者たちは、ギャブやパーラーのような保守派のエコーチェンバーや、テレグラムのような安全なメッセージング・アプリの間を動き回り、規制が緩むのを待つ以外にないだろう。Q信者にとって主要なソーシャルメディアは、デジタル戦争の戦場である。そのため、Q信者がツイッターやフェイスブックを放棄することは、絶対にあり得ないのである。

しかし、陰謀論者にプラットフォームを与えないよう真摯に心がけ、警戒すべき兆候に目を光らせていれば、次のQを防ぐことができるのだろうか。フェイスブックはいざというとき、何ができるのだろうか。ビンコウスキーは、ソーシャルメディアの大手企業を相手取り、陰謀論集団の取り締まりの問題に何度も巻き込まれてきた人物だ。彼女は、次のQを防ぐためにソーシャルメディア大手が必要な措置を取ることは可能であっても、実際にそうはしないと考えている。

フェイスブックに何ができるかというわたしの質問に対して、彼女は次のように回答した。「フェイスブックは、自分たちの技術とインフラを世界中の人々に明け渡して、オープンソース化してしまえばいい」。さらに、フェイスブックの歪んだ評価基準（Facebook Metrics）を真に受けて、デジタルメディアが「動画に傾注」するあまり、ジャーナリストたちが解雇される状況が生まれている。そうしたジャーナリストたちを雇うための基礎を築くことも有益だと彼女は付け加えた。「お金が儲からないので、彼らは実際にはやらないと思いますが、それが唯一なすべき正しいことだと思います」と彼女は述べた。「フェイスブックがQアノン関連のグループを閉鎖したことは、あたかも凶暴な牛が逃げ出して、人々に大損害を与えた後になって、牛がいた納屋の扉を閉め切ってしまうのと同じようなこと」であると彼女は述べた。そして次のように締めくくったのである。

「フェイスブックの連中は、本当にどうしようもないのよ」。

第10章　打者交代か?

——Qアノンと二〇二〇年アメリカ大統領選挙

アシュリー・バビットはバラク・オバマに投票し、ドナルド・トランプのために死んだ。二〇二一年の一月五日、三五歳の元空軍退役軍人であり、Qアノン信者でもあったバビットはツイッターで次のように訴えた。「何度でも挑戦することはできる。でも、もう嵐はここまできているのよ。嵐が二四時間以内にワシントンDCを襲うことになるわ。……暗闇から光へ！」[†1]これが彼女の最後のツイートとなった。翌日彼女は死んでしまったのだ。人生の最後の瞬間、彼女は自らの祖国に対して武器を持って対峙していた。

彼女の死は、ひとつの旅の終わりを記すものであった。彼女の旅を導いたのは、合衆国憲法ではなくQアノンであった。[†2] Qアノンを心から支持し、過激化していった果てに彼女は死んだのだ。ソーシャルメディアに投稿された内容や遺族のインタビューを読むと、バビットは、かつてはリベラルな人間であり、オバマに投票したこともあった。だが他の多くの人間と同じように、二〇一六年の大統領選で嫌われ者のヒラリー・クリントンが勝利を収めそうだという見通しに触れて過激な考え方に染まり始め、やがてドナルド・トランプの熱狂的な支持者になっていった。二〇一九年の一一月までにはピザゲートに関するツイートを投稿し、その後数カ月のうちに、Qアノンのハッシュタグを掲げるアカウントをフォローするようになっていた。それから彼女が亡くなるまでの間、彼女のツイッターは不正選挙陰謀論や「不正選挙を阻止せよ（*stop the steal*）」のミームで溢れかえっていた。その中にはQ推進者やトランプの取り巻き、トランプ自身が拡散したミームも大量に含まれていた。

憲法の自由を守るためにバビットが選んだ手段は、憲法の自由を破壊するものだった。その見当違いの熱意に導かれて、彼女は連邦議会議事堂の二階に駆け上がったのだ。二階ではちょうど、スピーカーズ・ロビーから下院本会議場に通じる扉の窓が割られているところだった。バビットら暴徒の目的は、マイク・ペンスを見つけ出し、トランプを裏切った報いを受けさせることだった。そのペンスには、選挙人団から正式な投票結果を受理するという憲法で定められた職務があったのだが、彼はその職務を中断して下院本会議場から脱出したばかりだった。しかし、議場にはまだ下院議員が残っていた。彼らを守るために急ごしらえのバリケードがつくられ、数人の武装した警官が今まさに暴徒を制しているところだった。駆けつけたバビットが、ペンスや他の下院議員を視界に捉えることはなかった。彼女が遭遇したのは議会警察の警官だけだった。警察官たちは、襲いかかってくる大量の暴徒から自分の命を守らなければならない状況にいた。警察官がバビットを銃殺したとき、扉のガラスは暴徒らに破壊されて粉々に砕け散っていた。

アシュリー・バビットが暴徒に加わったのは、ディープステートが二〇二〇年の大統領選挙を盗んだと信じたからである。選挙の不正を正すための他のあらゆる法的措置は残されておらず、唯一の手段は、デジタル兵士Qアノンをはじめとする勇気ある愛国者たちが武器を取って立ち上がり、力ずくで正義を取り戻すことだけであると考えられたのだ。トランプが老いぼれのジョー・バイデンに圧勝するというQの予言は実現しなかった。しかし、その予言を信じた人たちは、一九五〇年代のUFOカルト集団シーカーズのように予言への信仰をすぐにはやめなかったのである。

血を流すべき時がきたのだ。行動を起こすべき時がきたのだ。議事堂襲撃事件は、正統派の保守主義者たちがQアノンの運動に完全に巻き込まれてしまうことになる総仕上げといってよかった。まともな保守主義が、急進的なニヒリスト、影響力を得ようとするペテン師、陰謀論を信じて爆弾を投げるような連中に乗っ取られてしまったのだ。共和党主流派のエスタブリッシュメントたちがそうした連中を非難し始めた頃には、彼らはすっかりQアノンの運動に深く絡め取られてしまった後だった。

バイデンが大統領に就任する頃までには、リビアの在ベンガジ米領事館襲撃事件〔ヒラリーが国務長官時代に起きた事件。ヒラリーは事件の責任を問われた〕やヒラリーのメール問題[1]、クリントン夫妻の「ボディー・カウント・リスト」〔クリントン夫妻が50人以上の政敵を葬ってきたと主張する陰謀論〕、バラク・オバマの出生に関する陰謀論[2]などと引けを取らないほどに、Qアノンは共和党正統派の多くの人の心を捉えていた。共和党はQの政党になっていたのだ。

二〇一八年中間選挙とQアノン

4chanの文化は、「荒らし」の手法で政治をするトランプの虚無的なやり方を早くから賞賛してきた。だが、他の共和党の人間がこのトランプ的手法に賛同するようになるのには、長い時間がかかった。二〇一八年八月のタンパ集会の後、Qがメディアに大いに注目されるようになった後でさえ、共和党はQアノンの運動をよそよそしく敬遠していた。共和党にとってQアノン信者たちは貴重な票田であったため、無碍に拒絶することがないよう慎重に配慮されてはいたが、その一方でQアノンの教義を党が是認するようなことにならないよう配慮されてもいた。共和党にとってQアノンとの関係は、二〇二〇年の大統領選をうまく乗り切るためのダンスを踊るようなものだった。もっとも、結局それが大きな災厄をもたらしたのだが。

二〇一八年の中間選挙でQアノン支持を打ち出した候補は、ネヴァダ州の共和党員ジョイス・ベントレーだけだった。ベントレーが出馬したのは、ネヴァダ州の中でも民主党支持者たちが数多くいる選挙区であった。選挙の数週間前になってベントレーは、ジョー・Mの動画「世界を救う計画」を支持すると述べた。その動画は次のような主張をするものだった。「わたしたちの世界は、幾世代にもわたって巨大な犯罪マフィア勢力の支配下に置かれ続けてきた。その犯罪勢力は拡大を続けていて、わが国の権力のもっとも上層部にまで及んでいる」[†3]。

ベントレーがQアノン支持に回ったことは、彼女の選挙戦の力にはならなかった。彼女は一一月に落選した[†4]。二〇一八年の選挙では、Qアノンは総じて共和党に良い影響を及ぼさなかった。Qはこの中間選挙で「赤い波」が襲うだろうと主張したが、共和党は議会で四〇議席を失う結果となった。選挙の後、Q信者たちは8chan、ツイッター、Ｖｏａｔ(3)や他のソーシャルメディアにまで這い出してきて、自分たちの不満をぶちまけた。なかには選挙を乗っ取るために、軍隊を出動させろと要求する者もいた。他にも、次に

(1)（訳註）ヒラリーのメール問題とは、ヒラリーが国務長官時代に個人メールアドレスを使って公務をこなしていた問題のこと。国家安全保障を揺るがす重大な過失であるとして厳しく批判された。

(2)（訳註）オバマの出生に関わる陰謀論とは、バラク・オバマが出生時においてアメリカ国籍を有しておらず、そのため大統領となる資格がないことを主張する陰謀論のこと。

(3)（訳註）アメリカのＳＮＳ。レディットを追い出されたユーザーが数多く集まる場所として知られていた。二〇一四年にサービスを開始し、二〇二〇年に閉鎖された。

何が起きるかを議論する者、自分たちは騙されていたのだと訴える者、自分たちの中にサクラがいるはずだと探し回る者、「民兵」が街頭に打って出ることを妄想する者などがいた。メディアは、登場したばかりのQアノンのムーブメントが早々に崩壊したことを宣言した。[†5]

しかし、Qアノンのムーブメントは崩壊したわけではなかった。Q信者たちは新たなミームをつくることに専念し、デジタル戦争のための弾薬庫を充実させていった。選挙の敗北を受けて「大いなる覚醒」を実現するための任務に再び戻っていったのである。Qはすぐさま、「今回の中間選挙では上院が標的にされていたのだ」と主張し始めた。予言が外れた際に、前言を翻《ひるがえ》して態度を変えるというのはQのいつものやり方だった。Qによれば、上院をしっかり掌握できれば、民主党が仕掛けてくるインチキな弾劾訴追によってトランプが解任されることを防ぐことができるということだった。さらにQが言うには、多くの民主党候補者が下院の選挙で勝利をおさめたものの、彼らはすべて逮捕されることになる。その後実施される選挙で共和党が議席を奪還するというのであった。そしてQは、信者たちに「計画を信じよ」と要請したのである。

中間選挙で共和党が完敗した直後に投稿されたQドロップは、その数年後、二つの恐るべき予想外の流れを生み出していくことになった。

ひとつは、アンティファのメンバーについてのQの主張に関わるものだ。Qは、バスで運ばれてきたアンティファメンバーが組織的に動員されたと主張した。保守派の有権者たちを怖がらせ、投票機を不正操作したり、破壊したりするなどして選挙を盗もうとしたと言うのだ。[†6] このQの主張について、報道メディアやソーシャルメディアのご意見番たちは、トランプ支持者たちを笑いものにしたジョークに違いないと考え、Q信者を哀れな連中であると言って嘲笑した。そして、保守派の人間が「アンティファの屈強な戦士」の存在を愚かにも信じていることを、冗談話として取り上げてツイートした。[†7] それから二年後、議事堂を襲撃した人間は、存在しないアンティファやブラック・ライブズ・マターの活動家たちが「偽旗攻撃」を実行したのだと非難した。これは、冗談話として片付けられるものではない。

もうひとつは、中間選挙の数日後に、Qがトランプ界隈のお約束の話題である不正選挙について非難し始めたことに関わるものだ。不正選挙に関する主張は、自分が好成績を収めなかった選挙でいつも不正が行われたと訴えがちなトランプの言動を、Qが大きく取り上げたものだ。二四七九番目のドロップでは、「白紙投票」の場合、それが「厳重に管理された」状況下で投票されたものであっても、後で不正に民主党の票にカウントすることが可能だと主張された。この間Qは、信者たちを「共に勝利を摑む」ために頑張ろうと言って鼓舞し続けた。

Q信者たちは、確かに頑張った。強い気持ちを持って、計画を信じ続けた。その頑張りがQの計画を途中で立ち消えにさせることなく、数年後に大きな成功をもたらすことへとつながったのである。中間選挙の後、共和党の政治に奇妙なことが起き始めた。Q信者の中にはトランプを支持する候補者たちに投票することをやめて、むしろ自分が候補者になって選挙に出るという者が現れ始めたのである。

選挙に出馬するQアノン系候補者たち

二〇二〇年の連邦議会選挙に向けて最初に登場したQ候補者は、印象に残るほどの成果を上げられなかった。全国的な注目を最初に浴びたのは、ダニエル・ステラだった。ミネソタ州の共和党員であるステラは、二〇一九年夏、下院で民主党議員のイルハン・オマールの議席を奪い取ると名乗りを上げた。[†8] その際誇らしげに「一〇〇％Qアノンを支持している」と宣言したのである。ステラは、オマール議員が「イランに機密情報を横流しした」などと主張し、オマール議員は「国家反逆の罪で絞首刑になるべきだ」とツイートして後日ツイッター社から利用停止処分を受けた。[†9] 彼女は一年の間ニュース報道で注目されてはいたものの、共和党の予備選挙でほんの二二〇〇票しか得られなかった。だが、Qアノン支持を打ち出す候補者が続々と彼女の後に続き、中には相当程度成功をおさめる者も現れた。[†10]

ステラの選挙運動はお粗末なものであったが、その後下院だけでおよそ九〇人ものQ信者たちが選挙運動を開始した。他にも、上院議員の選挙や知事選に出馬した者たちがいた。それら候補者の中には、単にQ関連の動画を共有したり、Qのキャッチフレーズを使うだけの者たちもいた。大抵は「Qが何なのか知らなかった」という言い回しがよく使われた。そうかと思えば、大声で「嵐」の考え方を伝道しようと訴えかけ、誇らしげに「デジタル兵士の誓い」を宣誓し、Qアノンの関連コンテンツを延々と紹介しようとする者もいた。例えば、ジョージア州から下院選挙に打って出たジョシー・クルーズは、Qアノンを持ち出しながらツイッターでジェブ・ブッシュに意味不明瞭な脅迫をし、Qを「新しいタイプの戦争」と呼んだ。デラウェア州から下院選に出馬した独立系の候補者キャサリン・パーセルは、「民主党の議員は、アドレノクロムほしさにあなたを食べてしまう」と主張するかなり恐ろしげな動画を作成した。ニュージャージー州の共和党員ビリー・プレンペーはQの集会に参加している自分の写真を投稿し、大いなる覚醒が「今まさに起きようとしている」と訴えた。[†11]

Qとつながりのある下院議員立候補者、インディアナ州のディオン・ベルジロンとカリフォルニア州のレバ・シェリルは、8kun のオーナーであるジム・ワトキンスが設立した特別政治行動委員会（スーパーPAC）「ディープステートを武装解除せよ」から資金援助を受けていた。ワトキンスのこのファンドレイジングの試みは、大失敗に終わった。「ディープステートを武装解除せよ」は五四〇〇ドルを集めただけであり、ベルジロンとシェリルにはそこから六〇〇〇ドル配分したにすぎなかった。その資金は予備選のための動画作成に使われたが、これら候補者は落選して終わった。[†12]クルーズとパーセルにしても似たようなものだった。プレンペーは本選に出ることはできたが、三四ポイントの差をつけられて敗れた。Q支持を名乗る候補者の大半は、活動拠点をつくる段階で苦戦し、予備選挙を前にして脱落していった者たちもいる。フロリダ州から下院選に出馬した独立系の候補者K・W・ミラーの場合は、明らかに宣伝目的だった。ミラーは、ビヨンセ・ノウルズがブラック・アメリカンではなく、本当は日焼けしたイタリア人女性だとツイートするなど暴走気味の主張で注目を集めた。[†13]Qを支持した候補者たちは、ローカルのレベルでほとんど成果を残せなかったのである。

しかし、全員が落選したわけではない。

予備選挙で十分な支持を得て、勝利が見込める選挙区で本選に進んだQアノン系候補者が二人いた。ひとりは、ジョージア州のクロスフィット〔アメリカで設立されたフィットネス団体〕愛好家であり、会社経営者でもあるマージョリー・テーラー・グリーンだ。彼女はソーシャルメディアに大量の陰謀論を投稿しており、その中でQを「耳を傾けるに値する愛国者」と呼んでいる。[†14]もうひとりは、拳銃を持ち歩くコロラド州のレストランオーナー、ローレン・ボーバートである。ボーバートは、コロナ禍の規制や銃をめぐる公の場での対立に関与したことで、陰謀論メディアを賑わせた。Qに関する彼女の見解は、その後すぐに明らかになった。。彼女は、熱烈なQ信者であるアン・ヴァンダースティールのユーチューブ番組「スティールの真実」に関して次のように語っている。「Qについてわたしが聞いてきたことすべては、本当のことだと思う。だって、それは結局アメリカがどんどん強くなって、良くなっているということだし、人々が保守的な価値に回帰していることの証拠だから[†15]」。

ボーバートとグリーンは、政治の経験がないニューカマーであった。彼女たちは、ドナルド・トランプ的な政治のアウトサイダーによるポピュリズムをよりローカルな現場で実現しようとしたのである。二人は、陰謀論をベースにした選挙運動を展開し、社会主義者たちが激しい攻撃を仕掛けてくるという恐怖心を煽《あお》ることで、予備選挙を少ない得票数で勝ち抜いた。彼女らは共に自分たちがQ信者ではないという言い方もしている。しかし、Qをよく見せようとする陰謀論をいくつか支持し続けていることを考えると、説得力はない。彼女らの選挙区は非常に保守的であり、グリーンの選挙区などはあまりにも共和党寄りであるため、共和党プリン（Republican pudding）のカップ容器が出馬しても、選挙に勝ってしまうのではないかと思えるほどだ。事態を見つめる観客がいれば、クレイジーな陰謀論カルトにどっぷりと浸かった二人の人間が、議会に参加することに衝撃を受けたかもしれない。だが、この時点で誰もショックを受けることはなかったはずだ。

操り人形としてのジョー・バイデン

軍部諜報機関の最高レベルに入り込んでいるということになっているQは、ジョー・バイデンが選挙で勝利を収める日がくるなどと考えもしなかった。そんなことはあり得ないことだった。

世論調査でバイデンがトランプに優っていたにもかかわらず、トランプは十分に勝利できると考えられていた。Qがバイデンを本気で攻撃し始めたのは、二〇一九年の七月になってからのことだ。それも大抵は、バイデンの息子のハンターに関する限られたネタとのつながりで取り上げる程度であった。そのネタにしても、リベラルと保守のメディアの双方が数カ月にわたって取り上げていたものだった。[†16]二〇二〇年四月、コロナ禍で従来の選挙キャンペーンの日程が破綻した後、Qはとうとうバイデンに攻撃の照準を合わせた。七七歳の大統領候補は精神的に消耗しており、肉体的にもくたくたに疲れ果て、骨の髄まで弱っている。そのため、バイデンは公の場に出ることができず、身を隠しているのだとQは繰り返し言い続けた。

Qはバイデンを標的にして、何百ものドロップを投稿した。時には一日に数十件もの投稿をした。Qはバイデンの年齢、精神状態、金融取引に関する問題、また、ウクライナの検察官に告発された息子の汚職を手助けしていたこと（同じ主張をトランプもしていた。二〇一九年の末にトランプが弾劾された際にはこの訴えが大きな役割を果たした）などを追及した。Qによれば、民主党と主流メディアに登場するその手先たちは、バイデンのためにあらゆる策を講じて彼を守るか、さもなくば矛盾するようではあるが、数週間以内にバイデンを大統領候補の指名から外そうとしていた。四〇一四番目のドロップは次のように問いかけた。

なぜ民主党は党大会を延期するのだろうか。
新型コロナウイルスへの不安からか、それとも戦略的な土壇場での交代劇のためか。
バッター交代が迫っているのだろうか。
なぜ彼女は公式の宣告を「免れている」のだろうか。
なぜ彼女は土壇場での交代のために「温存されている」のだろうか。

ここでいう「彼女」は、おそらくヒラリー・クリントンかミシェル・オバマのいずれかを指している。Q信者たちは、これら二人の女性が最終的な「本物の候補者」と考えていたのである。民主党は、予備選に参加した有権者とトランプの両方を騙す計画を立てており、「バッター交代（change of batter）」（野球で実際にchange of batterという表現が使われるわけではない）によって「本物の候補者」が登場すると考えられたのである。[†17]

「どのように（バイデンを）ディベートから守るだろうか」。「どのようにバイデンを匿《かくま》い、保護するだろうか」。五月に投稿された四二四五番目のドロップは、選挙本番ぎりぎりまで迫った段階で、党大会において候補者を「交代」させるだろうというQの主張を補強する内容だった。六月に投稿された四五四五番目のQドロップは、長々と書かれており、一層煽動的な調子であった。そのドロップでは、ロックダウンが意図的にトランプ支持者の希望とエネルギーを弱体化させるためのものだと非難された。Qは、選挙で不正が行われているというトランプの持論に調子を合わせながら、パンデミックの影響で郵便投票が増えたこと自体が、不正選挙の大計画の一部をなすものであると訴えた。また、世論調査もバイデン支持が伸びているようにみせるために不正が行われているのだとか、中国も不正選挙に関わっており、激戦州の投票用紙を「コピーする」という方法で不正の手助けをしているなどと訴えた。

バイデン自身は廃人同然であり、「自ら恥をかく」ことを避けるために表舞台から身を隠しているのだとQは考えていた。また「自分の家族が賄賂や汚職に関わっていた」というニュースを忘れさせるために身を潜めているのだとも考えていた。Qは四六五七番目のドロップで、バイデンに「明らかな認知力の低下」がみられると主張した。また、バイデンのチームは大統領選の候補者討論会で討論を「打ち切るための口実や理由を考えている」であろうと指摘した。加えてバイデンは、事前に質問を教えてもらっており、特別なコミュニケーション装置を使用したアシストも受けているとQは主張した。だが、バイデンは候補者討論会を打ち切ったことはないし、実際にはドナルド・トランプへの支離滅裂な叫び声が渦巻く中でよく自制していたといえる。[†18] 皮肉にも、三回予定されていた大統領選討論会のうち、唯一「打ち切られて」

終わったのは、トランプが新型コロナウイルスに感染したことが原因だった。

選挙の日程が近づいてきても、バイデンの「明確な認知力の低下」が判明することはなかった。Qは標的を変更して、バイデンの息子のハンターを容赦なく攻撃していた極右勢力に便乗することにした。Qは、この間一貫して同じメッセージを発信し続けた。バイデンは、なんの価値もない存在で、最後の瞬間には用済みになって捨てられる操り人形の候補者にすぎない。そして、中国人の仲間が不正選挙を実行し、誰であろうがバイデンの地位は悪の組織の人間がすげ替えるだけである。Qはこうしたメッセージを発信し続けたのだ。Qアノンにとって、トランプに対する期待はこれ以上ないほど高まり、バイデンに対する期待はこれ以上ないほど低いものであった。

一体化するトランプとQアノン

Qがバイデンを見限ったように、Qアノン信者や推進者たちもバイデンを取るに足らない存在であるとみなした。もっともバイデンを見下し、衰弱した人間の抜け殻のように扱ったのが、他ならぬトランプ自身だった。Qドロップの言葉と足並みを揃えるようにしてトランプは、一年半もの間バイデンを攻撃し続けた。「眠そうだ」「キモい」「キモ眠そう」「緩慢だ」「腐ってる」「中国と仲良しのジョー」「逃げ隠れしているバイデン」などと言い募り、「ジョーはどこに隠れている」「ハンターはどこに隠れている」と問いかけたのであった。[†19] Qと同じくトランプは郵便投票の問題を選び出し、「これまでみたこともないような不正」であると攻撃し、世論調査の調査員たちが「投票用紙を売っている」という奇怪な主張をした。[†20] トランプは、自分が人々と会うために集会に出かけているのに対して（集会に参加した人たちの中にコロナ陽性者を大量に発生させる結果をもたらしたのだが）、バイデンは「地下に」隠れていると訴えた。そして、ハンター・バイデンのビジネス取引や有名なドラッグの問題などを取り上げて攻撃した。[†21] トランプはさらに、バイデンの脳が「フリーズしている」というQが拡散させた陰謀論を嬉しそうにリツイートし、バイデンが小児性愛者であるというQの主張を繰り返し、投票者の不正や投票集計機の不正などについて数え切れない非難を取り上げた。[†22]

トランプ周辺の人間や熱心なQ信者たちは、軒並み同じような内容の陰謀論を大量に拡散した。新型コロナウイルスの感染対策のために実施されたロックダウンが、本当はトランプにダメージを与えるためのものであったとか、トランプとの討論会の最中、バイデンの耳にはイヤホンが隠されていて、答えが伝えられていたという陰謀論だ（バイデンが「特殊なコミュニケーション装置によるアシスト」を受けていたというQドロップの内容を思い出してほしい）。また、ハンター・バイデンがドラッグをやっていたことや児童虐待で起訴されたこと（実際は誰も起訴されてなどいないのだが）についての中傷が繰り返された。[†23]

しばらくの間、バイデンに対するQの攻撃とトランプの攻撃は、まるで並走しているかのようにぴったりと息が合っていた。これは、トランプが急遽効果的な攻撃の文句を思いついて、熱狂的な集会の群衆に伝えたためにそうなったというものではない。誰のどの陰謀論が、他のどの陰謀論を触発したのかを正確に言うことは難しい。なにせトランプは、自ら勝利した二〇一六年の大統領選についてでさえ、勝利をおさめた後に選挙に不正があったと訴えた人間である。Qとトランプの足並みが揃っていたという事実は、多方面から集まってきた考え方が最終的にこれら界隈で勢いのある首尾一貫したメッセージとして共有されていたことを物語っている。すなわち、ディープステートでは汚職や詐欺が横行し、腐敗も進んでいるということ、そして、土壇場にきてディープステートがあらゆる策を講じてトランプを止めようとしているという考えが共有されていたのである。

二〇二〇年の夏、Qとトランプの歩む道がついに直接交わる瞬間がやってきた。何年もの間Q信者たちは、メディアがQアノンについての質問を直接大統領にするよう望んできた。大統領が、Qアノンの存在を明確に認めざるを得ないような状況をつくってほしいと思っていたのである。Qアノンについて質問されたトランプは、秘匿されてきたQチームの存在を認めざるを得なくなるし、そうなればディープステートの陰謀に「終止符を打ち」、悪の一味が好きなようにはできなくなると、彼らなりに考えていたのである。Q信者たちは、ディープステートと結びついて腐敗しているメディアは、「嵐」において処刑されると考えていた。しかし、なぜメディアの人間は処刑される前に、Qの運動を終わらせようとしなかったのかという素朴な疑問を誰も思いつくことがなかった。同様に、なぜトランプはQについて自分から話すことがないのかという単純な疑問がある。普段は多彩な表現を織り交ぜて話すトランプが、なぜQについては気の利いたことを言わないのか。Q関係者の誰もこうしたことを疑問視してこなかった。しかし、この夏Qアノンの話題がメディアで次々に取り上げられたため、とうとう「質問する」人間が現れた。トランプがマージョリー・テーラー・グリーンを支持していることについて、そしてグリーンがQを信仰していることについて、八月の記者会見で質問が出たのである。トランプはほぼ三年にわたって自身のことを神と崇めてきた人たちのことについて次のように答えた。「その運動についてはあまりよく知らない。彼らがわたしのことを非常に好きだということは理解しているし、それについては感謝しているのだけど、それ以上のことはよく知らない」[†24]。

ある記者が、次のように補足して質問した。「Qアノンの人たちは、あなたが小児性愛者と人肉食者たちのカルトから世界を救うために密かに戦っていると信じているのです」[†25]「あなたはQアノンの後ろ盾となっているのですか?」

「小児性愛者や人肉食者」と戦う集団を支持しない、などと進んで言う人間はほぼいないであろう。そう考えれば、Q信者たちがディープステートの陰謀に「終止符を打つ」ための質問、つまり真実の瞬間を引き出すための質問は、誰にでも回答できる簡単なものだったと言ってよい。「そんなことは聞いたことがない。それは良いことなのか、悪いことなのか」。トランプは質問に上手く切り返して、次のように述べたのである。「もしわたしがそうした問題から世界を救うことができるというのであれば、わたしは進んでそうしたいし、そうすることを厭わないよ。実際に、わたしたちは世界を救っているのだから」。

Qアノンの推進者たちが、ソーシャルメディア上で喜びをあらわにしたのは無理もないことだった。[†26] イン・ザ・マトリックスは「ありがとう大統領!」と叫び、メジャー・パトリオット(Major Patriot)は、トランプがQアノンを「悪くない」と言ったと指摘した。他にも、トランプが暗号化された方法で、こっそりとQについて叫んでいたのだと信じる人たちがいた。

トランプはその年の一〇月にも再度Qアノンを賞賛したのだが、NBCの番組ホストであるサバンナ・ガスリーに対して、Qについては何も知らないとしながらも次のように述べた。「それについて聞いているのは、彼らが小児性愛に非常に強く反対しているということだ。わたしはその点について賛成するよ」。[†27]

トランプの陰謀論は、いまやQアノンの陰謀論と識別不能になった。トランプは不正選挙についてツイートし続け、Q支持者たちが拡散させた完全に錯乱したとしか思えない陰謀論も共有していったのである。それによると、バイデンは副大統領として、ウサマ・ビンラディンの殺害を実行した海軍特殊部隊の人間を大量虐殺する計画を手助けしていたというのである。トランプは最終的にツイッター社にアカウントを閉鎖されるまでの間、Q信者から発信された情報をリツイートし、拡散の手助けをした。その数は三一五回に及んだが、この陰謀論もそのうちのひとつであった。[28]

大統領選がいよいよ迫ってきた頃、Qとトランプは数百万ものトランプ支持者たちに向けて次のような物語を語り始めた。それはパンデミックに疲れ果て、陰謀論を信じやすく、バイデンが大嫌いなトランプ支持者たちの心を摑むものであった。いわく、トランプは、Qアノンという彼を応援する兵士たちの力を借りて、小児性愛者から世界を救う英雄である。バイデンは、背後にいるディープステートとチャイナ・マネーに操られているだけのガラクタ同然の存在にすぎない。新型コロナウイルスは、トランプを傷つけるために悪用されている（もしくはそのためにつくられた）。「中国好きのジョー」が大統領になることは決してない。バイデンは、大統領になど絶対になれない。

こうして、選挙が公正かつ合法的に実施されさえすれば、トランプは負けるはずがないと思われるようになったことが何より問題であった。もしバイデンが勝つようなことがあれば、それは選挙が盗まれたのであり、非合法的な選挙だったことを意味すると思われるようになってしまったのである。数百万ものトランプを支持する有権者たちが、はっきりとこうしたメッセージを受け取っていたのだ。

不正選挙を阻止せよ

二〇二〇年の大統領選挙の際、トランプとその仲間たちはバイデン陣営に向けて限りない侮辱の言葉を投げかけ、選挙に不正があると断定し、陰謀論を主張し、中傷の限りを尽くし、大言壮語や乱暴な主張を散々並べ立てた。しかし投票日の夜が深まるにつれ、避け難いひとつの事実が突きつけられることとなった。ドナルド・トランプの敗北である。

開票プロセスの終盤、共和党と民主党が接戦を繰り広げるスウィング・ステート（激戦州）のいくつかで、バイデン勝利の結果が明らかになった時点で決着はついた。その週の土曜日、ジョー・バイデンとカマラ・ハリスは、フィラデルフィアの集会に参加していた。会場を埋め尽くしていたのは、コロナ禍の制限を素直に受け入れて各々自動車に乗ったまま集会に参加していた民主党員たちであった。バイデンとカマラは、その場で勝利宣言をした。数百万ものトランプ支持者にとって、勝利宣言は無意味なものであった。バイデンとカマラは勝者ではない。トランプ支持者にとってこのような結果は、フェイクでしかなかった。でっち上げられた選挙結果であり、不正が行われたと解釈された。アメリカ中が眠っている夜中のうちに、大量に投函された偽の郵便投票が、激戦州の結果を共和党勝利から民主党勝利に変えてしまったのだ。それによってトランプは勝利を奪われた。共和党支持者たちの票は、書き換えられ、投げ捨てられた。それは外国人による陰謀、ＣＩＡの複雑な投票回収計画、投票集計機の製造企業ドミニオン社のような邪悪な選挙の管理者らの仕業だったのだ。

大統領選の勝利は、神皇帝（トランプ）の手から盗み取られ、老いぼれて地下室に隠れたミイラのようなジョー・バイデンの手に、世界中の人々がみつめるなか手渡されたのである。Qとトランプが言ってきたようなことが、まさに起きてしまったのだ。

大統領選後、不正選挙陰謀論が爆発的に拡散していった事態にQアノンは密接に関わっていた。不正選挙陰謀論の爆発的拡散は、ディープステートの屈服を目指すQアノンのムーブメントにとって、最大の成功と言ってよかった。4chan とツイッターは瞬く間に不正投票や票の不正操作に関する偽情報の巣窟と化した。これらのネタは、右翼の「偽情報」ピラミッドの中でも最高の地位を獲得したと言ってよい。[†29] Q推進者たちは、ツイッター上で（七月にいくつかのサイトが閉鎖されたにもかかわらず、依然として何百ものアカウントが存在していた）新たな希望を語った。トランプは、単に勝利したというだけではない。四〇〇を超える選挙人票を獲得したほどの地滑り的な大勝利であったのだ。ただし、ディープステートの不正をみつけ出して粉砕するためには、負けたフリをする必要があったというのである。選挙の不正が一度明らかにされた以上は、万事がうまくいくはずだとQインフルエンサーたちは語ったのだ。

Qはこの間出番がなかった。選挙の数日後に無意味な投稿をいくつかした程度であった。万事なんの問題もない、安心して大丈夫だという言葉を待っていた数え切れないQ信者たちにとって、それは冷たい無慈悲な沈黙であり、絶望的な状態で放置されているに等しかった。Qが沈黙する間、Qアノンの主要な推進者たちが叫び声をあげた。Qアノンのムーブメントの手綱を永遠に握りしめ、二度と離すまいとするかのような叫びであった。

「ジョー・バイデンが自分を大統領だと思い込んでから今日で二日目だ」とQ推進者のCJ・トゥルース（CJ Truth）はその週の木曜日に数十万ものフォロワーに向けて言った。「ファイヤーファイター・プロフェット」（firefighter prophet）とトランプ支持者マーク・テイラーは、自信満々にトランプが「次の大統領」（トランプはもう大統領を経験してはいるが）であろうと主張した。[†30] ジョー・Mは、バイデンが「敵対する外国勢力」のために働いているファシストであると一層踏み込んだ発言をした。トランプこそが大勝利をおさめたのであり、彼はホワイトハウスにとどまるだろうと語った。そして「あなた方が知っていると思っているあらゆることが、嘘なのだ」と述べた。[†31]

同じような抗議と決意のメッセージが数え切れないほど溢れかえり、それらのメッセージは数日のうちに何十万もの「いいね」を獲得し、シェアされた。バイデンの勝利後、Qアノンの推進者たちは毎日執拗に主張し続けた。トランプは大勝した、バイデンが政権の座に着くことなどあり得ない、不正はあまりにも明白であり、バイデンは罪を認めて刑に服することになるだろうと訴え続けたのである。

「本当はトランプが勝った」という陰謀論のうねりは意図的な偽情報の嵐をもたらし、ある時点においては、大統領選挙についての全ツイートのうち五％がQ関連のツイッターアカウントから発せられたものであったほどだ。[†32] そして、それらのツイートはジョー・バイデンの健闘を讃えた祝福のツイートではなかったのである。

この陰謀論の熱狂の真っ只中にいたのが、ロン・ワトキンスであった。彼は大統領選挙投票日に、木工細工を極めるために8kunの経営からは手を引いたと発言していた。[†33] だが、木工細工をするために旋盤やのこぎりを手に取ろうとしていたわけではなかった。彼が手に入れようとしていたのは、ドミニオン社の投票集計機のマニュアルであった。ワトキンスは、選挙後に票を書き換えるために、どのようにして投票集計機の配線を操作すればよいかがわかったとツイートしていた。もっとも、投票集計機の不正操作の方法をマニュアルに印刷するような会社があるとは到底思えないのだが。当時日本に住んでいたワトキンスは、自分を「大規模システム技術アナリスト」であるとかアメリカの選挙法の専門家などと呼んで宣伝し始めた。そして、バイデンに勝利をもたらすために、ドミニオン社が大きな役割を果たしたことを「証明する」ためのツイートを、執拗に続けたのである。そのワトキンスのツイートが、トランプの僕《しもべ》であるワン・アメリカ・ニュース・ネットワークの記者シャネル・リオンの目にとまった。リオンは、テレビ番組でワトキンスのありもしない専門知識を大きく取り上げ、数百万ものトランプの票がドミニオン社によって「削除された」と訴えた。ジョー・バイデンが勝利した理由を説明する方法は、他には考えられないと主張したのである。

黒いカウボーイハットを被《かぶ》り、赤いフランネルのシャツを着てカメラ目線でとりとめもなく話すワトキンスの姿がこの番組で大きく取り上げられ、アメリカ合衆国大統領の目にとまることとなった。トランプは、番組のタイトル「有権者の票をドミニオンする（Dominion-izing the Vote）」をリツイートした。[34] もちろん、全くもって意味不明な内容でしかない。ドミニオンは、投票集計機を管理する数多くの会社のひとつにすぎず、ドミニオンが管理していたジョージア州の郡ではトランプ票が勢いを盛り返していく現象もみられたのである。[35] だが、その時までに論理的な思考というものがすっかり消え失せてしまっていた。アメリカはQの王国となり、そこから無事に抜け出すことはできなかったのである。

ロン・ワトキンスは、Qドロップを投稿している張本人であるか、もしくはその投稿をしている人間とつながっていると考えられている人物だ。そのワトキンスが、ドミニオン社の不正操作ネタをツイートすることによって大変な有名人になったのだ。彼に続いて他のトランプ支持者も加わり、不正選挙陰謀論を執拗に拡散させるようになった。二〇一三年に死去したベネズエラの元大統領ウゴ・チャベスによって開発されたソフトウェアを使って、票の書き換えが行われたと主張された。[36] ワトキンスは、五〇万ものツイッターフォロワーを獲得し、トランプ界隈の実力者たちとも友人になった。その中にはトランプの顧問弁護士であり恥知らずのルディー・ジュリアーニもいた。ワトキンスと他のトランプ主義者たちは、ドミニオン社に罵詈雑言を浴びせ（そのすべては嘘と陰謀論に基づくものであった）、ワトキンスのフォロワーたちは、二〇歳のドミニオン社の社員を絞首刑にすると脅迫した。ワトキンスがツイートした短めの「爆弾」動画の中で、その従業員がコンピュータにフラッシュ・ドライブを挿入しているところが記録されており、それがトランプ票を「削除」していることを「証明」しているというのである。[37]

大統領選挙が終わり、新しい大統領の就任式までの間、偽情報が爆発的に拡散した。この期間に生まれた英雄は、ロン・ワトキンスただひとりというわけではなかった。

ロン・ワトキンスが自らを選挙不正問題の専門家に仕立て上げ、自身の陰謀論をトランプに売り込んだように、トランプ界隈の弁護士であるL・リン・ウッドとシドニー・パウエルも同じことをやった。二人はすでに右翼世界の住人であった。パウエルはQアノンの英雄であるマイケル・フリンの顧問弁護士であり、ウッドはトランプを支持して選挙の不正を訴えた弁護士であったのだ。[†38] 二人はその後、トランプの弁護士を務める同僚のジェナ・エリスが「エリート攻撃部隊」と名づけたチームに加わった。そのチームは、大統領選挙の結果を覆すための訴訟を行ったが、スペルの間違いがあるなどとかく杜撰《ずさん》な訴訟内容で数十回の敗訴を経験した。[†39] 二人はまた、Q信者たちと足並みを揃えてきた。ウッドは、ツイッターでQの情報を共有し、Qに友好的なライブ動画配信に出演していた。パウエルは、ツイッターのプロフィール欄に#WWG1WGA（われら団結して共に進まん）と書いているのをはじめ、ソーシャルメディアで恥ずかしげもなくQ信者たちに迎合してきた人物である。[†40]

ウッド、パウエル、ワトキンスはいずれも、トランプが大統領の座に居続けるための戦いを指揮する元帥のような立場となった。これら三人は、トランプに対して執拗に強硬策を取るよう促し続けた。投票集計機を差し押さえて、選挙結果を覆すために反乱法や戒厳令の発動を訴えた。三人は、トランプが勝利してバイデンが敗北したと何度も繰り返し主張した。選挙で不正が行われた、今すぐに何らかの強硬策をとらなければ、国家が危機に瀕してしまうと訴えたのであった。数多くの新しいオーディエンスも生まれた。ウッドは、パーラーだけで瞬く間に五〇万ものフォロワーを獲得し、ワトキンスは、ツイッター社から最終的に利用禁止処分を受けるようになる直前の段階で五八万ものフォロワーを獲得していた。[†41]

まるでガソリンの中に火のついたマッチを投げ込むかのように、最後にQが再び登場した。一二月八日、トランプ政権時代の最後となるQドロップを投稿したのである。その投稿は、その少し前からのQドロップが総じてそうであったように、不可解なほどに気の抜けたものであった。しかし、これから起きることを考えるならば、もっとも先見の明があったともいえる内容であった。それはユーチューブ動画へのリンクであった。リンクの先には、ツイステッド・シスターズの一九八四年のヒット曲 We're Not Gonna Take it〔「オレたちはそんなものを受け入れない」と権威への反抗を訴える曲〕にのせて編集された、トランプの集会の動画が置かれていた。ドロップが投下されてから数日のうちに、一万回程度だった再生回数が一五〇万回にまで急増した。

#ルビコン川を渡れ

トランプが奇跡的に勝利するという、すでに限りなく小さなものでしかなかった希望も、やがて消えていくこととなった。そのとき、「エリート攻撃部隊」やそのフォロワーのQ信者たちのツイートは、まるでQドロップのように、謎めいた終末論的輝きを帯び始めた。例えばロン・ワトキンスの一二月一八日のツイートは、次のような調子であった。

手続きが不正に操作され、腐敗しているとき
最高裁判所が対応しないとき
アメリカ合衆国大統領ドナルド・トランプは
共和国を守るために立ち上がらなければならない
彼は内外の敵からわれわれを守ると誓っているのだから

Qの書き方とあまりに似ているため、わたしは大変驚き、ロン・ワトキンスに実際に会って彼にそのこ

とを尋ねてみた。彼は、「Qの書き方についてはあまりよく知らないから、コメントはできない」と回答した。[42]

ワトキンスは、ネットで注目を集める方法についてはよく知っていた。彼は広く拡散したツイート（ワトキンスのすべてのツイートがそうであるように、大統領選挙後に彼がツイートした内容すべては、彼がツイッター社から利用禁止の処分を受けたときに消去されてしまっている）において、ユリウス・カエサルがローマを侵攻し、「ルビコン川を渡った」のと同じことをトランプがしなければならないと発言した。大統領行政命令を発動して選挙結果を無効にし、彼の統治を脅かす国内の敵に向けて、血を流す覚悟で戦争を仕掛けるべきだと訴えたのである。[43]「#ルビコン川を渡れ」は、たちまちソーシャルメディア上のQ信者の間で急増した。このハッシュタグをつけた数万のツイートが溢れかえった。[44] ワトキンスは、彼のファンたちが「限定的な戒厳令」に賛同してくれるかどうかを確かめるためのアンケート調査を行った。九万以上の「イエス」の投票が集まった。フェイクニュースのサイトやQアノンの推進者たちは、様々な噂を流した。大規模な中国軍の兵士たちがメイン州とカナダの国境に集結している、地震兵器が配備されている、トランプが再び政権を取り戻すことに対して最高裁の首席判事ジョン・ロバーツが怒りながら拒絶したことがテープに記録されている、アメリカの各都市の街頭に投入される部隊の準備が進められている、などの噂が流された。これら噂のすべてが、デジタル空間にいる何百万人ものアメリカ人に熱狂をもたらした。その熱狂の中で人々は、自分たちの愛すべき大統領に独裁政権を樹立し、敵を粉砕するよう要求したのである。

選挙の敗者が軍隊を出動させ、強制的に権力を掌握しようという考え方と、権力の平和的移行という考え方は、当然ながら両立しない。そして、市民的あるいは法的な手段によって奇跡が起こるという希望が薄れていくにつれて、暴力は一層避け難いものとなっていった。事実、暴力沙汰はすでに始まっていた。二人の男が、フィラデルフィアのコンベンションセンターの外で逮捕された。男らは銃とQアノングッズを所持していた。大統領選から数日後のことで、二人は票の集計を阻止しようと企んでいたのである。[†45]もちろんそれは、これから起こることを予感させるものであった（皮肉なことにこの二人のうちのひとりは、議会襲撃事件で逮捕された後、さらに保釈条件違反で再び逮捕された）。[†46]

大統領選が終了し、バイデンが政権の座に就くまでの数週間、トランプの攻勢はことごとく阻止された。エリート攻撃部隊は、最高裁が自分たちの不正選挙の訴えを取り上げてくれるという大きな希望を失った。それぞれの郡が投票数を認定し、それを受けて各州は市民が合法的に選んだ選挙人団の名簿を認定した。監査が実施され、再集計も行われたが、選挙不正という点では何の問題もなかった。一七九六年に実施された最初の競争的な大統領選挙以来、四年ごとに行われてきたそれぞれの大統領選挙と変わることなく、この手続きは進んでいった。バイデンは、次期大統領として自らの仕事をこなしていった。

そのため、Q信者たちは最後にほとんど破れかぶれのギャンブルに打って出ようとした。「ペンス・カード」である。[†47]ペンスは、トランプの大統領の座を守るための戦いにほとんど関与せず、数少ないスピーチをこなしただけで、身をひそめていた。しかし「#ルビコン川を渡れ」というファンタジーの世界に没入している人にとって、ペンスはトランプに逆転勝利をもたらす可能性を秘めた存在であった。それは一見して誰も気づいていないような、選挙のマジックによってもたらされる逆転勝利であった。副大統領の手に選挙人票がもたらされる一月六日の上下両院合同会議では、上院と下院の議員たちが合法的にチームを結成し、州の確定した票数に対して異議を申し立てることができる。「不正選挙を阻止せよ」と訴えている人たちの多くは、ペンスがこれをきっかけに、異議申し立てに成功した州の投票結果を破棄することができると信じたのである。これによって、バイデンの勝利を無効化できるか、あるいは選挙の行方を下院に委ねることができるようになると考えられた。そして、下院の過半数は、トランプを選ぶであろうとQ信者たちは期待したのである。

しかし、このようなことは到底起こりそうもなかった。選挙人の投票結果を認定する副大統領の役割というものは、完全に儀式的なものにすぎなかった。州の選挙結果に異議申し立てをするという行為は憲法上の慣行だが、ペンスは歴代の副大統領と同様に、容易くトランプを再選させる力など持ち合わせていなかった。もし副大統領がそれほどの権限を持っているというのであれば、二〇〇〇年に論争になったフロリダ州の選挙結果をアル・ゴアが覆し、彼自らが大統領になっていたのではないだろうか。

「ペンス・カード」が使われる可能性などなかったにもかかわらず、一月六日が最後の抵抗の正念場となった。議会議事堂の外で集会や抗議行動が繰り広げられ、何千人ものMAGAの熱狂的信奉者たちが、大統領選の結果を無効にするようペンスに懇願していた。あらゆる種類の過激派たちが、もしペンスが自分たちの要求に応えなかった場合にどうしてくれようかと公然と画策していた。その結果、Qアノン信者だけでも一五〇〇もの投稿が、暴力的で不適切であるとの警告フラグを立てられた。[†48] 彼らは銃や拘束手錠、絞首台用のロープを持参した。数日前に下院議員としての就任式で宣誓したばかりのマージョリー・テーラー・グリーンは、「勝ったのはトランプだ」と書かれた黒いフェイスマスクをして、選挙人票を認定することに異議を唱えた。

「必ず来てくれ。面白いことになるぞ！」上下両院合同会議の数日前に、トランプはこうツイートしたのだ。[†49] そして、その通りになった。

その後に起きたことは、完全に予想できたことであった。Qアノンは一年をかけて、もしバイデンが勝利するようなことがあれば、それは選挙の不正によるものだと主張し続けてきたのである。一月六日の議事堂襲撃事件は、不正選挙陰謀論をトランプが増幅し、Qを支持する右翼の著名人たちが、大規模な数のフォロワーへと拡散したことによって引き起こされた。不正選挙陰謀論が拡散していくのをほとんど何もせずに放置していたソーシャルメディア主要各社にも、原因があった。何年にもわたってQが「大いなる覚醒」のレトリックを紡ぎ続け、Qアノンの推進者たちがトランプの敵を粉砕することを約束し続けたせいでもある。選挙が始まる前にトランプを「アメリカ合衆国の神皇帝」と呼んで理想化するような考え方が、4chanや極右のソーシャルメディアを席巻したことも原因であろう。[†50]そして世の人々が、Qアノンをベビーブーマー世代の頭のイカれたカルト集団と嘲笑し、見下していたことも問題であった。

襲撃のあった一月六日、四人の暴徒が死んだ。四人の中には、Q信者のアシュリー・バビットやジョージア州の三四歳女性ロザンヌ・ボイランドがいた。ボイランドは、ソーシャルメディアを通してQアノンに相当入れ込んでいたようである。[†51]議事堂を守る警察官が一人殺され、その後数人の人間が自殺した。一月六日の襲撃は、アメリカ独立戦争のさなか一八一四年にイギリスがホワイトハウスを焼き討ちして以来、アメリカの権力の中枢に対する最悪の攻撃であった。一歩間違えれば、マイク・ペンスとナンシー・ペロシという大統領継承権第一位、第二位の人物が命を落とすか、あるいは誘拐されかねない事態であった。

そのような深刻な事態ではあったものの、デモクラシーは一月六日を生き延びた。選挙人の投票結果は、警察と州兵が議事堂を再び掌握した後に数え上げられた。マイク・ペンスが、その手続きを阻止するための行動を起こすことはなかった。上半身裸のQシャーマンや、彼のQ仲間たちを含む数百人の暴徒たちは、ソーシャルメディア上のオープンソースの情報を調査することで容易に身元が特定され、起訴されることとなった。ツイッターとフェイスブックは最後にようやく正しい行動を取るようになり、Qアノンとトランプ支持者たちを厳重に取り締まった。ツイッターもフェイスブックも、トランプのアカウントを利用禁止にしたのである。

一・六の襲撃事件は、こうして幕を引いた。二週間後、Q信者たちはジョー・バイデンの大統領就任の宣誓を阻止するような出来事が起きないか、なおも絶望的な望みをどこかに、あるいはどんなものにでも見出そうとしていた。しかし、嵐が来ることはなかった。大いなる覚醒が起きることもなかった。大量の一斉検挙も起きなかった。Qが約束したブームが来ることもなかった。Qの運動は、「世界を救う」ためにできる限りのことをやった。しかし、それは失敗に終わったのである。

第Ⅲ部

後遺症

「彼らの倒錯した考え方を学ぶのに時間を使っているうちに、何度も自分の魂を吸い取られそうになりました。Qアノンの嘘や人々の心を捉えようとする暗い方法は、Qアノン信者だけではなく、彼らの家族や友人、さらにその他大勢の人にも影響を及ぼすのです。」

——ツイッターのダイレクトメッセージ経由。匿名。

第11章　あなた自身を見つめさせる唯一のカルト
——専門家たちが語るQアノン

Qアノンについて語ろうとして、非常にもどかしい思いをすることがある。それは、Qアノンをあるひとつの面からのみでは捉えることができないということだ。文化や政治の領域、社会学、技術の領域など多くの多様な領域とQアノンは関わっている。Qの起源がアメリカの商業主義や宗教的な福音主義にあることは間違いないが、同時にイギリスとロシアの反ユダヤ主義にもその源流を見出すことができる。Qアノンをカルトと呼ぶ人も多いが、本物の指導者がいるわけではない。Qアノンを新たな予言的宗教と考える人もいるが、聖職者がいるわけではなく、Qアノンの人々は機密情報を信じるように新約聖書の聖句を信じている。解かれるべき謎はあるが、ヒントもなければ最終的に謎の答えが明らかにされるものでもない。Qは自分たちのことを軍事諜報に関わる人間であり、「世界を救おうとしている」と主張するが、何カ月も消息不明になってしまうこともある。Qアノンは、マーケティングや信用詐欺の事例にも思えるが、マーケティングというにしても信用詐欺というにしても十分な要素を備えているわけではない。Qアノンは非常に捉えどころがないようにも思う反面、極めてわかりやすい面もある。

Qを本当の意味において理解するということは、これらの多様な側面を同時に把握するということだ。何より大事なのは、これらのうちひとつの側面だけを取り出して理解した気にならないことだ。とはいえ、なぜひとつの側面だけでは十分ではないのだろうか。仮にそうだとすれば、Qアノンを本当に理解することなど期待できるのだろうか。Qアノンを理解するために有効なそれぞれの専門領域の「中に」いる専門家たちは、Qアノンのことをどのように考えているのだろうか。

Qアノンはカルトなのか

「カルト」という言葉でQアノンを安易に説明しようとする傾向は、最初からあった。メディアは「Qアノンのカルト」という書き方をしたし、破壊的なマインド・コントロールの技術について詳しく書き立てた。また、Q信者たちをベージュ色の服を着て涎《よだれ》を垂れ流すゾンビがデジタル空間を徘徊しているかのように描き、Qという神の如き人物から与えられる愛情の欠片《かけら》を奪い合ううちに主体性を失ってしまった人々であるとみなした。[†1] だが、Q信者たちは、こうした粗雑な表現で理解されるものよりはるかに複雑で人間的である。Qもまた、あまりに多面的な存在である。単純にQアノンをカルト呼ばわりして、自分がその陰謀論に引っかかる人たちよりも賢明だなどと考えるべきではない。

カルトやカルトもどきの運動を研究する専門家たちの間でも、意見が分かれている。Qをカルトと定義してよいと考える人もいれば、単にカルトと同じような欠点をもつだけの運動であるという意見もある。多くの専門家がこの問題に対して率直な姿勢で取り組んでいるが、今のところ誰も明快な答えを打ち出せてはいない。

リック・アラン・ロスは、カルト教育研究所の設立者でありディレクターでもある。Qがカルトであるか否かについて、もっとも確かな判断を下すことのできる人物のひとりと言ってよい。彼は何十年もの間、カルトについての調査を行ってきた人物である。脱退の自由が認められない強制的な集団から人間を救出するために、数え切れないほどの介入を行ってきた経験を持っている。それらの経験を通して培われた確かな判断基準があるのだ。ロスによれば、ある運動がカルトかどうかを判断するためには、三つの基本的な側面に注目する必要がある。Qアノンもこの三つに当てはまるかどうかを考えればよい。

「第一に、崇拝の対象となるようなカリスマ的指導者の存在」がある。こうした指導者は、典型的には全体主義的な性質を持ち、信者のすべてを掌握しようとする。熱心な信奉者に対しては賞賛を与え、信仰に欠ける者には賞賛を差し控えるという罰で臨もうとする。「第二に、思想改造や強制的な説得を積極的に行う」ことだ。ロスは、Qがどのようにしてもうひとつの現実世界をオンライン上につくり出したのかについて説明した。ネットの中では似た者同士で仲間内の世界をつくり出すことができる。Q信者の仲間内の世界に集まったのは、勢いよく敵を攻撃する人々や、不確実なことを嫌い、計画を信じて疑うことのないよう求める人々であった。「第三に、破壊的な集団であるかどうか。カルト集団が破壊的であるということは議論の余地がない」。

しかし、Qアノンはこれら三つのいずれにも完全には当てはまらない。そのためQアノンは本当にカルトなのかと尋ねても、ロスでさえ「イエスであり、ノーだ」としか言うことができなかった。「カルトでないと言うためには、その集団が指導者のいない集団であることを証明しなければいけない。Qアノンはそうは言えない」とロスは指摘した。確かにQアノンにはQがいるし、トランプもいる。ロスは続けて「だが、Qについては、誰に責任があるのかを確定することが問題になる」と指摘する。彼が言う通り、カルトには通常崇拝の対象となるカリスマ的指導者がいる。「(しかし)Qは沈黙することがある。そのせいで、Qアノンはトップにいる人間からの指示を欠いたまま、運動体そのものの意思で動き始めることになる」。本書においてもこれまで、パンデミックの期間中やジョー・バイデンが勝利をおさめた大統領選の後にQが沈黙し、Q信者たちが指導者不在のままディープステートと嬉々として戦い続けたことを確認してきた。Qが沈黙することで、Qアノンのインフルエンサーたちがその空隙を埋めることになるわけだが、カリスマ的な人物が指導的地位にいるカルト集団でこのようなことは普通許されるものではない。

したがって、カリスマ的指導者ではありながら長らく姿を消してしまう（今は完全に消えてしまったようだ）Qのような存在をもって、Qアノンに指導者がいるとみなしてもよいのだろうか。また、Qアノンが指導者不在の運動であるとするならば、それをカルトと呼んでよいものだろうか。このように、Qにラベルを貼り付けようとすると混乱せずにはいられないのだ。Qアノンはカルトなのか、それとも単に奇妙なことを考える人間の集まりにすぎないのだろうか。この悩ましい問題について、脱退が困難な強制的集団について研究する他の専門家にも問いかけてみることにした。

宗教学者であるマーク・ユルゲンスマイヤーは、収監中のアル・カイーダのメンバーが語った「善と悪との戦い」というレトリックとQアノンのそれとをわたしが関連づけて考えようとした際に、助言をくれた人物だ。そのユルゲンスマイヤーは、Qアノンをカルトと呼ぶことがどれほど適切であるかという問題について、ロスと同じようにアンビバレントな態度を示した。Qアノンと関連づけられる「カルト」という言葉は、あまりに不正確で単純化された含意を持つがゆえに有益なものにはなり得ない。

「一般的に、社会学者や宗教を研究する人間は、『カルト』という言葉を避けてきました。というのも、有力メディアが気に入らない宗教団体や運動体に対して、軽蔑的意味合いを込めてこの言葉を使ってきたからです」。そのようなカルト集団のメンバーは、反射的に冷笑や嘲《あざけ》りを受けることになるのだという。

「だからこそ、カルトという言葉を使うのであれば、この言葉を定義しなければなりません。もしカルトという言葉を、秘密主義的で権威主義的な運動のことを指し、誰が運動のメンバーで誰がそうでないかの境界線を強固に維持している点に特徴がみられるという意味で用いるのであれば、わたしの理解では、QアノンをカルトΔ呼んでも差し支えないでしょう」。だが、もちろん話はそれほど単純でもない。

ユルゲンスマイヤーは、「運動のルールや信念に従うよう報酬を与えたり、強制するメカニズム」もカルトの特徴だとみている。そのため、ステレオタイプ的なカルトの定義に当てはめて考えるよりも、Qを純粋にひとつの世界観として理解する方がよいと思っている。彼は、Qがトランプをカリスマ的指導者として信奉するのは、人々の思考や行動を制御するためというよりも、伝統的な政治的規範や権威を拒絶するためであると考えている。Q信者たちは、新しいナショナリストの表現を心底大切にしている。その言葉は、秘密めいており、あらゆる場所に潜む敵についての妄想で満たされている。外部の人間に対する恐怖心にはカルト的な要素がみられるが、しかしそれは伝統的なカルト運動よりはるかに愛国的なものであり、好戦的愛国主義（jingoistic）と呼ぶべきものだ。Qではなく、トランプがまさにそうだ。トランプの「アメリカ・ファースト」のイデオロギーは、外国人を国境に向かってゆっくりと忍び寄るトレーラーハウスの群とみなし、リベラルメディアの中の「国民の敵」が外国人の代弁者として行動していると考えるのだ。Qがこのイデオロギーを発明したわけではない。トランプが発明したというわけでもない。アメリカ・ファーストのイデオロギーは、何世代にもわたる大衆運動の特徴である。

アレクサンドラ・スタイン博士は、イギリスにおける社会心理学と全体主義の研究分野における第一人者である。わたしは、Qアノンがカルトであるのかという厄介な疑問について、明快な答えを知りたくてスタイン博士のところにも訪ねていった。だが、ロスやユルゲンスマイヤーと全く同じように、彼女もまた明快な答えを持ち合わせてはいなかった。

「わかりません」。Qアノンはカルトなのかという質問に対して、彼女は笑顔でそう答えた。彼女自身Qの運動についてどう考えればよいか、どう書けばよいか悩みながら取り組んできたことを打ち明けてくれた。スタインも他の人たちと同様、Qの運動にカリスマ的で権威主義的な指導者がいるのかどうかという問題に言及した。スタインによれば、Qの指導体制を評価することはできない。そもそも本当に指導体制があるのかどうかも明らかではない。もしQがカルトであるとしても、われわれはそれを外側からみることしかできないというのが彼女の考えだ。このため、Qアノンのメンバーたちの心の中で何が起きているのかを認識することは非常に難しい。少なくとも表面をみるだけでは取り繕《つくろ》ったものしかみえない。
「Qの言説とイデオロギーは、極めてカルト的です」とスタインは言う。「全体主義的で、友敵関係で物事を考える傾向があります。Qのイデオロギーは、フィクションであり、分裂気味です」とも指摘した。さらに、Q信者がQへの信仰によって現実逃避しようとしていることにも触れた。スタインは、ユルゲンスマイヤーが、アル・カイーダのメンバーの動機を理解しようとしているのと同じような骨の折れる努力を通じて、何とかQアノンを理解しようとした。彼女は、QとQ信者たちが共有する生々しい暴力の幻想を、ISISのメンバー同士がソーシャルメディアで洗脳し合う試みと同種のものとみなしたのである。そこからみえたものを、彼女は「恐怖と愛」と定義した。

その死のカルト集団〔ISISを指す〕は、改宗したばかりの新しい信者に対して、スタインの表現によれば「残虐性と北朝鮮風のユートピア的要素が入り混じった画像」を見せたり、彼らがつくるのを助けている美しい土地について宣伝することで知られている。この暴力的ユートピア主義と同じ雰囲気が、Qアノン全体を覆い尽くしているとスタインは考えている。大量の人間が逮捕され、公開処刑が実施されることで平和と自由の新時代がもたらされるというのがQアノンの中核的信念である。とりわけ、子どもを虐待する人間たち、いわば誰もが罰に値すると認めている連中を厳しく罰することの重要性が強調される。総じてQアノンは、一度ハマった人間が、抜け出せないような状況に陥ってしまう。スタインはそれを「マインドファック（mindfuck）」と呼んでいる。すなわち、Qアノンから立ち去ることは可能ではあるが、簡単なことではない。その選択を望むこと自体が難しい。なぜならQアノンは、計画を信じよと迫られ、信じていれば、留まるはずだと諭されるからだ。

Qアノンと同じように、大抵のカルトは脱退することが容易ではない。カルトは、外の世界が邪悪で危険な場所であると決めつけ、メンバーに再度戻りたいと思わせないようにするのだ。「カルトを動かす力は、恐怖です。そしてQの世界は恐怖に満ち溢れている。カルトは、慢性的な不安に人を陥れて孤立させるので、カルトの外側にいる理性的な人間に相談することもできなくなるのです」。閉ざされたQアノンの世界の外側には、名づけようのない恐ろしい世界が広がっているのだ。「その恐怖を名づけることができなくても、感じることはできるのです。外側の世界は安全な場所ではなく、この場所だけが安全な場所だと感じるのです」。

カルトの中に閉じ込められた人間の恐怖心が和らぐことは、決してない。あるいは、恐怖心を健康的な方法で克服することが許されない。ただひたすら、より多くのミーム、より多くの陰謀論、より多くの敵を与えられて恐怖心が増幅するばかりである。そしてQ信者たちは、自身の恐怖心を和らげてくれるはずの愛する人たちや友人を自ら拒絶してきた。本来理性あるはずの人たちが、自らの手でわが身を案じることができないようにしてきたのである。

スタインは、続けて他の専門家も言及したカルトの今ひとつの特徴、秘密主義について説明した。Qアノンの世界の核心部分には、匿名の人間が謎めいた暗号の形で明かす機密情報が存在する。それらは、部外者の人間にとっては全く意味不明のものだ。明かされる機密情報のすべては、嵐という偉大なイベントにつながる内容である。Qだけが嵐の到来する日を知っているのだ。これほど魅力的で秘密めいた話があるだろうか。

「Qアノンの陰謀論には、玉ねぎのような構造があるのです。一番外側の部分は狂気の程度がもっとも小さい層ですが、内側に行くほどに現実からどんどん乖離していくことになるのです」。これは、主流から外れた過激な運動にみられる特徴である。神のような人物から提供される秘密の言葉とお告げの言葉が、大きな影響力を持つのだという。「(ソーシャルメディアで投稿される)外側の層は受け入れやすいけれど、内側に入り込んでいくと、超秘密主義的で極めてカルト的な現象がみられるのです」。

スタインがふと動きを止めた。わたしとの会話が始まってから自問自答し続けてきた問いの答えが、とうとう見つかったかのようであった。

「Qアノンは、カルトのようだと思いませんか?」

Qアノンは宗教なのか

Qアノンをカルトであると決めつけるのは安易なことだ。それと同じように、Qアノンをニューエイジ的な宗教とみなすことも安易だ。つまり、ダイアネティックス(1)の自己治癒力に代えて、Qが引き出してくれる爽快な気分を拠《よ》り所にする新種のサイエントロジーのように考えることは不適切である。

(1)(訳註)ダイアネティックスは、サイエントロジー創設者のロン・ハバードが考案した概念。不安、動揺、不合理な恐怖、悪夢などを克服して「クリアー」と呼ばれる状態に至るための技術のことを指す。

Qアノンはいまや、クリスチャン・アイデンティティ運動[2]（Christian Identity movement）を深く想起させる運動となった。すなわち白人至上主義者、市民主権運動、民兵のメンバーらの寄せ集めのようになり、暴力と脱法行為による聖戦を説き、脱税から判事の殺害までのあらゆることを是とするような集団となった。[†2] Qがこれら先行する宗教の教義を取り込みながら、ドロップの形でもたらされるQの聖典と融合させて、最終的に独自の宗教をつくり出すようなことがあり得るのだろうか。

Qが福音主義者たちのコミュニティに与えた影響の大きさを考えれば、それも可能性としてはあり得るだろう。しかし、Qは物理的な教会を所有していないし、成文化された教義の体系もない。聖職者もいないし、キリスト教福音派の真似ではない本物の宗教的要素も備えているわけではない。Qドロップの言葉は、キリスト教福音派の言葉を安易に真似て利用しているにすぎない。また、Q信者たちは大掛かりな布教活動をしているわけでもない。Q信者は、Qドロップを「解読」するためのリンクを部外者に送るようなことはしない。部外者にとって、それは意味不明なものでしかない。それよりも、動画や手引きとなる情報を個人的に送付することで、新しい仲間に「レッド・ピル[3]」を授けるやり方を好むのである。

Qが宗教となり得るかどうかは、教会という体裁の問題ではない。Qアノンの運動が、どれほどQの予言に対して宗教的情熱を傾けるかに関わる問題だ。Qに先行するネサラやディナール詐欺と同じく、Qの運動の中心的教義は、常に大いなる出来事がもうすぐ起こると信じることにある。もっともネサラやディナール詐欺のような大金を支払うという話ではない。Qアノンの場合は、リベラル派を大量に粛清することが教義の内容であるという違いがある。

Qの教義は、ドナルド・トランプが嵐の到来を予言するという設定から始まった。人々は今、嵐の前の静けさの中にいるにすぎないという設定である。Qは幾度も繰り返し大いなる変化を約束した。悪を排除し、善に報い、世界を永遠に変えてしまうような出来事が起きることを約束した。優れた予言がいずれもそうであるように、Qの予言もまた、いつも決まって今まさに予言が叶えられようとしていると語られながら、予言の実現は実際にはいつも延期された。そして予言が延期されたときにはつねに、Qと信者たちが互いに協力することで軌道修正が図られた。二〇一八年の二月、七七八番目のドロップまで遡ると、Qが次のような発言をしていたことがみて取れる。

計画を信じよ。
われわれは勝利しつつある。
大量検挙は実施される。

Qの予言した出来事が、他の多くの宗教で取り上げられるような救世主となる人物の到来について語るものではなかったとしたら、それはいったい何だったのだろうか? 救世主の到来は、信者の人生を変えてしまう素晴らしい出来事であり、信仰に対しては報いがもたらされ、信仰を軽蔑した人々は火の池に放り込まれてしまうのである。

（2）（訳註）クリスチャン・アイデンティティ運動は、キリスト教右派の一派。白人至上主義の考え方に沿ってキリスト教の教義を再解釈し、ユダヤ人、黒人、その他有色人種を劣等人種と考える。
（3）（訳註）「レッド・ピル」という言葉には、真実に目覚めるという含意がある。一九九九年に公開され大ヒットした映画『マトリックス』がネタ元である。Qアノンの考え方は、この映画から少なからぬ影響を受けている。

しかし、Qの予言は、キリストの再臨やユダヤ教の聖句にある予言、イスラム教の予言のようなものとは違っている。これらにはいまだに数十億の人間が信仰を捧げているが、Qの予言などは明確に虚偽として片付けられてしまう類のものであろう。[†3] 大量の検挙も実施されなかった。「嵐の前の静けさ」からは、何も生まれなかった。予言を掲げる運動が未来を語ることに失敗するようなとき、そこから引き起こされる結果は様々である。

中には、運動が分裂して歴史の舞台から姿を消してしまうようなケースがある。もっとも有名な事例がUFOカルト集団シーカーズであり、その経緯の詳細は『予言がはずれるとき』に仔細に記録されている。[†4] 一九五四年のクリスマスの間、シーカーズの小さな集団は、宇宙船が迎えに来るのを待ち侘びていた。シーカーズは、一見しておとなしい主婦のような人物に率いられた集団で、その人物は自分を介してエイリアンとコミュニケーションをすることができると主張していた。信者たちは、シカゴの身を切るような寒さの中、毎夜時間を費やして宇宙船が訪れるのを待っていた。もうすぐ洪水で沈んでしまう世界から、宇宙船が自分たちを連れ去ってくれるのを待ち続けていたのである。信者たちが予言成就のチャンスを何度も与えたにもかかわらず、「宇宙人」が来ることはなかった。信者の中には、指導者の予言が繰り返し実現しなかったことについて、自分たちの信仰が世界を救ったのだから、宇宙船は来る必要がなくなったのだと発言した者たちがいた。また別の信者たちは、救いを待つ自分たちのそばにいた群衆の中に「宇宙人」がいたのだと主張した。しかし、そうした主張をする信者たちよりも多くの人たちが、シーカーズを去って家に帰った。その後シーカーズはまもなく消滅した。

だが、指導者の予言が外れてしまった後で、そこで描かれた未来像をもとに新しい教義をつくり出し、今日まで生き延びているような事例もある。キリスト教のセブンスデー・アドベンチスト（Seventh-Day

Adventism）のルーツは、バプティスト派の牧師ウィリアム・ミラーが終末の予言に失敗したことにある。ミラーは大多数の群衆を相手に終末の日が近いと宣言した。彼は聖書のダニエル書についての個人的な解釈をもとにして、一八四四年、最初は三月、次に四月、その後一〇月にも終末の日を予言した。

もちろん、何も起きなかった。ミラーを信じていた人たちの多くは、最終的に彼のもとを去った。だが、人によっては「何ごとか」を信じた者たちもいた。それが何であるのか、いつ起きるのかを正確に言うことはできないにしても、少なくとも「何ごとか」が始まったことを信じた人たちがいたのである。[†5] ミラーの少数の岩盤支持者たちは、「大いなる失望」として知られる経験を乗り越えて、辛抱強く耐えた。彼らは自分たちが終末の時を生きているのではなく、始まりの時を生きているのだと信じることで力を得た。そして、二〇年後にセブンスデー・アドベンチストの教会を設立し、二〇〇〇万人もの人々の心の拠り所となったのである。同じようにジョセフ・スミスによって設立された末日聖徒（the Latter-Day Saints）においても、彼の名のもとに行われた予言が何度も外れた。エホバの証人の設立者であるチャールズ・テイズ・ラッセルにしても同じであった。エホバの証人は、二〇世紀に入っても終末の日の予言を間違い続けた。一九七五年には、終末の日の予言に備えて何年も準備をしてきた信者たちが、予言が外れて立ち去った。その後、教会の会員数は激減することになった。

これら三つの正真正銘の宗教は、いずれも指導者の予言が外れたことをきっかけに生まれたものである。世のすべてを変える大いなる出来事が到来するという予言が繰り返し延期されながらも、信者たちがうまく折り合いをつけて対応したのである。

したがって、仮にQが将来の正当性のために、過去の予言をなかったことにしようとしたとしても、それは初めての試みというわけではない。非主流の運動において、予言の失敗から運動が大きく飛躍する事例は、これまでにもあったのだ。そしてQの場合、飛躍するための素地はすでにできあがっているといってよい。「魂の戦争」や「神の鎧《よろい》」をまとうという考え方は、今やQの神話の全体を覆い尽くしていると同時に福音派の教会においても広く支持されるようになっている。こうした教会においては、キリストの教えを説くかたわらで、Qの教えを伝えることに慰めを見出すようになっているのである。反進歩主義、反科学、トランプ支持の道徳観を持つ福音派の教会は、完全にQの価値観と一致しており、事実、福音派の信者たちが目覚ましい勢いで過激化してきたのである。アメリカン・エンタープライズ研究所が二〇二一年初頭に実施した調査の報告によると、白人の福音主義者の二七%が、Qアノンの主張を完全に正確であるかもしくは大部分正確であると信じているようだ。この数字は他のどのような宗教を信じる人たちの数字よりも抜きん出て高いものだった[†6]。

「Qアノンは、わたしが長年調査してきた他の多くの宗教的、政治的過激派と一致した特徴を持っています。わたしが調査してきた過激派は、大量の移民、経済的なグローバリゼーション、そして今現在の世界的パンデミックなど、近年のグローバルな危機的状況に対応して勢力を拡大してきました」。これはマーク・ユルゲンスマイヤーの発言だ。彼は中東におけるISISの急激な成長とヨーロッパにおける極右ポピュリズムの伸長についても言及した。これらは悪と戦う聖なる十字軍が、暴力的な政治へと結びついた例である。何の罪もない市民が、こうした勢力の無差別テロの爆発に巻き込まれ、恐ろしい目に遭《あ》わされてきた。

「もしQアノンが、合法的な非課税の宗教法人になりたいと望むのであれば、考えられる限りこれがもっとも穏やかな結末でしょう」。ユルゲンスマイヤーは、サイエントロジーが教義の正当性を訴える例を引き合いに出しながらそう述べた。「この結果に落ち着けば、Qアノンはかなり制御しやすいものになるでしょう」とも付け加えた。しかし、これはあくまでもひとつの方向性にすぎないことに注意が必要だという。予言と信仰が結び付くことで他にはるかに不穏な結末を迎えることもあり得るのだ。

「もっと現実的にあり得る展開は、Qアノンが地下に潜り続けることでしょう」と彼は予想してみせた。Qにとっては、より暗い道筋と言える。「制度化されないまま、事実上の宗教という形で存続することもあり得ます。秘密の宗教として、暴力行為を誘発するようなことも考えられます」。しかし、ユルゲンスマイヤーは、Qの名のもとに暴力行為が引き起こされ、それが「あまりに恐ろしいものであれば、支持者たちを怖がらせるかもしれないし、そうなればQは後退するかもしれません」。

Qアノンは、宗教的な色彩を帯びた政治運動ではあるものの、純粋な宗教になるまでには至っていない。これはティンデール神学大学のジェームズ・ビバリー教授の結論である。ビバリーは、アメリカ宗教研究所のアソシエート・ディレクターでもある。彼の最初の著書は、Qアノンが組織化された宗教をどのように取り込んでいったかを真剣に検証した『Qアノンの手口』(*The QAnon Deception*)であった。

ビバリーは、Qを発展途上の新しい宗教というよりは、首尾一貫した宗教的メッセージを欠いた政治的、社会的運動と捉えている。彼は、福音派の中でQが魅力的にみえるとは考えつつも、それはなにもヒラリー・クリントンがアドレノクロムで若返っているということを本気で信じているわけではなく、むしろトランプが支持されていることの証として理解すべきものとみなしている。

「魂の戦争という言葉は、Qアノンに惹かれるペンテコステ派〔キリスト教プロテスタントの一派〕やカリスマ運動[4]に影響を受けたキリスト教徒の大部分にとって魅力的な響きを持っています」とビバリーは言う。

「聖書の言葉を気にかけるわけでもなく、霊的なものへの関心も持たないアノンたちにとって、〈神の鎧〉について語る内容がどれほど意味を持つのかは疑わしいですが」。

戦争や戦闘、敵のレーダーを攪乱するといった考え方は、宗教的な意味にも世俗的な意味にも解釈可能であるとビバリーは指摘する。Qは数多くのドロップで「聖なる言葉」を使ってきた。Qを信じる教会の信者たちも「聖なる言葉」を用いてきた。しかしこうした言葉は、大半のQ信者にとっては興味の持てないものだ。多くのQ信者にとって、Qは人気のある福音派の一派ではなく、あくまでも軍事諜報部門の人間なのである。クリスチャン・アイデンティティ運動の信者とは違って、Qを信じる福音派の多くは、自分たちが人種差別主義者でもファシストでもないと思っている。乱暴なステレオタイプを用いるのであれば、福音派のQ信者たちは、聖書にこだわりを持つのと同じくらい「軍隊を応援しよう」という車のバンパーステッカーにも強いこだわりを持っているのかもしれない。ただし、それらを一緒くたにすることを必ずしも望んでいないのかもしれない。

元Q信者のセリーナ（仮名）は、議事堂襲撃事件の数カ月前に電話でわたしに次のように語ってくれた。「寝なかったですね。ずっとQのことばかりで」。彼女は自然災害で家を失った後、二〇一七年の後半にQとどのようにして出会ったのかを懐かしそうに振り返った。「4chan や 8chan、他のいろいろなプラットフォームについても全部勉強しました。希望に満ちたものについて誰よりも早く知りたかったのです」「望んだのは、ただ権力が、犯罪者のためのものではなく、人々のためのものであってほしい」ということだった。セリーナにとって、Qはクールでエキサイティングな存在だった。Qは、彼女が今まさに世界を変えようとして戦う兵士であるかのように思わせてくれた。

ところが、Qが聖書の一節を投稿したとき、セリーナの興奮はたちどころに冷めてしまった。Qが投稿したくだりは、アメリカ軍の将校が到底公然と口にするようなものではなかった。もちろん、Qはすでに機密情報をリークしていたので、その時点で入隊の誓いを破ってはいたわけだが。「がっかりしました」。

彼女の声には怒りがこもっていた。彼女はQが「聖書の言葉を持ち出すことで、軍事機密をリークするためのチャンネルを危うくしている」と考えたのである。

「わたしは、トランプと軍の諜報機関が同盟を結ぶことでQが生まれたのだと思っていました。でも、今ではそれがただの詐欺だったとわかっています」。彼女は、自分が真実であってほしいと願っていた陰謀が宗教的なものになってしまったことに、今でも怒りが収まらない様子であった。

Qを中心とした予言的宗教が、福音派以外の人にアピールすることは単純に難しいということなのかもしれない。福音派の人々とて完全に満足してはいないのだろうけど。

Qはロシアの手先なのか

Qアノンが本当のところ何であるかがはっきりしないということであれば、それが意図的に仕組まれたものであるということは考えられないだろうか。外国勢力や国内の何者かによる陰謀によってQアノンがつくり出されたか、あるいは途中から乗っ取られたということは考えられないだろうか。これらの勢力が、心理戦を通して世界中の主要な民主主義国家にダメージを与えるために、Q信者たちに過激なイデオロギーへと傾斜するよう巧みに誘導したと考えられないだろうか。正統な民主主義を転覆させ、トランプを永世大統領にすることを企《たくら》む国内の何者かが、Qを武器として利用していると考えられないだろうか。あるいは、ロシアの積極的介入策の武器としてQが利用され、ロシア政府の想定を超える成功を収めたのだと

(4)（訳註）カリスマ運動とは、キリスト教内部の教派の違いを超えて現代社会に広がってきた運動である。聖書の権威を語りながらも、信者による聖霊の直接体験、および奇跡を重視する。

考えられないだろうか。

　Qアノンを外国勢力の手先とみる考え方にも、国内の何者かの陰謀によるものとみる考え方にもそれぞれ賛同者がいる。

　ロシアがQの背後で糸を引いているという考え方は、ロシアがアメリカの政治や文化に影響を与えようと試みてきた他の多くの証拠を伴った事例と結びついて登場した。特に二〇一六年米大統領選の影響は大きい。ロシアがアメリカの政治に積極的に介入してきたのであれば、Qアノンについても同じことがいえるのではないかということだ。

　Qとロシアのつながりを疑う考え方は、一見しただけで即座に退けられるものではない。トランプの元選挙対策本部長であったポール・マナフォートは、ロシアの国益のために行動した熱心なロビイストであった。マナフォートはマネー・ロンダリングと共謀罪の罪で特別検察官に起訴された。起訴されたのは二〇一七年一〇月二七日であり、その翌日に最初のQドロップが投下された。ロシアの介入劇から注意をそらすための意図があったとすれば、完璧なタイミングであった。二〇二〇年大統領選のほんの数日前、Qの初期の投稿を拡散していたツイッターアカウントの中に、ロシアが仕込んだアカウントが存在していたことを伝えるニュースが流れた。多重アカウントを使って、Q関連ユーチューブの初期の頃のスターであったトレイシー・「ビーンズ」・ディアスが作成した動画を賞賛したり、Qのハッシュタグツイートをシェアしたりしていたという。[†7] Qの存在をもっとも早い段階で世に知らしめたものとしてはいくつか重要なものがあるが、これらロシアのアカウントが発信した数千ものツイートは、そのうちのひとつだ。中には最初のQドロップからわずか一週間後のものもあった。

　ピザゲートとセス・リッチ陰謀論が、ロシアによる組織的な偽情報拡散の試みによってかなりの程度広まったことは周知の事実である。そしてQの陰謀論を受け入れた人たちの多くは、これら先行する陰謀論を支持する人たちでもあった。[†8] ツイッター社が重い腰を上げて荒らし行為に手を染めるアカウントやボットのアカウントを取り締まるようになったとき、ロシアはまだ公然とQとつながっていた。8kun がイギリスと中国のプロバイダーによってサービスの提供を拒否された後、8kun はロシアにおいてのみホスティングサービスを見つけ出すことができたのである。Qの存在から大きな恩恵を受けている人物の多くが、ロシアの国益やロシア・マネーとつながりを持っていることも事実だ。ロジャー・ストーンは一貫してQアノンを称えてきた人物だが、同時にウィキリークスとも深いつながりがある。そのウィキリークスは、ロシア人ハッカーたちがアメリカの民主党全国委員会から盗み出したメールを最終的に持ち込んだ場所であった。[†9] Qアノンの英雄ことマイケル・フリンは、ロシア大使との間のやりとりについてFBIに嘘の証言をしたことで、モラーに起訴されてしまった。それほどロシアと密接な関係にあったのだ。[†10]

これらは偶然ではない。ストーンとフリンは、ロシアゲート事件の国内版と言ってもよい陰謀を率いた人物とみられることも多い。彼らはスティーブ・バノンや膨大な数の荒らし屋やハッカーたちと協力しながら、トランプの勝利のために二〇二〇年の大統領選挙を盗もうとしたと考えられている。そして彼らは、実際に選挙を盗みかねないところだったのである。

しかし、サイバーセキュリティの専門家であるブライアン・クレブスは、Qの成功の背後にロシアの力が働いていたという考え方は、「根拠の薄い議論のように思える」と指摘する。

クレブスのブログである「クレブス・オン・セキュリティ」で、彼はハッキングやサイバー犯罪の最新情報、さらには、ネットの中の怪しげな界隈で今何が起きているのかに目を光らせている。クレブスはこれまでに少なくとも一度、ロシアとつながりのあるQ関連の出来事を暴露したことがある。8kun が、マルウェアやクレジットカード詐欺、フィッシング詐欺など幅広いネット犯罪の発信源となってきたロシアの「ブレットプルーフ（bulletproof）」にホスト先を変更した件である。クレブスは、その意味ではQとロシアのつながりをさらに暴露してくれそうな人物と言ってもよい。[†11]しかし、Qは自分たちの投資を守るために国内のホストに8chanを移動させたこともある。8kunのホスト先がロシアにあるからQとロシアはつながっているという理屈で考えるならば、この事実は説明がつかない。「ロシアの介入工作とは思えませんね」とクレブスは語った。

「ロシアが何がしか関与しているような場合、ロシア人は誰がそこから恩恵を受けるべきかを明確に意識しているものです。ロシア人は、相手にダメージを与える情報を選んでリークするのが得意です。すでに争いの種があるところに目をつけて、それらを炎上させ、拡散して一層煽《あお》り立てるのです」。つまり、ロシア人はセス・リッチの殺人事件のような実話であろうと、ピザゲート事件のような4chanの悪ふざけが広まったものであろうと、なんらかの煽り立てるべき傾向を発見するのであろう。その上で、何か一から悪事を企むというよりは、これらすでにあるネタをロシア人の荒らし屋やボットが煽り立てるというわけだ。ソーシャルメディアを利用する人々が分極化している状況や、陰謀論が簡単に拡散してしまうような状況が存在するため、社会の中にすでに根を下ろしている疑念や恐怖を摑み取って利用するだけで用が足りてしまうのである。

ロシアの「心理戦」には、単純に「混沌をつくり出す」とかトランプに投票させるという以上の目標や目的がある。Qにはそうした種類の目的はない。思い出してみればわかることだが、Qの運動は予言に基礎を置くものではあるが、その将来的ヴィジョンを現実化するためのアクション・プランがあるわけではない。Q信者は新型コロナウイルスのパンデミックが発生するまでは、ほとんどが熱狂的なトランプ支持者だけであり、その状況を変化させたのはパンデミックであった。パンデミックは、ロシアといえども予測できない出来事であった。

サイバーセキュリティの領域に関わる他の専門家も、基本的には同じことを言っている。つまり、ロシアの荒らし屋たちとアメリカ国内の政治的な企みが、すでに社会の中にある傾向を増幅させるということは考えられる。しかし、アメリカ人を欺く陰謀論をつくり出すことができるのは、アメリカ人だけである。[12]そしてドナルド・トランプ以上に、アメリカという国の多くの男たち、女たちを欺くことができるアメリカ人は、他にいない。FBIのテロ対策特殊機関に所属していたクリント・ワッツは、二〇二〇年のNPRのインタビューに答えて次のように語った。「ロシアはフェイクニュースをわざわざつくる必要はないのです。彼らはただホワイトハウスやトランプ政権から溢れ出してくる陰謀ネタを取り上げればよいのです」。[13]

ロシアが仕込んだアカウントが、初期のQアノンの情報を広く拡散したことは先に触れた。ただし、ロシア人が同じ頃の4chanや後の8chan、8kunの投稿に関与していたのか否かということについては、なんら証拠がない。4chanの投稿は、匿名掲示板特有の荒らし行為や福音派的な押し売り文句、極右陰謀論などに関わる特殊用語があまりに雄弁に語られるため、これらの異なる界隈がどのように合流しているのかを見極めることが難しい。また、掲示板に集まってくる人たちが、どのようにして騙されているのかということも見極めがたいところがある。ロシアのプロバイダーが8kunにホスティングサービスを提供していることや、8kunの事実上のホストであるヴァンワテックがロシアのIPアドレスを使っているということは、ロシアの「政府」が8kunにホスティングサービスを提供しているということと同じではない。ロシアの「政府」がQドロップを仕込んでいるということを意味しているわけでもない。むしろ、単にロシアでは大半の西欧諸国と比べて、インターネットのホスティングサービスが体系的に監視されていないことを意味しているにすぎない。さらに、4chan でホワイトハウスのインサイダーや秘密のエージェントのふりをしている連中は、ポール・マナフォートが起訴された事件から公衆の注意を逸《そ》らすことができているかどうかを片時も心配している様子がない。結局、4chan の投稿者たちは、主流メディアの関心をマナフォートの件から逸らすために仕込まれた人たちではなかったのだ。

これまでに、FBIアノンやハイウェイ・パトロール警官のようなアカウントが、陰謀論好きのオーディエンスを喜ばせる話を巧みに語ってきたことを取り上げてきた。こうしたアカウントの人たちは、どのように語れば共感を得られるかをよくわかっており、そのため成功してきたのだ。特にヒラリー・クリントンが瞬く間に処刑されるという話は、4chan のオーディエンスを喜ばせてきた。そして、オンライン上のデマは政治的な価値観とは関係なく、スレンダーマンのミームのように加速度的に現実世界に影響を及ぼすようになっている。実在するホラーモンスターという設定のスレンダーマンは、黒いスーツを着て、背が高く、痩せた幽霊のような人物であり、サムシング・オーフル・フォーラム〔アメリカのユーモアサイト「サムシング・オーフル」の電子掲示板サイト〕で二〇〇九年に初めて姿を現した。[†14]

スレンダーマンの出自ははっきりしており、もとは大袈裟な意味などないアート作品だった。一九五〇年代のUFOに関する逸話の中に登場した、黒ずくめの男たちを模した作品だった。ところが、匿名のネットユーザーたちがスレンダーマンに関する手の込んだ背景ストーリーを考案したことで、スレンダーマンの存在を信じると決めた人間にとっては、紛れもなくリアルに実在するものとなったのである。ほんの数年のうちに、スレンダーマンの信者が現れるようになり、スレンダーマンの「本当の」出自に焦点を当てた映画やテレビ番組が制作されるようになった。そして二人の一〇歳前後の少女が、スレンダーマンに忠誠心を示そうとしてひとりの友人を刺した。Qアノンは「ベビーブーマー世代のスレンダーマン」とさえいわれてきた。あからさまなつくり話であるにもかかわらず、人を強く惹きつける力があり、信者たちがすべて本当のことだと盲目的に信じようとするあまり、明白なつくり話であるという事実を直視しない点が共通している。[†15]

これまでネットの沼で生まれたデマが、夜のニュースに飛び火するような事例はなかった。しかしそれでも、自分たちの利益にとって有益であると考えるなら、ロシアはあらゆる火種を増幅するということを覚えておく必要がある。二〇一六年の人種的分断や二〇二〇年の新型コロナウイルスに関する陰謀論は、まさにそうした事例である。[†16]

Qアノンが生まれた早い段階でロシアが関連情報を拡散したことは、Qアノンの成長過程全体としてみればほんの小さな意味しか持たない。Qが生まれた最初の数週間で、Qアノンのハッシュタグをつけたツイートが一〇万件以上投稿された。そのうちロシアとつながりのあるアカウントは、一〇%から一五%にすぎなかった。また、それらのアカウントは、Qがツイッター上で絶頂期を迎える二〇一九年までにはすべて停止されていた。[†17] Qが、独自の力で成長を遂げていったことは明らかだ。Qは、ロシアの後ろ盾があったから成長したのではない。誰もQの成長を止めなかったのである。

さらに、荒らしという方法で打撃を与えるやり方は、文書をハッキングして放出したり、あるいは単に政敵を窓から突き落とすというロシアの他の方法と比べるとそれほど重要ともいえない。二〇一九年にQを応援するボットを運用していたロシアのトロールファーム(5)(troll farm)、インターネット・リサーチ・エ

---

(5)(訳註)荒らし行為を組織的かつ大規模に行っているケースを指す言葉。ＩＲＡを指して使われることが多い。トロール工場(troll factory)ともいう。

ージェンシー（Internet Research Agency：以下ＩＲＡ）とその指導者たちは、ロバート・モラーによって起訴された。しかし、二〇一六年のアメリカ大統領選においてロシアが企てた介入全体の中で、ＩＲＡがそれほど大きな効果を発揮したとは思えない。ＩＲＡに関する報道量は桁違いであったが、アメリカの有権者に対して考慮に値するほど重要な影響を与えたとはいえないであろう。[†18]

この他にも、類似の陰謀論がある。例えば、アメリカを裏切った人間たちが世論工作のためにＱを運用していると考える陰謀論が存在する。トランプ信者たちが、トランプのために死をも厭《いと》わぬ軍隊を組織しようとしており、Ｑを心理戦のために運用しているという陰謀論もある。だが、これらの陰謀論は検証すれば崩れてしまうものである。[†19]この手の陰謀論は、何十人ものハッカーや荒らし屋たち（常習的に嘘をつき反目し合っているため、互いに協力することはできない）が微妙な証拠を大量にかき集めるばかりで、首尾一貫した説得力ある証拠を欠いていることが多い。[†20]また、こうした陰謀論は政治的に分断し、互いに非難し合っているそれぞれの側（例えばＱが共和党の作戦であると考えるリベラル派とＱを民主党の作戦であると考える保守派）にとって共に魅力的にみえるものだ。

こうした陰謀論は、Ｑの成功を説明する上で必要とはいえない。Ｑには、首尾一貫した計画がない。グランドデザインもなければ、明白な作戦組織もない。もしそうしたものが用意されていたならば、トランプが選挙を盗もうと必死になっている間、Ｑはもっと躍起になって投稿していたことだろう。だが、Ｑは沈黙を貫いた。加えて、洗脳されたＭＡＧＡ軍隊のようなＱ信者たちの力を利用しようとする本物の陰謀が存在するのだとすれば、不安定で頼りない匿名掲示板をあてにすることはなかっただろう。謎めいた意味不明の投稿をしたり、不規則に行方をくらませることなどせずに、特定の実行可能な目標に向けて信者たちを動かしたはずである。Ｑのアカウントのパスワードにしても、「Matlock」のような簡単に破られてしまうようなものではなく、もっと難しいものを用意したはずである。

ゲームとしてのQアノン

Qアノンは、カルト的な運動ではあるが、完全にカルトというわけではない。予言的な要素を持った運動ではあるが、完全に宗教というわけでもない。そして、ロシアから応援してもらうことで利益を得ているとはいえ、Qアノンは完全にアメリカ人の集団である。長期にわたって運用されてきた信用詐欺の被害者たちと、Qアノン支持者との間に人脈的な重なりはあるものの、Qアノンは実際には信用詐欺ではない。予言者のふりをしたり、オンライン上のデジタル兵士であるかのように振る舞うことは、別段違法ではない。金銭的なリターンを約束したり、犯罪に加担するよう人に強く勧めたりしなければ、問題はないのだ。Qをつくり出した人間や悪用した人間も、こうした理由から法によって裁かれる危険を免れてきたのである。Qの神話は、議事堂襲撃事件の発生にあたって大きな役割を果たしたとはいえ、Qが直接誰かに何かをするよう命令したと言うのには無理がある。

Qにはさらにゲームの要素もある。Qのゲームには、解かれるべき謎があり、戦うべき敵がいる。達成すべきゴールがあり、演ずべき役割がある。しかし、代替現実ゲームのデザイナーの間でさえ、Qがどれほど「ゲーム化」されていたかという点については見解が一致していない。代替現実ゲームは、断片的な双方向のやりとりを通して難題に挑むゲームであり、ネット上で何十年も続けられてきたものだ。エイドリアン・ホンは、インターネット初期の時代にもっとも人気ある代替現実ゲームのひとつを制作し、運用していた人物である。そのホンは、きっぱりと次のように言ってのけた。「Qアノンは代替現実ゲームではない。Qアノンは危険な陰謀論だ」。その一方、別のゲームデザイナーのリード・バーコウィッツは、ブログの投稿で「Qは単にゲームであるというだけではなく、人々を翻弄するゲーム」であり、相手が誰であろうとつくり手の目的を達成するよう設計されていると主張している。[†21]

Qアノンは、心理作戦なのか否か。カルトなのか、そうではないのか。ゲームなのか、そうではないのか。Qアノンが実際のところ何であるかをめぐるこれらの議論の多くは、論じている人間の専門が何であるのかに左右される。カルトの専門家は、Qをカルトであるとみなす傾向が強い。ゲームの専門家は、Qをゲームとして理解する傾向がある。サイバーセキュリティの専門家は、Qをサイバーセキュリティの問題として理解しようとする。しかし、Q信者はQのことを、世界を救う計画であると考えている。ドナルド・トランプと彼が厳選したアドバイザーたち、そして数百万ものデジタル兵士によって実行される計画であると信じているのだ。

世界を救う計画がたとえどのようなものであったとしても、もはや問題ではない。その計画は失敗した。リベラル派の権力者たちが、一網打尽に逮捕されて処刑されるようなことは起きなかった。そしてドナルド・トランプは、二〇二〇年の大統領選においてジョー・バイデンに敗北した。問題は、Qの支持者たちがこれらの事実を何ひとつ認めようとしないことにある。そして、Q信者たちがもはや現実への基本的な信頼を持ち合わせていないことが、アメリカの政治に悲惨な結果をもたらしたのだ。

専門家たちは、ツイッター上でQが何であり、何でないかをめぐって延々と議論を戦わせることもできるだろう。しかし共和党主流派の人間は、連邦議会議事堂の前庭の芝生の上で、陰謀論者とQの支持者たちが絞首刑の輪縄《わなわ》を準備するという恐怖の状況に取り囲まれる経験をした。そのような人間にとって、Qは最悪の悪夢でしかない。Qアノンは、愛国主義や伝統的保守の価値観に依拠して活動する政治運動ではない。Qアノンは、悪魔的な敵に対して血塗られた復讐劇を果たそうとする政治運動なのである。Qを信じる有権者は、実力行使を訴えながら、忠誠と献身、流血を求める。そして過去の政治規範を完全に転覆することを要求するのである。

第12章　到底ありえないこと
――Qアノンとその予言の虚偽を暴く

ここまでやるべきではなかったのだ。

軍諜報部門の高い地位にいる人間たちでつくられたチームであり、アメリカの静かなる尖兵と考えられた人々がミームを使い、謎を問いかけながら軍事作戦の計画を匿名掲示板にリークする。その掲示板は、日本の倒錯したポルノがシェアされることで有名な場所であった。このようなQアノンが、アメリカの政治において成功のチャンスを摑むようなことは、あってはならないことだった。Qアノンは、地球平面論者〔地球が球体ではなく平らであると主張する疑似科学の支持者〕やアポロ計画陰謀論者〔アメリカのアポロ計画には、NASAの公式発表とは異なる真実があったと主張する陰謀論の支持者〕たちと一緒に取り除かれるべきであった。世界貿易センタービルを直撃したのは、ホログラフで飛行機に偽装されたミサイルだったと考えている人々や、自分たちがエイリアンとセックスしたと思っている人たちと共に捨て去られるべきだったのだ。

そうはいうものの、地球が平面であると本当に心から信じている人たちは存在する。人間は月になど行っていない、世界貿易センタービルを飛行機が直撃したことなどないと聖書にかけて誓う人たちが存在するのだ。あるいは、シリウス星からきた生命体と関係をつくろうとして夢中になっているような人たちもいる。こうした人たちは、自ら暴力的な襲撃行為を引き起こすわけではないし、それほど数多くいるわけでもないが確かに存在している。この人たちはわたしたちの知人であり、愛している人たちでもあるのだ。そして、信仰の内容について虚偽を暴露しファクトチェックする方法によって、それらの考え方が変わるようなことはほとんどない。その正反対の結果がもたらされるだけだ。

　Qアノンを信じる人間が、おそらくは数百万人ほど存在する。そして、自分をQ信者であるとは思わずに、Qの神話の一部を信じている人たちはもっと大勢いる。正確な数字を特定することは不可能だが、議会襲撃事件の後に行われた調査をみると、少なく見積もった数字であっても気がかりなほどだ。白人の福音主義者の四分の一以上は、Qアノンが少なくともある程度は正しいと信じていることを示す調査がある。またもっとも低い数字でみても、アメリカ人の八%はQアノン陰謀論を「とても正確」と思っており、一〇%以上が「ある程度は正確」と考えている。[†1] ＮＰＲとイプソス（Ipsos）による二〇二〇年一二月の調査によると、アメリカ人の三人に一人は国際政治を裏側から操る「ディープステート」の存在を信じている。また、共和党支持者の二三%が、「悪魔を崇拝するエリートたち」がつくる小児性愛者のネットワークが存在すると信じている。そして、これらのエリートたちが、政治とメディアをコントロールしようとしていると思っているのだ。[†2] 最後に、方法論上の問題があるものの、ＹｏｕＧｏｖ社が二〇二〇年後半に実施した調査によれば、共和党支持者の三〇%がQアノンについて「好意的な印象」を持っているとのことだった。[†3] 世界中に広まったQアノンに関する調査データはほとんどないが、イギリスで唯一行われたQに関する重要な調査によると、イギリス人の四人に一人はQをいくらかは信じているという結果だった。[†4]

　二〇一〇年の国勢調査によると、アメリカ合衆国にはおよそ二億八〇〇〇万人の成人がいる。全人口のうちQアノンを「とても正確」と考える人たちは、もっとも少なく見積もってみても二二〇〇万人以上いるということだ。二〇二〇年の大統領選で、ドナルド・トランプに投票した七四〇〇万人のほんの一部と考えたとしても、Q信者はおよそ六〇〇万人はいるということになる。これはかなり多い数だ。自分をQ信者だと思わずにQに関連することをいくらか信じている人の数については、もっと大きな数になるだろう。南カリフォルニア大学が二〇二〇年大統領選開始直後に行った予備調査のデータによると、これらの調査ではQアノン信者の数が、実際よりも過小に評価されている可能性も考えられる。[†5]

より測定しやすい指標が、他にも存在する。例えば、アカウントが抹消されるまでツイッター上にいた何十万人ものQの伝道者たちや、『大いなる覚醒への招待』や他のQ関連本の爆発的な売り上げ記録、Qがリンクを張ると数日のうちに視聴回数が一〇〇万を超えるユーチューブの不鮮明な動画などがある。Qの神話は明らかに、二〇二〇年の始まりの段階においてさえ誰にも予見できなかったような形で、アメリカや世界の人々の脳の中に入り込んでいった。

政権を取ったのはバイデンであり、もはや「嵐」は起きそうにもない。だからといって、Qの神話を検証する必要がなくなったと言えるだろうか。ドナルド・トランプがディープステートを粛清するという予言を前提としたQの運動は、もはや無傷のままではいられない。今となっては、トランプは大統領ではないのだ。このため、Qドロップの考え方がいまだに通用するものなのかが問われることになる。とはいえ、Qアノン自体が虚構であったと指摘することに意味などあるのだろうか。

その答えがもしQアノンを信じる人の数にあるとするならば、答えはイエスである。その背後には、わけもわからぬ状態のまま置き去りにされた何百万もの家族や恋人がいるのだ。愛する人を失った人たちは、必死になってQのことを理解しようとしてきた。この人々は、Qアノンがあらゆるレベルにおいて検証に耐えられないその理由を知る必要がある。虚偽を暴き、ファクトチェックを行うことで、Q信者たちを揺さぶることはおそらく難しい。しかし、少しでも疑問を抱いた信者に一筋の光明を提供できるかもしれない。また、Qが数年後にもっと悪いものへと変質してしまうようなときに、今Qアノンの嘘を暴くことが、事態の悪化を食い止めるのに役立つ可能性もある。ギャブ（Gab）のような極右ソーシャルメディアやテレグラムのQチャンネルにいるQの伝道者たちは、いまだにQドロップを悪用しており、Qドロップを中心にQの神話を展開させている。最後に、トランプ政権時代に投稿されたQドロップは、二〇二〇年一二月が最後だったが、Qが復活することがあるのか否かはまるでわからない。この本が出版されるまでの間に、Qが新しい何百ものドロップを投稿するかもしれない。古いドロップを焼き直して投稿し、その日に発生した事件から新しい陰謀論をつくり出すことも考えられる。Qの中の人間がたとえ誰であったとしても、Qがなぜ彼らが自称するような人間ではないのか、なぜQには秘密の知識も予知能力もないと言えるのか、なぜQがいつもあらゆることについて間違っていたと言えるのか、それらについて詳しく語ることには価値があるのだ。

Qドロップとは何か

Qアノンにおける建国の文書、あるいは聖典と呼ぶにもっともふさわしいのが、Qドロップである。Qドロップは、すべてトランプ政権時代に投稿されたものであり、全部で四九五三件ある。単語数は全部で六万ワードを超えており、新約聖書よりも多い。[†6] Qの神話のすべてがドロップの謎めいた文章に由来するわけではないが、ドロップこそがQ神話の基礎をなす。Qアノンらは、四九五三件ものQドロップによって秘密を共有したのであり、この累積された秘密が、4chanに現れた他のすべての陰謀論や「インサイダー」アノンたちと比べて、Qを特別かつ独自な存在にしていると言ってよい。Qアノン以外にも秘密をリークした人たちがいたし、中には長く続いた者もいた。だが、唯一Qアノンだけが4chanから始まって、最後はメインストリームにまで入り込んだのである。

本書ではこれまで、かなりの数の個別のQドロップを検証してきたが、Qドロップの全体を捉えた議論には手をつけていない。もし、Qの運動全体がQドロップの中に込められた情報の信憑性を軸に展開していったのであれば、Qドロップの文章全体を検証する必要があるだろう。もしQドロップをQの福音（喜ばしい知らせのこと）と呼んでよければ、それはディープステートがわたしたちに知られたくないと思っている真実を知らせてくれるものといってよいだろう。しかし、もしそうではないとするならば、Qドロップとは一体何なのだろうか。何かの譬《たと》え話なのだろうか。ディスカッションを促す言葉なのだろうか。解かれるべき謎なのだろうか。荒らし行為なのだろうか。

二〇二〇年後半、『インサイダー（Insider）』はQドロップの丸ごと全部を調査して、もっとも頻繁に使用されている言葉（「人民」「大統領」「コントロール」）、Qがもっとも言及している名前（ヒラリー・クリントン、バラク・オバマ、ロバート・モラー）、一日の中でどの時間帯に投稿が行われていたのか（太平洋時間で午前九時から深夜午前一時まで）、文字数の中央値（一〇五文字ないし二一ワード）、大文字と小文字の使い分け方まで明らかにした。[†7] しかしこの調査は、大量の情報を分析することで、標準的なQドロップがどのようなものであったかを教えてくれるが、Qドロップの文章そのものや書き手については何もわからない。スイスの調査会社が行った別の調査では、機械学習を用いた研究によって、全くの別人である二人の人間がQドロップを書いていたことはほぼ間違いないと結論づけられた。この知見は、Qが4chanの長編スリラー小説の文体から、8kunの大文字の短いテキストに移行した事実と完全に一致している。[†8]

しかしこうした統計分析は、Qドロップを読み解くひとつの方法にすぎない。Qドロップを読み解くための、もうひとつのやり方がある。それは、ひたすら書かれた文章を読むという方法だ。そしてドロップを読み込むことで、「軍の諜報チーム」がどう控えめに言っても「世界を救う仕事」とやらを特段きちんとしていたわけではないことを暴露するのだ。Qドロップは、テーマや調子、複雑さが大胆に変化する。偽善的で矛盾に満ちて理解不能なものもあれば、極めて率直で予測しやすいものもある。数百ほどのドロップは、単なる過去ツイートや保守メディアの記事、削除されたユーチューブ動画へのリンクを貼っているだけのものだ。中にはアメリカ人の語彙として馴染みがないものも含まれている。例えば民主党の大統領予備選挙が取り上げられた四〇一四番目のドロップでは、「バッター交代（change of batter）」によってジョー・バイデンは用済みになるだろうと書かれていた。だが、野球でバッターの交代について話をする場合、「ピンチヒッター（pinch hitter）」という表現を使うのが普通だ。

暴力を渇望するようなドロップもある。例えば、二〇一八年八月三一日の二〇五一番目のドロップでは、「この連中はすべて排除される必要がある。知る者は、眠るわけにはいかない」という叫びが投稿された。その一方で、Q信者が関わったどんな暴力行為もフェイクだと訴えるドロップもある（例えば、二〇五一番目のドロップのわずか数週間前に投稿された一七九七番目のドロップの内容がそうだ。Q信者が関わった犯罪に関するメディアの記事は、「虚偽の『暴力的』物語を押しつける」ものだと訴えている）。Qドロップは、反ユダヤ主義と人種差別主義を剝き出しにする。バラク・オバマのことを「フセイン」というミドル・ネームで呼び続けるようなことをする。しかし、Qは七回ほど愛国主義に肌の色は関係ない、自由を愛する者は誰でも自分たちの仲間として歓迎するという発言をしている。そして、以下にみるようにドロップは虚偽、曖昧な主張、外れた予言で満ち溢れている。また、あまりに奇妙で常識に反し、証拠や証言を拒絶するような主張で溢れている。

Qドロップの全体から浮かび上がってくるのは、想像を絶するほど困難な悪との戦いに挑んでいる兵士たちの姿である。だが同時に、ふいに何カ月も行方をくらませ、実際には気に止めるほどのことを何も成し遂げていない人間の姿でもある。Qアノンのムーブメントがもっとも暗澹たる状況に陥ったドナルド・トランプの敗北の局面において、Qは文字通り何もせず、ただツイステッド・シスターズの歌を投稿しただけだった。それまでの一年間、バイデンは大統領になることなど絶対にできないし、なることはないだろうと散々言い続けた後の敗北だった。Qがデジタル兵士の軍隊を率いる陸軍元帥であったとすれば、Qは戦場の兵士たちを見捨てたようなものだ。傷病兵や死亡した兵士たちを戦場に置き去りにして、夕闇の中に走り去っていったようなものだ。

　これがQのパラドックスだ。権力の中枢にいる人間が、その権力を使って何もせず、いつか何かをやるともったいぶっているだけなのだ。敏腕のエリートチームであると言いながら、Qのやることは杜撰《ずさん》で誤字も多く、「移動中だ」などと言い訳しながら間違いを訂正するためのドロップを投下するようなこともあった。削除する必要のないドロップを、間違って一緒に削除してしまうことや、同じものを二回投稿することもあった。Qは、文字や数字を不規則に長々と並べて投稿することがあった。その文字と数字の並びを、秘密の公式のように思わせたいのである。「暗号：AB-aKd&Egh281Q」のような投稿はほぼ間違いなく、右手と左手を交互に使いながら、近い場所にある文字と数字を出鱈目《でたらめ》にタイピングしただけのものだ[†9]。間違い以上に多いのが、以前に使用したドロップやフレーズを繰り返し使うことである。例えば、AC－130攻撃機が武器を発射する動画は七回も使われている。Qの中の人間は、真実の誓いをしているはずなのだが、幾度もデマを流している。選挙の直前に一度、ジェームズ・コミーの娘がFBIのためにジェフリー・エプスタインの死の真相を調べているというフェイクニュース記事をシェアしたことがあった。その後Qは、フェイクニュース記事に「釣られてしまった」ことについて信者たちを諌《いさ》めながらその内容を否定した。[†10]

トランプのコンピュータ・リテラシーが低いことは有名な話であり、彼は自分のメールの送り方さえ知らない。それにもかかわらず、Q信者の中には「Q＋」という署名のドロップはドナルド・トランプが個人的に投稿しているのだと信じている者もいる。[†11]

公平にみて、Qドロップの実態は、さして意味のないナンセンスの寄せ集めにすぎない。もちろん、Qドロップ全体をみれば紆余曲折があり、秘密と嘘が入り混じり、英雄と悪役が登場する魅力的な物語が語られていることも確かだ。しかしそれはダン・ブラウンの小説や『スター・ウォーズ』のような映画でも同じことだ。加えて、誰もジョージ・ルーカスを悪魔的な小児性愛者たちとの戦争に参加している人間で、極秘情報にアクセスする権限を持った秘密の諜報員だなどと思わないだろう。それなりの時間と想像力があれば、最初のドロップは誰でも投稿することができたはずだ。そして、一度Qドロップを誰でも投稿できたはずだという考え方を受け入れるならば、誰が投稿したのかということは、さほど重要な問題とは思えなくなってくる。その問題にはさほどの意味もないし、何ら伝えるべきものもない。

Qが投稿したものの中に、特殊なアクセスが必要なものは一度もなかった。唯一必要なのは、積極的な想像力だけであり、支持者たちはQの些細なミスも喜んで許してくれた。その寛大さにおいて、Q信者たちは際立っていたと言ってよい。

Qプルーフ

戒律を守るユダヤ人といえども、もはや旧約聖書の申命記第二二章一一節の戒律に背いて「羊毛と麻を織り交ぜた服」を着た人間に石を投げるようなことはしない。それと同じように、Q信者たちは、Qドロップがすべて正しいとは限らないと考えている。しかし、正しいものについては、偶然とみなすことが到底ありえないと思うほどに正しいと考えている。それゆえに、Qが自ら名乗る通りの人間であると信じているのだ。トランプの周囲にいるカルト的なパーソナリティの持ち主たちも、こうした考え方から力を得ている。表が出たらトランプの勝ち、裏が出たら敵の負けといった具合だ。[†12]

Q信者たちがインターネット・ミームとしてつくり出した「Qプルーフ」が、この考え方を裏づけてくれる。これはQ信者のためだけに提供されるものだ。例えば、Qとトランプが親密につながっていることの証拠や、Qの投稿する内容はQとトランプのつながりがあって初めて可能になることの証拠が提供される。

数多くあるQプルーフのまとめサイト（本書を執筆する上で利用した他の多くの資料と同じようにQプルーフは消されてしまっているが、今でもインターネット・アーカイブ(1)で簡単に調べることができる）のひとつであるQProofs.com の序文には、次のような説明が書かれている。「Qアノンの極秘情報は、トランプ大統領に承認されており、ここで提供される証拠は、他のどんな主張も虚偽であることを暴露してしまうだろう」。[†13]

「Qとトランプ大統領によって提供されたこれらの証拠を検証してみればよい。わざわざ時間をかけて証拠を検討するようなもっとも懐疑的な人間でさえも納得せざるを得なくなるだろう。Qの正当性を裏づける証拠は否定しようのないものである。そして、これらのドロップが生み出してきた情報は、驚天動地の内容である」。

「未来が過去を証明する」。これは、Qドロップで三六回使われたフレーズである。このQが創り出した原則のもとで、Qプルーフは機能する。後で起きる出来事が、Qがそれまでずっと正しかったことの証拠となるという考え方だ。ある種の遡及的予測と言うべきもので、ドロップの内容と一致する出来事がひとたび起きれば、極めて当たり障《さわ》りのない無難な内容を、事後的に揺るぎない証拠に変えることができるのだ。実際のところ、Qが書いた文章の曖昧さと分量の膨大さを考えれば、最終的には必ずや何かの予言が当たったことにできてしまうのだ。

Qドロップは、ポピュラー・カルチャーや政治の領域における出来事と結びつけられることも多い。Qが一度ドロップの中で使用したことのある特定のフレーズや誤字を、トランプがツイートの中で利用することもある。ここでQProofs.comや他のサイトでみられるQプルーフの典型例を取り上げておこう。二〇一八年四月七日に投稿された一〇七七番目のドロップは、以下のような内容だ。

夜（四）
おしゃべりが増える。
権限　B19－2。
スズメの赤。
万難を排して阻止せよ
よし。

（1）（訳註）インターネット・アーカイブは、世界中のウェブ情報など様々なデジタル情報を保存しているアメリカの非営利法人のこと。

城――オンライン。

Q

ちんぷんかんぷんな内容としか言いようがない。ところが、このドロップが投稿された日は、シリア政府がドゥーマの市街地で抵抗勢力に対して化学兵器を使用したのと同じ日だったことに注意する必要がある。その一週間後、ミサイル攻撃の形でアメリカが軍事介入することとなった。四月一五日、アメリカ軍の爆撃機がシリアの軍事施設を目がけてミサイルを発射した二日後、国防総省のツイッター公式アカウントは以下のような投稿を行った。

四月一三日、第28爆撃航空団のB1ランサーは爆撃作戦のため離陸した。この作戦は、シリアが化学兵器を使用したことに対する国際的対応を支援するためのものだった。二機のB1ランサーが、射程を延伸した一九発の統合空対地スタンドオフ・ミサイル（JASSM―ER）を使用した。この兵器が実戦で使用されるのは初めてのことだった。[†14]

意味不明な一〇七七番目のQドロップとこの国防総省のツイート、さらにトランプが四月一一日にツイートした内容を比べてみよう。トランプはその日、シリアが化学兵器を使用したことへの報復として、アメリカが「素晴らしくも新しい」ミサイルを発射するだろうと宣言していたのである。これらすべてを組み合わせれば、Qプルーフができあがることになる。Qドロップの「B19」と「2」は、この爆撃を想定していたということになるわけだ。そして、トランプは新しいミサイルが初めて実戦使用されるであろうことをリークしていたようにもみえる。まさに未来が過去を証明するのである。

差分ゼロ

しかし、それがどうしたというのか。どう考えても何の内容もない話だ。大半のQプルーフは恐ろしく薄っぺらなもので、Qが正しいという既存の信念を強化するだけであり、実際にQドロップの内容を証明するものではない。Qドロップの虚偽を暴くことは可能である。例えば、「B19-2」というフレーズは何も意味していないと指摘すればよい（グーグルで検索しても「特定不能のウイルス性C型肝炎」の医療費請求コードしか出てこない）。仮に空軍が一八発か二〇発のミサイルを撃っていたとすれば、同じようにその数字に合った別の証拠をQが見つけ出してしまうだろう。こうしたQプルーフの薄っぺらさにはひとつの狙いがある。たとえ個別のQプルーフを否定することが簡単であったとしても、大量のQプルーフが集積することでQの真実性を証明する「証拠」の総重量が増していくのである。

8kunやその他様々なサイトで数百、数千のQプルーフが出回っている。数があまりにも多いので、ひとつずつその内容の虚偽を暴いていくことはできない。まさにこの多すぎるという点が問題なのだ。しかし、いくつかのQプルーフは他のものよりも際立っている。Qの生態系の中でそれなりに時間を過ごしていれば、おそらくそうした注目度の高いQプルーフに遭遇することになるだろう。どのようにしてこれらのQプルーフのようなナンセンスがつくられるのかは、知る価値がある。

Qがジョン・マケインの死亡日時を正確に予言したとされるケースは、もっとも有名な例のひとつかもしれない。幾度も投稿が行われ、マケインが実際に死ぬ一カ月前に、文字通り何時何分に死ぬかということまで予言していたとされている。Qがこの件を予言できたのは、マケインが軍法会議にかけられて国家反逆罪で死刑になるよりは、むしろ自ら死を選ぶことをQが知っていたからだと言われている。

最初の投稿は、二〇一八年六月三〇日、一六四九番目のドロップだった。ブレット・カバノーの最高裁判事の承認投票の日が近づいていた頃で、この話題に触れたドロップであった。「名無し」（Qがマケインに対して好んで用いたニックネーム）は「行動を起こす」だろう。「誰にでも最高の時は訪れるものだ（every dog has its day）」とQは主張した。二度目は、七月二五日の太平洋時間午後四時二八分に投稿された一七〇六番目のドロップであった。マケインが目を閉じて両手を上げながら話をしている写真を添付して、「名無しがまた見出しを飾るだろう」と訴えた。そして、本当にマケインは、八月二五日山岳部標準時午後四時二八分に死んだのである。Qが、目を閉じて両手を上げているマケインの写真を投稿してからちょうど一カ月（マイナス一時間）後のことだった。

Q信者らは当時、Qがマケインの死を的中させた証拠であるとみなした。Qが自分たちに驚天動地の大事件を暗号で知らせたのであり、自分たちはそのメッセージを読み取れるだけの賢明さを持たなければと考えたようだ。人気のQインフルエンサーであるスティーブ・オウットリムは当時次のようにツイートした。

> Qは二〇一八年六月に「誰にでも最高の時は訪れるものだ」とツイートした（マケインについての投稿だ。われわれはマケインを名前で呼ばない）。
> それは、マケインの死を告知したツイートであり、その日は犬の日（National Dog Day）だった。[†15]

ただし、Qはマケインが死ぬと予言したわけでもなければ、事前にマケインの死を話題にしたわけでもない。ただマケインが「また見出しを飾るだろう」と言ったにすぎない。見出しの内容は、彼の引退についての話題からマケインがカバノーを否認するという話題までどんなものでもあり得たといってよい。さらに、犬の日はマケインの死の翌日であり、太平洋時間と山岳部標準時は同じタイムゾーンではない。Qの予言は、この箇所は一時間足して、そちらの箇所は一日差し引いてと操作すれば完璧なものになることは確かだ。しかしそれは言い方を変えれば、本当は正確な予言でないということだ。八月二六日は、マケインが死亡した翌日であった（彼が脳腫瘍の末期の状況にあることは家族によって発表されており、死期が迫っていることは広く知られていた）。八月二六日に、Qはマケインが「見出しを飾る」という投稿を彼の死の三〇日前に行っており、自分たちが彼の自殺を予言していたのだということを仄めかすドロップも投稿している。しかし、それは正確ではない。本当は、七月二五日から八月二五日までのことなので、三一日前というのが正しい。Qは必ず実現されそうなことを曖昧な表現で主張し、いざ実際に実現されたときには、そのことをもって「未来」が「過去」を証明したかのように言うのである。

Q信者たちが信頼している他のQプルーフの例に、トランプが「最高（tip-top）」というフレーズを使ったときのものがある。これも「未来が過去を証明する」ことを裏づけるものだ。二〇一八年の初頭、8chanのアノンがQに次のような依頼をした。「『最高』っていうフレーズを（一般教書演説に）入れてくれないだろうか。掲示板にいる人間たちへの挨拶代わりにさ」。トランプが二〇一八年の一般教書演説でこのような表現を用いることはなかった。しかし、トランプは三カ月後にこの言葉を使った。年に一度のイースター・エッグ・ロールのイベントで、彼はホワイトハウスのことを「信じられない家、というか建物。まあ、どう呼んでもらってもいいけど」と言って、次のように発言した。「最高の状態を保っているよ。時々、最高に素晴らしい（tippy-top）と言ってしまうくらいだ」[†16]。その日Qは九九一番目のドロップで、アノンの願いが叶えられたと主張して、「今日、聞いたかな?」と尋ねた。

アノンたちは聞いていた。アノンたちは、Qがトランプに耳打ちしてアノンの願いを叶えてくれた証拠だと考えた。しかもそればかりか、「嵐」がすぐにでもやってくる証拠であるとも考えたのだった。その日あるアノンは8chanで「大統領がイースター・エッグ・ロールで『最高に素晴らしい』と言った。これは、簡単な仕事ではないということを意味しているのではないか。本当の上層部から始末していくということなのでは。大物を始末する準備が始まっているのかもしれない」[†17]。

もしアノンたちが本当にトランプの発言を聞いていたのだとしたら、アノンたちはトランプが一月に頼まれたことを実行していないと気づいただろう。トランプが「最高」という言葉を使うのに三カ月もかかっている。また、人を思うままに煽《あお》り立てようとするトランプのボキャブラリーにおいて、「最高」というフレーズはさほど珍しいものではない。彼は他の状況でも数多くこの表現を使ってきた。例えば二〇一六年、トランプはロシアの核兵器備蓄を「最高に素晴らしい」と表現し、アメリカの「核」が「古くて老朽化している」と言っている[†18]。

「何も証明していないQプルーフ」の最後の例として挙げたいのが、Qドロップとトランプのツイートの間には「差分がない」という主張である。差分(delta)というのは、二つの数字の間にある差のことを表す数学の用語である。しかしQ信者たちは、二つの無関係の出来事が発生した際の時間差のことをいうために用いている。Qが曖昧に何かを言ったとしよう。その後トランプがツイッターで曖昧に何らかの発言をして、両者の内容が似通っているような場合、トランプのツイートがQの発言から一週間後であれば「差分一週間」ということになる。この意味でいえば、差分は数え切れないほどあるが、もっとも重要なのは「差分ゼロ」のケースだ。Q信者たちが通常「差分ゼロ」という場合、トランプのツイートがQドロップの投稿から一分以内に行われたケースを指している。
一般的なQプルーフと同じように、Qドロップが世界の出来事とどうつながっているのかを「証明」するための差分や指標、タイムスタンプ(2)が無数にある。あるアノンはそれらをグーグルドキュメントにまとめあげた。その文書の項目は二万五〇〇〇件にものぼり、ひとつひとつのQドロップがトランプのツイートや世界の出来事とどう結びついているのかが示された。[†19]
「この文書は、Qがライブ・アクションRPGではないという統計的な証拠です」。あるアノンは「差分」の考え方についてそう述べている。Qは、「差分」という自分たちの偉大さを証明する考え方に心を奪われるようになり、Qドロップの中に差分という表現が数多く用いられるようになった。例えばトランプのツイートに一七分の差分があるとか、Qが大統領執務室の写真を投稿したのとトランプが執務室に言及したツイートには、一分の差分があるといった具合だ。二〇一九年一二月、QはトランプとQドロップの投稿が一分以内に収まっている「差分ゼロ」の例を三六件調べ上げたあるアノンの調査に、リンクを貼って投稿した。三七二七番目のドロップでQは、「これまでみた中でももっとも統計的に特異なものだ」と語った。言い換えるなら、確かな証拠ということだ。
しかし、他のQプルーフについても同じことが言えるのだが、二つの無関係な出来事が同じタイミングで起きたからといって、ただちに二つの出来事の間に関連があることを意味するわけではない。またトランプがツイートする時間帯もかなり決まっていて、大部分が早朝か深夜に行われていた。[†20]したがって、トランプが頻繁にツイートするこの時間帯にQドロップの投稿が行われていたとしても、それらの同時性は

(2)(訳註)ある時刻にその電子データが存在していたこと、それ以降は改ざんされていないことを証明する技術のこと。

統計的にみて有意なものとは言えない。また、トランプとQの投稿の内容が一致していないような場合には、タイミングの一致云々《うんぬん》の問題は、最初から関係のない話だ。

Qが二〇一九年一二月にリンクを貼った調査についてはどうだろうか。その調査を行ったアノンは、後にその文書の数字が出鱈目《でたらめ》であったことを認めている。「いくらかまずいデータがあったせいだ。もとはそのデータの中の時間の表し方について、誤解があったことがいけなかった」[†21]。「到底ありえない」と思われた内容もこうしてみると、単にありそうもないというだけの話にすぎない。

Qの失敗例の数々

Qの陰謀論が登場して最初の数週間ほどの間に、Qはヒラリー・クリントンについての予言を外してサウジアラビアの話題とすり替えるという失敗をやらかした。Qはこの失敗から、しっかりと教訓を学んだようだ。Qは当初、特定の時間を指定し、特定の出来事が起きるという具体的なやり方でいくつかの予言をした。しかし、この失敗の教訓を得てからは、曖昧な予言をしてその実何も起きないということや、証明しようのないことについてやたら具体的に語ろうとするケースが無数にみられた。「マケインがまた見出しになる」と語ったドロップのように、Qドロップの大半は出来事が起きた後になってはじめて自分たちの真実性をあの手この手で訴えようとするものばかりだ。こうした主張の虚偽を暴くということはほとんど不可能に近い。なぜならば、それは主張というよりも、いつか何かが必ず起きるという曖昧な宣言でしかないからだ。

しかし、二〇一七年以降、Qは反証可能な主張や予言も行っている。証拠と突き合わせて矛盾が生じるような主張や予言もあるということだ。そして、この点についてQの成績は恐ろしく酷《ひど》いものであり、Q

の予言を弾丸のような透視能力だと考えているQ信者たちの批判的思考なるものを疑わせるに十分だ。

Qプルーフと同様、Qの反証可能な主張についても量があまりに膨大すぎるので、ひとつずつ否定していくことは難しい。しかし、予言と陰謀論のいくらかを抜粋しただけで、Q信者とは反対に、Qのネット人格のメッキが剝がれるのをみるようだ。Qが予言する出来事は到底実現しそうに思えないばかりか、荒唐無稽なようにしかみえない。以下に二〇一八年から始まる「Qの大失敗」の例を挙げておこう。

・六四七番目のドロップで、Qは重要な出来事を予言していたようである。国防総省に関するもので、二月一日を「Dデー」と呼んでいた。だが、その日国防総省では何も起きなかった。
・Qは七〇〇番目のドロップで、二〇一八年二月一〇日の週末が、トランプ大統領に狙われている人たちの「自殺の週末」となることを仄めかしていた。しかし、その週末に注目を集めるような有名人の自殺はなかった。
・七八五番目のドロップでは、軍人の会話のような体裁で、二月一六日前後にロンドンで自動車が爆破される可能性があることを予言した。しかし、その月どんなタイプのテロ攻撃もロンドンでは起きなかった。
・二〇一八年の三月に投稿された八五四番目のドロップでは、ヒラリー・クリントンの恐ろし気な動画について次のようなことが書かれていた。「ヒラリー・クリントンを失墜させるためのステージは準備できたか+++ + +++++（未編集動画 5:5）EX-rvid 5774?-」これは悪名高い「フラゾルドリップ（frazzledrip）」動画のことを仄めかす発言であった。この動画は、元国務長官のヒラリーが年若い少女を殺害し、少女の顔を切り取って自分の顔にマスクとして装着する様子が映し出されているといわれたものである。しかし、そのような動画は存在しない。そしてこのフラゾルドリップ陰謀論は、デマサイトのユア・ニュース・ワイヤー（YourNewsWire）から出てきたフェイクニュースをフェイスブックが拡散させたものであることがただちに明らかになった。[†22]

・Qは八五六番目のドロップで、トランプが軍隊を称える「忘れることのできないパレード」を二〇一八年一一月一一日に実施するだろうと予言した。トランプは幾度も大掛かりなパレードを実施すると豪語していたにもかかわらず、計画されていたパレードのひとつは延期され、その後理由もわからず中止となった。

・Qは、ジョン・マケインが上院議員の職を辞すると予言した。マーク・ザッカーバーグがフェイスブックを辞め、ジャック・ドーシーがツイッターを辞め、教皇フランシスコが教皇の地位を辞すると予言した。しかし、そのようなことは一切起きなかった。(3)

・九一二番目のドロップで、Qは「ファイブ・アイズ」の名で知られる国際的な機密情報共有の枠組みがそう長くは続かないと主張した。だが、ファイブ・アイズは今でも続いている。

・Qは一〇四三番目のドロップで、「フセイン〔オバマのこと〕が部族衣装を着てＡＫ47を持っている写真が出回るだろう。数多くある写真の中の一枚だ。ネットは遮断される」と訴えた。しかし、バラク・オバマがＡＫ47を持っている写真が出回ることはなかった。またその写真の拡散を防ぐために「ネット」が遮断されることもなかった。

・ネットの遮断について言うのであれば、Qは嵐が来て要人の一斉検挙が実行されるのに先立って、メディアの通信が遮断され、フェイスブック、グーグル、ツイッター、ユーチューブ、インスタグラムが軒並み利用できなくなると繰り返し主張してきた。こうしたことは実際には起きていないが、主要なソーシャルメディアが通信障害などでサービスを停止させるたびに、QやQ信者たちが毎度のようにQの予言が当たったかのように騒ぎ立てた。

・一〇六七番目のドロップにおいてQは、アジアで大きな事件が起きることを仄めかしている。「中国。重慶。火曜日」とだけ書かれた投稿だった。この投稿の後の最初の火曜日は、二〇一八年四月一〇日だったが、その日重慶で注目されるようなニュースは何もなかった。

・一五九五番目のドロップでQは、七月が「世界が真実を発見する月」となると主張した。その真実とやらの内容がどのようなものであれ、何かが発見されることはなかった。またQがその真実の内容について説明することもなかった。

・Qは二〇一八年の選挙と二〇二〇年の選挙の両方で、共和党が驚くほどの勝利を収めると予言した。Qは共和党の大勝利をしばしば「赤い波」と呼んでいた。しかし、これら二つの選挙を通して共和党は上下両院とホワイトハウスの支配権を失うこととなった。

・Qはブレット・カバノーが五三対四七で承認されると予言していた。しかし、カバノーは五〇対四八で承認された。Qはその後予言を修正して、二〇一八年選挙後に共和党が二議席を獲得した上院の議員構成について話をしていたということにした。選挙戦が共和党に極めて有利だった時から、その帰結は広く予測されていたことである。

・Qは、民主党や小児性愛者たちを調査する地方裁判所や弁護士が大量の「起訴案件を封印してきた」

(3)(訳註)ツイッターの共同創業者のジャック・ドーシーは、本書出版後の二〇二一年一一月にCEOを辞任した。翌年の五月には取締役も退任して、ツイッターから完全に離れた。

こと、それらが然るべき時にドナルド・トランプによって明るみにされることを幾度も投稿してきた。†23 Q信者たちはこの主張を展開させて、封印された起訴案件が二五万件にのぼり、全米の巡回裁判所に及ぶ問題であると断定した。ちなみにこの数字はいまだに増え続けているのだが、それはPACER法定文書システムの文書の読み方を間違えていることに原因がある。軽微な犯罪に対する執行令状もカウントされ、逮捕とは関係のない通常の法定文書までカウントされているのである。しかし、トランプによって大量の封印された起訴案件が明るみに出されることはなかった。『Qアノン――大いなる覚醒への招待』の笑いを誘う脚注で、この「封印された起訴」に関する主張が取り上げられている。インタビューを受けた児童誘拐担当の刑事は、この主張を一笑に付し、起訴案件自体が増加してなどいないと説明した。刑事はこの質問を受けた際には、困惑した様子だった。

・最後に、Qはもうすぐ大量検挙が行われると何度もしつこく言い続けてきた。二三四四番目のドロップのように、「逮捕を目撃する準備はできているか。痛々しいことが起きるが大丈夫か。歴史の一部に加わる覚悟はできているか」などと大袈裟に問いかけてきた。大量検挙が予言通り実施されないことが判明した際には、Qは責任を転嫁した。例えば二五五六番目のドロップでは、「『青い認証マーク』をつけてフェイクニュースを垂れ流すツイッター上の人間たち」を非難した。Q信者たちに、逮捕は間もなく実行されるのだと何とか思わせようとしたのである。

以上の例からもはや明らかであろう。Qは、機密情報に対する特権的なアクセス権限など持っていなかった。Qの予言もまるで実現しなかった。Qが絶えず特権的なアクセス権限を持っているとか、予知能力を持っていると言い張ることの中にしか「証拠」はなかったのである。

Qのネタ元

最後に、Qの話の大半は、他のソースから盗んできたものや剽窃したものだ。Qが示したロスチャイルド中央銀行の長文リストは、二〇一二年頃に書かれた右翼のブログからコピペしたものだ。他の誰かがつくったものであるため、このリストについては同じような考え方の人間が他にもかなりいたことがわかる。

Qの極めて重要なスローガンやアイデアの多くは、他のメディアから盗んできたものだ。「われら団結して共に進まん」というフレーズは、求心力のある掛け声だ。しかしこれは、Q信者が主張するように、ジョン・F・ケネディのヨットのベルに刻まれていたものがオリジナルではない。このフレーズが刻まれたベルは、リドリー・スコット監督の映画『白い嵐（*White Squall*）』（一九九六年）でセットに使われていたドイツ建造の帆船アイ・オブ・ザ・ウインド（Eye of the Wind）のものだ。この映画の中で「われら団結して共に進まん」というフレーズが幾度かセリフの中で用いられてはいるが、ケネディ大統領とは何の関係もない。そもそもケネディは、自分のヨットを持っていなかった。他の大統領たちがいろいろな用途で利用したヨットをケネディも使っていたのである。[†24] もうひとつ、「暗闇の一〇日間」というQのコンセプトについて取り上げておこう。「嵐」の到来を準備する局面において、インターネットと電気が遮断されることを指すものだ。最初に使われたのは八八番目のドロップだが、これは二〇一七年の映画『ブレードランナー（*Blade Runner*）2049』で大規模停電を描写する場面のセリフから直接的に盗用されたものだ。[†25] スーパードラッグのアドレノクロムは、もちろん『ラスベガスをやっつけろ』から盗まれたものだ。そしてQの基礎的なコンセプトや発想の多くは、『マトリックス』シリーズや『ゴッドファーザーⅢ』のような映画から拝借したものだ。

武装化した愛国者たちによって、政府に対する民衆蜂起が実行されるというアイデアは、一九七八年に発表された影響力ある白人至上主義的小説『ターナー日記（*The Turner Diaries*）』を真似たものだ。この小説では、Qを思わせる「ロープの日（the Day of the Rope）」なる言葉も登場する。[†26]「嵐」が世界の悪を洗い流すというQアノンそのものを生み出した考え方については、ナチスの影響が読み取れる。ナチスの初期の準軍事組織は、SA、すなわちSturmabteilung（突撃隊）として知られているが、この言葉の文字通りの意味は「嵐の派遣隊」なのである。[†27]「嵐」について散見されるアイデアにしても、悪に対する暴力的復讐劇に焦点を当てた『タクシードライバー』や『デス・ウィッシュ』『九六時間』などの人気映画シリーズにみられるものだ。

Qドロップや Qプルーフの虚偽を暴く作業と同じように、Qに影響を与えた他のメディアについて列挙し始めるとほぼ永遠に続けることができてしまうであろう。大事な点は、一度Qの内実を理解するようになると、Qをみる方法が定まってくるということだ。そうなればQのことを、大胆かつ斬新な形で真実を伝えようとする人間とは考えなくなるだろう。Qが提供するものは、陳腐で古い物語に他の物語の衣装を着せて、ピカピカ光る新しい箱に入れているにすぎないと気づくようになる。嘘つきの人間がファンの気を引くために、飽きさせないよう、興奮が持続するよう必死になっているだけだと理解できる。何十年、何世紀もの間続いてきた陰謀論や物語の言葉が、新しい観客を引きずり込んだのがQアノンであることがわかるだろう。

そして新しい観客たちは、Qを信じた。Qが本物であると信じ、Qが人類最大の秘密を共有し、Qが想像を絶する悪との戦いにおいて自分たちの助けを必要としていると信じたのであった。一体こうした人々をどうすればよいのだろうか。どう助ければよいのか、そもそも助けることができるのかどうか。これが

Qに関する最大の問題であると言ってよい。

Qを信じた人々をどのようにして助けるべきか。これが本書において問われるべき最後の問題である。そしておそらくは、もっとも回答が難しい問題だ。

第13章　Q信者たちの孤独な旅
——Qアノンから脱け出す人々

メディアは三年の間、Qを無視するか嘲《あざけ》るだけだった。ところが、大統領選の結果を受けて、今度は過剰反応するようになった。主要なメディア各社はQの話題を掘り返し、その歴史や信条を説明する記事を掲載した。その中には、全く新しい調査の道を開いた素晴らしい報道もあれば、取り上げているテーマの基本的内容さえ理解しないで戯言《ざれごと》のような記事を掲載するニュースサイトもあった。こうした報道において繰り返し問われたのは、Q信者に対して、われわれは何ができるのかということであった。どのように彼らを助けるべきか、そもそも助けることは可能なのだろうか。Qの問題がにわかに世間を賑わせ、誰でもひとりは知り合いの中にQの教義の少なくとも一部を信じている人間がいるような状況になっても、それにどう対処すべきか、誰にもわからなかったのである。

メディアには、Qアノンによってバラバラにされた家族の話や、Q神話に熱烈な信仰を捧げることで一生の傷を負った話が溢れるようになった。大統領就任式後、『ハフポスト』には、九人の子どもたちに取材した記事が掲載された。これら九人の親たちはいずれもQアノンの影響で過激化した人々である。[†1] 記事の中には、両親がイラク・ディナール詐欺やネサラ詐欺に騙された話や、Qが煽るコロナ否定派の議論をすっかり信じるあまり、コロナが原因で死亡した実母の葬儀に穴だらけの漁網でできたマスクをつけて参列した話が取り上げられていた。『バズフィード』、NPR、ABCニュース、『Vice』、『ニューズウィーク』、『ワシントンポスト』、そして数えきれないほどの他のメディアも、同様の内容の記事を掲載した。崩壊した家族、失われた休日、非難、想像の中のディープステートの悪事を夜な夜な寝ずに「リサーチ」したためにボロボロになった心身についてのストーリーであった。

愛する人を奪われて動揺した家族が頼れる場所は、現状どこにもないに等しい。相当な数の脱会者がいる他のカルトの場合、より多くの救いの手が差し伸べられてきた。残念ながらQは非常に新しく、元信者は恥ずかしさから名乗り出たがらないため、数少ないレディットのフォーラムとフェイスブックのグループを除けば、脱出を助ける体系だった仕組みはない。さらに、アメリカは過激化した人間の考えを改めさせていくための組織的な方法がひどく遅れている。元軍人や警察関係者がヘイトグループから脱け出すための支援に、退役軍人グループの団体と警察当局が奔走している事例がみられる程度だ。[†2] これまで数多くの専門家が、ヘイトグループから脱け出す際につきまとう問題点について語ってきた。かつてネオナチだったブラド・ガロウェイは、公共ラジオ放送局WNYCのポッドキャスト番組「オン・ザ・メディア（On the Media）」で自身の経験を語っている。ヘイトグループの生活に完全に「飼い慣らされてしまっている」人々が、そこから脱出しようと選択したとき、恥ずかしさと自責の念から思いとどまってしまうのである。[†3]

希望がないとは言わない。カルト脱会のための詳細なガイドやビデオがあるし、過激派やヘイトグループの元メンバーの中には、それらの運動が自分に何をもたらしたのか、また、どのようにして脱会したのかを恐れずに話す人たちもいる。だが、Qアノンはあまりにも複雑で新しく、非常に多くの側面があるため、これを理解するには一連のスキルを要し、一人の人間がそのすべてを備えることはほぼ不可能である。

わたしももちろんそのようなスキルを持っていない。Qアノンについて調査をして記事を書くようになって、信者の家族が連絡をくれるようになった。それらの人々は、愛する人々に一体何が起きているのか、何をすべきなのかについて、指針と答えを必要としていたのだ。まずメールやツイッターのダイレクト・メッセージが少しずつ来るようになり、トランプ大統領の任期の最終年には、その数が膨大になった。わたしは、それらのメッセージに長らく答えることを拒んでいた。どうして答えを持ち合わせているというのか。わたしは単に、自分のためにこの現象を理解しようとしているにすぎない。プロのカウンセラーでもなければ、カルト運動の専門家でも心理学者でもないのだ。長年の研究と実践に基づく学術論文を、自分の名前で発表したこともない。悪いアドバイスをしてしまったらどうすればよいのか。事態をかえって悪化させるようなこともあり得るのではないか。誤った発言をしたばかりに、破綻している関係が真に危険な状況に至ってしまったら。それよりは、その人の幸せを祈り、自分自身を守るほうがよいのではないか。このように思うのは、間違っているだろうか。

しかし、今のQアノンがどこにも行き場がないのと同じように、Q信者の家族にしてもわたしにしても、崩れ落ちそうな橋の上で揃って立ち往生しているようなものである。関わらないようにしたくても、今さらそのような選択肢はないのだ。

幸いにも、本書を書こうと調査するなかで、適切なアドバイスをくれる多くの人たちと話す機会を得た。経験に基づいた知識を有する人物の著作に触れることもできた。しかしもちろん、愛する家族をQアノンから救うための万能策を教えてくれた人は誰もいなかった。そもそも万能策なんてものは誰も持っていないし、持っていると言う人がいれば、むしろ全力で避けるべきだ。しかし、経験者の話には耳を傾ける意義がある。

わたしは、訓練を受けたり、職業上の経験があるわけではないが、数多くの分野の専門家にインタビューをし、Qアノンの運動と直接やりとりを重ねてきた。これらの経験を通して、Qアノンと関わってしまった家族を救済するための核となる行動の組み合わせを編み出したのである。その行動とは、共感、思いやり、愛といった原則に基づくものだが、同時に、その人がどれだけQにのめり込んでいるか、Qから離れることにどんな利益があるかによって、うまくいかない可能性も十分にあることを理解している。その人が、Qアノンにあまりに深くのめり込んでいるとか、家族との関係を再構築することよりも、Qにしがみついていたいと望んでいる場合は、救出のための闘いは勝ち目がないかもしれない。だが、そうでないのなら、良い方向に向かうチャンスはあるはずだ。

やるべきこと

〈本当にやりたいかどうか決める〉和解は双方向でなされるものであり、あなたとあなたの愛する人の双方が動かなければならない。和解を進めるか否かについて、プラス面とマイナス面を考慮することは当然のことである。また、助けようとする大切な人がまだQにすがっているとか、その人があなたを危険な目に遭わせたことがあるなどの事情から「やらない」と決めることも至極当然である。ポッドキャストの番組「スケプトイド（Skeptoid）」のホストを務めるブライアン・ダニングに、愛する人や友人をどうやってQから脱退させることができるかと尋ねてみた。すると彼は「もし相手が金銭的負担を強いてくるとか、何か危険なことをしてくるというのでなければ、放っておけばいいのです」と述べた。「対立を生むというマイナス面を正当化するだけのプラス面はないのです」。シャノン・フォーリー・マルティネスは、元白人ナショナリストで、今ではヘイトグループから人を救出するために講演や執筆活動をしている人物だ。彼女は次のように言う。「カルト運動やヘイトグループに入るということは、中毒になるのと同じです。

信者の生活は、完全にその活動を中心に回ることになります」。したがって、「こうした行動に入り込んでしまっている人自身が、変わる用意ができていない限り」、家族も友人もほとんど手助けできることがない。

Q信者が、自傷行為に走っているわけでもなければ、無理にQから脱け出させる必要はない。また、助けようとしてあなたの安全が脅かされるような場合も同様だ。無理に脱出を考える必要はないのだ。どちらにせよ、簡単にはいかないのだから。

〈自分がやろうとしていることの範囲と難易度を理解する〉 思い出していただきたいのだが、進化論的にみて人間は、危険察知のためにパターンを見出すようにできている。パターンが可視化できない状況においても、パターンを探し出そうとするようにできているのだ。Qアノンやその他の陰謀論全般は、麻薬やギャンブルと同じように中毒性があり、強力である。普通の人は、Qやその神話が常軌を逸していると思うだろうが、Qに夢中になっている人たちは、自分たちが収集した「秘密の知識」を欲しない人たちこそおかしいと考える可能性が高い。Qがあなたの愛する人に何を与えているのか、あなたはそれに代わって何を与えることができるのかを念頭に置くべきである。実際、あなたがQに代わって満足させられるものを与えられない可能性は高いのだ。たとえそれが、あなた自身のせいではないにしてもだ。マーク・ユルゲンスマイヤーは、Qに傾倒することで世界観を転換させた人が、そこから脱け出すことは容易ではないと述べる。その世界観を捨てることで失われる自尊心、アイデンティティ、共有するコミュニティはあまりにも大きいからである。こうしたものは、容易には放棄できない現実の構造である。英国のカルト専門家であるアレグサンドラ・スタインもこれに同意する。彼女は、カルト脱会のための相談には乗っていないという。なぜならそれは、困難な上に労力もお金も時間も非常に要するからである。とはいえ、以下でみるように、カルトや強圧的な運動から誰かを救出することは可能である。

〈自分がひとりでないことを知る〉 Qアノン信者の家族や友人たちに最初に伝えたいのは、自分がひとりではないことを知ってほしいということだ。この一年ほどの間に、このアドバイスはより一層的を射たものになってきた。自分をQ信者と自覚していなくても、その主張を部分的にでも信じている人が本当に数百万人いるとすれば、それよりさらに多くの人々が置き去りにされていることになる。彼らは同じように闘い、同じように負け、同じように眠れない夜を過ごし、誰も助けてくれないと感じているのだ。Qアノンに大切な人を奪われた人々のための支援グループが増えてきている。例えば、レディットのフォーラムのひとつである「Qアノンの犠牲者たち（r/QAnonCasualties）」には多くのモデレーターがいて、荒らし行為のない安全な環境で「支援、リソース、発散する場」が提供されている。他にも、Qから脱け出した人たちのための、もう少し規模の小さなレディットのフォーラムもあるし、安全なメッセージングアプリであるテレグラムやフェイスブック上にもQアノンの犠牲者たちを支援するグループがある。

〈カルト集団とその魅力を理解する〉 過激派集団や陰謀論の運動に入るのは、自分にはない何かを与えてくれるからである。こうした運動は、仲間意識をもたらし、無力な人に力を、孤独な人につながりをもたらす。また、困難な問題に答えを示し、説明できない出来事を説明してくれる。Qアノンのような運動の魅力を理解することは、そこから脱出したい人を助ける上で不可欠である。強圧的な運動を理解したり、すぐに見分けたりする方法については、助けとなるリソースが豊富にある。Qアノンを、嘲笑すべき変人集団などではなく、社会運動としてのカルトとして扱っている図書、ビデオ、長編ドキュメンタリー、ウェブサイトなどがある。たくさんありすぎてすべてをここに挙げることはできないが、少なくとも以下のもっとも重要な本を読むことが、出発点になるだろう。

ロバート・ジェイ・リフトンの一九六一年の著作である『思想改造の心理（*Thought Reform and the Psychology of Totalism*）』は、カルトがどのように人々の考え方や話し方を変えるのか、その基本を整理した初期の著作のひとつで、「思想改革のための八つの基準」を提示している。リフトンはまた、「思考停止させる決まり文句」の概念を体系化した。これは、信者の疑念を払拭する言語表現のことであり、Qアノンの「計画を信じろ」とか「われら団結して共に進まん」といった用語がこれに該当する。また、カルト専門家であり、元カルトメンバーでもあるスティーブン・ハッサンの『マインド・コントロールの恐怖（*Combatting Cult Mind Control*）』も参考になる。大衆運動の背後にあるメンタリティについて考察した代表作としては、エリック・ホッファーの『大衆運動』やフェスティンガー、シャクター、リーケンによって一九五六年に出版された画期的な著作『予言がはずれるとき』がある。

本書で引用した専門家も、思想統制や陰謀を行う集団に関する著書がある。リック・アラン・ロスの『カルトの表裏（*Cults Inside Out*）』、アレクサンドラ・スタインの『恐怖、愛、洗脳（*Terror, Love and Brainwashing*）』、ミック・ウェストの『ウサギ穴からの逃走』、マーク・ユルゲンスマイヤーの宗教的テロリズムの研究である『グローバル時代の宗教とテロリズム（*Terror in the Mind of God*）』などである。さらに、サイエントロジーやモルモン教原理主義からＮＸＩＶＭ（ネクセウム）[1]やオウム真理教のような新しい運動まで、数多くのカルト的な運動には、それぞれに特化した書籍やシリーズが豊富にある。

〈**自分のペースで連絡を取り合う**〉大半の専門家は、Qアノン信者と関わりを持つ人に対して、可能な限り連絡を取れるようにしておくようアドバイスする。ただし、こちらに対して陰謀を企てていると主張して訴訟を起こしたり、以前やり合ったいざこざを蒸し返すような場合はその限りではない。連絡を取れるようにしておくのは、信者がQアノンのビデオやドロップの解釈を送りつけてくるようにするためではない。もしそのようなことがあれば、一時的にでも連絡を絶つ権利があると思ってよい。連絡を取れるようにしておくのは、たとえ相手が自分のことを気にかけていないようにみえても、自分が相手のことを気にかけていると伝えることに意味があるからだ。

Qアノンのようなカルト運動に入ると、今まで会ったこともない仲間が良い気分になっているかどうかが重要になり、仲間が憎んでいるものを自分も同じように憎むことによってドーパミンが分泌されるという経験をするようになる。そして、こうした仲間と感情を共有する経験が、個人的な人間関係の浮き沈みに取って代わるようになる。感情を共有できる仲間がいるせいで、愛する人と意見を衝突させながら骨の折れる議論をすることが難しくなってしまう。その結果、自分と同じように感じない人間は敵であり、破壊するか接触を断つべき存在であると自ら進んで考えるようになってしまうのである。前述のスタインは、次のように述べる。「カルトがそのメンバーに対し、外界は恐ろしくて安全な場所ではないと思わせようとしていると感じるなら、『あなたを愛している、わたしは安全だ、あなたがこうしたことに関心を抱いていることはわかっているけど、それでもわたしはここで待っていて、あなたの準備が整えばいつでも駆

(1)（訳註）ネクセウムは、キース・ラニエールを中心とするカルト団体。自己啓発団体を名乗りながら、会員女性を性的に搾取していたことで知られている。

けつける』ということを思い起こさせなければならない」。また、たとえ返事がなくても、数週間に一度、挨拶程度に連絡するつもりであることを相手に伝えておくとよいという。

ミック・ウェストは言う。「とにかく語り続けることだ。あなたはその人が持つ、現実との唯一の接点かもしれないのだから。何を話すかは問題でさえない。ただ、理解を得るために効果的な方法でコミュニケーションを維持することが大事なのだ」。

シャノン・フォーリー・マルティネスも同様のことを薦める。ただ連絡を取り合い、共通の思い出や経験について話し、その人と自分の関係を考えながら、話すよりも聞くことを一層心がけることが大切だ。ただし、自分が安全だと感じ、これらのことを行うことが自分の能力の範囲内であると感じられる限りにおいてである。

ハッサンは、Qアノンに引き込まれる前の時代の共通の記憶について語ることを提唱している。[†4] そうすることで、陰謀論とか政治とは何ら関係ない中立的な態度で、共通点を再発見することができるだろう。相手が、あなたを安全な場所であったと、Qアノン以前の自分の経験を思い出し、何を間違ってこの道に突き進んでしまったのかを探る手助けをしてやるのだ。しかしどのような場合も、コミュニケーションは優しく、対立的にならないようにしなければならない。さもなくば有害無益になり、あなたを攻撃の危険に晒すだろう。

〈**プラグを抜いてみる**〉Qアノンは、8kunに投稿されるQの言葉はもちろん、信者たちがやりとりする掲示板やソーシャルメディアに至るまで、ほとんどすべてがデジタル情報空間で展開する運動である。だからこそ、専門家は口を揃えて言う。Qから脱け出そうとする人を助ける上で、決定的に重要なことは、その人たちをネットから遠ざけることだと。

リック・アラン・ロスは次のように述べている。「Qにハマった人たちのプラグを抜いてしまうことが鍵なのです。ネットにつながらない時間をつくって休ませてあげてください」。

文字通りサービスを断ち切る以外に、インターネットを遮断することはほとんどできないので、これには相当な時間がかかるだろう。コロナの感染状況によってはもしかしたら不可能かもしれない。しかし、可能であれば、息抜きに連れ出すことだとスタインはアドバイスする。「外に連れ出して、インターネット接続が良くない場所で過ごさせることです。海でも山でも良いので、Q信者の仲間と連絡を取り続けることができない場所に数日間連れ出すんです。そうすることで、自分の頭で考え始める余裕を持つことができるかもしれません」。

時間がない場合には、数時間でも効果をもたらすこともある。マルティネスは、ヘイトグループ・メンバーの急進的立場を捨てさせる上では、長距離ハイキングとかゲームを一緒にするといった簡単なことでもよいので、なにかアウトドアの活動をすることを勧める。ソーシャルメディア上で絶え間なく飛び交う陰謀論や悪いニュースから引き離して、少しでも休ませることができれば有益である。情報操作の研究者であるブルック・ビンコウスキーは、陰謀論や悪いニュースは「常に人々を憤慨させ、恐れさせ、あるいはネガティブな心理的興奮と刺激を与え続け、彼らを操作しやすくしている」と警告する。

同様に、Q信者に立ち向かうことを選択したなら、ネットから離れた環境で行うとよいだろう。カルトからの脱会のための介入を何百と取り仕切ってきたロスは、電子機器の電源を切り、Q信者が家族と一緒に座り、他に気を取られないようにすることを提唱する。そうすることで、「サブカルチャーの世界に戻ることなく、自分で論理的に考えたり答えたりしなければならない」環境に信者を置くことができるからである。

〈ドアが開いたら、通り抜けられるように準備しておくこと〉脅威を与えないコミュニケーションを継続し、インターネットにアクセスできない期間を繰り返し設けることで、やがてQ信者は、あなたが安全に話せる相手であると確信するようになるかもしれない。また、Qが自分たちのためにつくった安全圏が揺らぎ始めていることに気づき始めるかもしれない。

あなたの取り組みにより、または信者自身の気づきにより、そのような心境の変化が生じたならば、助け出せる本当のチャンスが来たということである。覚悟を決めなければならない。彼らがQに何か少しでも疑問を持ち始めたのであれば、Qのつじつまの合わないことや間違いを指摘するとよいだろう。例えば、Qが投稿した偽情報や予測のうち、実際には起こらなかったことを指摘するのだ。あるいは、Qドロップの中にみられる明らかな人種差別や反ユダヤ主義に言及するのもよいだろう。バラク・オバマを「フセイン」と呼んだり、「血の中傷」という表現を、投稿者が使っていることに言及するのもよいだろう。これらのことに本当に同意するのか、と改めて問いかけるのだ。おそらく、Qアノンの霧から脱け出しつつある人が、自分たちの偏見を強化するということはないだろうから、さらなる議論の機会を与えてくれるだろう。

それから、QやQの神話が答えを導き出す方法についても話題にするとよいかもしれない。腐敗した政治家や財界の大物は、一般人には到底できないことをやってのけるものである。ジェフリー・エプスタインをみるがよい。Qが想定する「組織的な人身売買ネットワーク」が存在しないからといって、危険に晒《さら》されている子どもたちのことを気にかけないわけにはいかない。それに、クリントンやバラク・オバマ、そしてジョージ・ソロスが、Qの言うような赤ちゃんを食べる悪魔ではないからといって、完璧な人間とはほど遠いこともわかりきっていることだ。そのように伝えることで、Q信者が気に入っている陰謀論に屈することなく、彼らにとって快適な雰囲気の中でQ信者に対処するのが容易になるだろう。また、QやQを応援する人々がよく話題にする、陰謀の試金石に同意するのもよいだろう。例えばCIAのマインドコントロール実験であったMKウルトラや、一九六〇年代のモッキンバード・プロジェクトによるジャーナリストの監視などは、陰謀論者によって重要性が大袈裟に伝えられている面があるものの、実際に行われたことである。陰謀と陰謀論の違いについての話題や、Qを信じないにしても、政府が発信するプロパガンダをすべて鵜呑みにするわけでもないことを話してほしい。

「なぜQを信じるのか、その理由を理解しようと努めるのです。そして、その理由を穏やかに尋ねるのがよいと思います」。ミック・ウェストは、Qを信じる人間の、息が詰まるような暗闇に一筋の光が射した瞬間をこのように語っている。「信じられない」「あり得ない」「もっと知りたい」と言ってもよいのだという。ウェストはまた、8kunという「Qを決してよくはみせない」場所にQが依存せずにはいられない潜在的な矛盾を攻撃できると考えている。人気のQ動画が言うような「世界を救う」計画は、セキュリティとして簡単に破られる可能性のあるトリップコードを利用しながら実現できるものなのだろうか。人種差別主義者のミームやポルノでいっぱいの、ほとんど使えない匿名画像掲示板に頼ることで本当に達成できるのだろうか。もしくは、二〇一九年に8chanが閉鎖された後の三カ月間や、二〇二〇年にトランプが選挙で敗北した後など、Qが沈黙した時期についてどう説明できるのかを聞いてみるのもよいだろう。子どもたちを救うことを任務とする諜報活動が、そんなことをするとでも思っているのだろうか。こんなにも長い間Qに見放されて、Q信者たちはどんな気持ちだったのだろう。

ここでも、カルト全般とQの両方を理解することが重要である。Q信者たちは、Qのどのような部分にもっとも執着していたのだろうか。例えばJFKジュニアがまだ生きているという幻想とか、運動のより予言的な要素とか、Qについて何か信じられないことが一部でもあるのなら、そこから始めるのだ。あなたも彼らも信じられないことがある、そう同意できることは、何にも同意できないよりずっとましである。

〈一朝一夕に解決できるわけではないことを理解する〉

フォーリー・マルティネスは「離脱はプロセスであり、時間がかかるものです」と述べる。「没頭していた世界から離れるのは第一歩目にすぎません。（その人をQアノンに駆り立てた）根本的な脆弱性への対処がなされていない場合、Qから脱け出したとしても他の破壊的行動に参加してしまう可能性はとても高いのです」。Qアノンから脱け出した人は、自分が恥ずかしいと思う気持ちを克服したり、自分でつくり出した傷を癒したりすることがなかなかできないことを覚悟しなければならない。しかし、誠実で力強い支援システムがあれば、こうした問題は真摯に解決していくことができる。つまり、Qアノンからの離脱は時間がかかり傷を伴うかもしれないが、健全にそして生産的な方法で成し遂げることが可能なのだ。

してはいけないこと

〈**闘いにおいて、時代遅れの言葉や概念を使わないこと**〉一般的に言って、「洗脳」とか「脱洗脳」といった、かつてカルト集団について議論する際に使われていた伝統的な用語は、今日Qアノンのような運動の研究では、もはや広く使われていない。多くの人は自らQアノンを信じることを選び、多くの場合他の陰謀論を通してQアノンに行き着き、そして実生活では得られない何かをQアノンが与えてくれるからこそこにとどまるのである。その意味で、「洗脳」というステレオタイプ的な考え方をQに適用するのは正しくない。そもそも精神医学の世界では、この概念を疑似科学的なものにすぎず、証明された概念とみなせないとして完全に否定する人もいる。[†5] 現在ではもはや、法的・倫理的な理由から強制力を用いた脱洗脳は行われていない。Q信者に対しても、考慮すべきではない。[†6] そもそも「カルト」という用語も、ネガティブで深く埋め込まれた固定観念が伴うので、使わないほうがよいだろう。科学的、医学的に合意のない領域に踏み込まずとも、Qの拘束を解く方法は他にもたくさんある。

〈馬鹿にしたり侮ったりしないこと〉 意見が食い違うたびに、その相手から馬鹿呼ばわりされることを考えてみてほしい。あなたは意見を変えようとするだろうか、それともさらに強く信じるようになるだろうか。同じことが陰謀論や威圧的な運動にあてはまる。Qアノンなんてこれまで聞いたこともないような馬鹿げた話だし、それを信じる人は赤ん坊のときに頭を強く打ちつけたのだと思う人もいるかもしれない。しかしQ信者は、善と悪の戦いの前哨戦を闘っている戦士のつもりなのだ。Q信者を捉えているのは非常に強力な信念体系であり、その内容は信じて行動する人間に報い、嘲る人間を罰するものである。Q信者が強くしがみつくのはこの信念体系であり、その信念を嘲笑したり叱ったりすれば、さらに強くしがみつくようになる。Qは彼らにとって重要であり、彼らに希望と意味を与えている。Qを馬鹿と呼ぶことは、Qを侮辱することになるのではなく、それが真実だと考えているあなたの愛する人を侮辱することを意味する。Q信者たちは、自分が欺かれたということは決して認めようとしない。彼らを攻撃したり、そのことで喧嘩を売っても、Qがすでに信者たちに与えている世の中に対する不満の感情や自分たちが特別であるという感覚を煽《あお》るだけである。Qが彼らに与えているものは何であるかを理解することは助けになるが、

Qをただ嘲ることは助けにならないのだ。

〈議論したり誤りを暴いたりしようとしないこと〉わたしは、陰謀論信者とは議論しないことにしている。それというのも、わたしは懐疑論者で事実を調査して真実に忠実であろうとするが、陰謀論者たちは、自分たちの議論のためにはなんでも使えるからだ。あなたがQアノンと対峙するときもこのアプローチを使うべきである。Qアノンから誰かを救い出すために、Qアノンを論破したり、事実確認をしようとすると、彼らが思いつくあらゆる議論や中途半端なQプルーフを打ちのめすという終わりのない道を歩むことになるだけである。彼らが議論を終えるずっと前に、我慢の限界に達してしまうのはあなたの方である。そして彼らはあなたに向かって勝利宣言をするだろう。Q信者である愛する人とコミュニケーションをとるときは、Qの教義の矛盾や、彼らが信じていない陰謀の要素など、同意できる共通の要素にこだわるとよい。同意できる共通の要素が見つかったのであれば、会話をさらに押し進めるきっかけとなる。しかし、Qとの「事実対事実」の闘いは、無意味以外の何物でもないだろう。

〈大事なことなら、あきらめないで〉誰かに急進的な立場を捨てさせることは、長い時間を要するプロセスであり、それはすぐには成功しないかもしれないし、あるいは、まったく成功しないかもしれない。そして、あなたの助けでQから離れたとしても、その人はまたもやQに導かれたのと同様の陰謀的な考えに陥ってしまう可能性もある。Qが初めてハマった陰謀論だという人はほとんどいないことを覚えておくべきである。

「多くの場合、信じていることの内容が根本的に変化することはありません。ありふれた日常生活の現実を受け入れることは後回しにされるものです」とマーク・ユルゲンスマイヤーは述べる。「信者たちは、自分たちの世界観が万人に共有されるわけでも、成功するわけでもないという現実を受け入れています。それでも、彼らはまだその世界観の多くの側面にしがみついています」。

Q信者たちの行動を変えるきっかけになるかもしれないのは、トランプに代わりバイデンが大統領になったのだという現実が浸透するのにつれて、Q運動が向かう方向性である。最善の筋書きは、バイデンが魔法のように大統領の座から引きずり降ろされることもなければ、彼の「ペテン」が白日のもとに晒されることもないということが明らかになるにつれて、信者たちが徐々にいなくなることであろう。ユルゲンスマイヤーは次のように述べる。「今のQアノンを活気づけている政治的雰囲気というものがあります。その雰囲気は政治指導者の後押しによって支えられており、Qアノンの幻想に信憑性を与えているのです。しかし、状況が変わり、政治情勢がもはやQアノンの味方でなくなれば、過激派運動の信者のほとんどは、尻込みするようになるでしょう。彼らはその後も互いに連絡を取り合い、想像上の言葉を共有したりするでしょうが、ほとんどの場合、自己主張をしようとはしないでしょう」。

もちろん例外はある。筋金入りのQ信者は、Qの衰退期であればこそ進んで決死の覚悟で最後の手段に出るだろう。しかし、もしあなたの近親者のQ信者がそのようなタイプであれば、少なくともその片鱗を見つけて、関係当局に連絡できる可能性がある。議事堂襲撃に関わった反乱者たちのソーシャルメディアの足跡からわかるように、自暴自棄になった陰謀論者は、自分の痕跡を消すことに特に関心を持たない。ソーシャルメディアに危険な行動の兆候がみられたならば、あなたはそれを真剣に受け止めるべきであり、然《しか》るべき関係当局に通報しなければならない。

糸のほつれ

Q信者のほとんどは、連邦議会議事堂の警察官に銃を向けられるような経験はしないだろう。Qアノンの中には犯罪や暴力的な思想があるものの、多くの信者は、世界をより良くするために役割を果たしたいと心から願っているのだ。もちろん、Qアノンを通して世界を良くしようという選択自体が問題ではある。だが、解決方法がないことが問題なのではない。実際Q信者の中には、最終的に外部の信用できる人たちからの励ましによって、自らの力で解決方法を見つける人たちもいるのだ。

Qアノンから脱出した人の話は、始まり方も通った道筋も、人によってそれぞれ異なっている。中には、メリッサ・レイン・ライブラリーのように、醜く衆目に晒されながらQアノンと決別する者もいる。ライブラリーは、大手量販店ターゲットで、自分は「Qアノンのスポークスウーマンだ」と宣言しながらラックにかかっている商品のマスクを次々と床に投げつける姿を自撮りしてSNSに投稿し、それがネットで広範に共有されたために有名になった人物だ。後にライブラリーは、あのように公の場で正気を失ってしまったのは、何カ月もコロナのパンデミックやQアノン関連のネット情報ばかりみていた結果だと認めた。[†7] この騒動後、ライブラリーは自分がカルト宗教にどっぷり浸かっていたことを理解し、その後、精神科で集中治療を受けた。

しかし、ライブラリーのケースは例外的である。Qアノンと決別する大半のケースは、このように突然、公の場で正気を失うことで起こるのではない。それは、Qアノン神話のタペストリー全体を解《ほど》いてしまう一本のほつれ糸によって起こるのである。例えば、どうしても説明できないこと、払拭できない矛盾や間違いのようなものがある。こういったほつれがひとつでもあると、一本の糸を引っ張れば次から次へと糸が出てくるように、他の問題も目につき始めるものだ。多くの場合Q信者は、もっとも大切な人たちを疎外したり遠ざけるなどしており、誰にも頼ることができず、孤独な中そのような経験をするのである。

第11章に登場した元Q信者のセリーナの場合、Qが聖書の詩を投稿し始めたのがそのほつれ糸となった。セリーナは、軍事諜報機関のスパイがそのようなことをするはずがないと考えた。そして、その一本のほつれ糸を引っ張った結果、セリーナの頭の中でQはバラバラに解体したのである。

第6章で詳しく述べたオーストラリア人の元信者、ジタース・ジュデイジョの場合、Qとの決別の旅は、トランプの「最高」発言に関するQプルーフから始まった。ジュデイジョは、この言葉が非常に独特であるため、トランプがこの言葉を使ったことは、トランプとQのつながりを示すものに他ならないと信じた。だがその後彼は、トランプが以前からこのフレーズを使っていたことを示すユーチューブ動画を見つけ、絶句した。トランプの「最高」発言は、Q信者の投稿となんら関係はなかったのである。

ジュデイジョは、二年間に及ぶ息の詰まるようなQへの信奉から解き放たれたときのことを、「そのとき、私の世界は一気に崩れ去りました」と『ワシントンポスト』の取材に答えて述べている。[†8] わたしのインタビューにおいて彼は、「最高」発言の件がすでに頭にこびりついていたために、他の「糸のほつれ」を探し求めたことを語ってくれた。そして、彼はわたしが書いた「封印された起訴案件」の陰謀論を否定する記事を見つけたのである。ジュデイジョにとっては、これが決定的な契機となった。彼は、自分がどれほど落ちぶれたかを理解し、Qアノンに反論するだけでなく、CNNの番組で「赤ちゃんを食べた」と非難したことをアンダーソン・クーパー本人に謝罪するほど、公の機会を使って償いをし始めた。

だが、Qアノンに背を向けたからといって、安心するのはまだ早い。ジュデイジョは、Qに反論し始めたとたん、「またQに吸い込まれるように戻ってしまいそうになった」と言う。Qの世界の外に出てからも、Qコミュニティで何が起こっているのかが気になり、再び自分を見失ったというのだ。現実に引き戻されたとき、彼は嘘を暴く目的ではあったにせよ、Qの投稿をみているうちに四日間経っていたことに気づいた。「Qは、肯定的であれ否定的であれ、みる人が吸い込まれてしまうような効果があるんです」と彼は首を横に振って言った。「ものすごく密度が濃いので、精神的なエネルギーを引き寄せてしまうんです」。

ビーの場合

結局のところ、Qとの決別は各自異なる個人的で個性的な旅だ。だからQ信者を助ける方法も一様ではない。彼ら自身が、助けを受け入れようとしなければならないし、問題がQアノンではなく、陰謀論的思考を好む自分自身であることを認識しなければならない。

ここに記すのは、Qアノンの中心メンバーであったビー（Bea）（仮名）の物語である。ビーはQアノンから脱け出した軌跡について、これまで公には語ってこなかった。Qから負った傷や、そこから脱出した方法についても沈黙してきた。だが、ビーはわたしとのメールのやりとりで、心の内を語ってくれることになった。彼女が電話で話すことを拒んだのは、言葉を口に出すのさえ恥ずかしいという理由からだ。

ビーは、二〇一九年一〇月に、メンバーとなっていたフェイスブックのニューエイジのグループを通じてQアノンと出会った。その年の一二月には、Q関連のフェイスブック・グループに参加し、そのグループを通じてネサラ詐欺に深くのめり込んでいった。Qアノン、ネサラ、そして一般的なニューエイジを信奉する中で、ビーはどんどん「機密情報の更新」や陰謀論のリサーチに時間を取られるようになっていった。

ビーは次のように述べる。「テレグラム上で、私はネサラ関連の三つの違うグループに属していました。

メインのニューエイジグループ、ネサラの状況が毎日更新されるニューエイジのグループ、そしてニューエイジ信仰と宇宙人に特化したグループです」。コロナのパンデミック以前も、彼女はネサラに関するZoom会議に参加し、「福袋」の分配が実現されたときの実行計画について学んでいた。これはまさに、二〇年前にダブ・オブ・ワンネスが推し進めようとした棚ぼたの儲け話であり、ただ新しい世代向けに再度語られたものにすぎなかった。

ビーはネサラについては疑念も浮かんだが、それはすぐに消え去った。彼女は述べる。「意表を突かれたのが、もしファンドが発効した場合、オフショア口座を利用する必要があるということでした。これには少し不安になりましたが、受け入れることにしました。大きな儲けがあるというので、なかなか拭えない疑問や不安もなくなりました」。

ビーはそれから数カ月かけて、より一層過激化していった。ジタース・ジュデイジョ同様、その頃のビーはうつ病と不安症という診断を医師から受けたばかりであった。コロナのパンデミック初期に他の誰もがそうであったように、このようなすでに抱えていた心身の病気が、最悪の事態によって絶えず激しく揺さぶりを受けて一層悪化することとなった。その結果、ニューエイジ、ネサラ、Qアノンなどを信じることで得られる希望やコミュニティが、ビーの健康や幸福にとってますます重要なものとなっていったのである。

「Qの最大の魅力は、その神秘的雰囲気でした。わたしは、スピリチュアルなものに関わる空白をQによって埋めました。すでに参加していたニューエイジ・グループのことを考えたときに、そこで足りないものを補うのにピッタリだったのです」。ビーはまた、ユーチューブで人気のQアノンチャンネルや、QMapのようなまとめサイトもみるようになり、ネサラに関する新情報をブログで読んだり、さらに多くのフェイスブック・グループやテレグラム上のチャンネルにも参加したりするようになった。ビーはこうしたメディアから得られる情報をすべて信じ込み、それがどのように整合性を持つのかをなんとか理解しようと努力したのだという。

不幸なことに、こうした陰謀論が次第にビーの精神的健康状態を大きく左右するようになっていった。だが、それによって陰謀論についての理解が進むことも答えを見つけることもできなかった。それどころか、陰謀論によって不安発作や不眠症がひどくなった。さらに最悪なことに、子どもを含む家族を遠ざけることで、彼女の状態は非常に悪化していった。

ビーは以下のように記している。「不安が増したことで動悸を感じるようになりました。二〇二〇年四月からは、涙もろくなり、毎日のように泣いていました。泣きやすくなったのは、新型コロナウイルスのパンデミックが恐ろしかったという面もありましたが、Qに夢中になりすぎてとても混乱していたからでしょう。まるで家族から引き離されるような気がしたのです」。

ビーは四月には、何かがおかしいと思うようになった。Qアノンやネサラの自分への影響が大きくなる一方で、これらの話の辻褄が合わないと感じるようになったのだ。そしてついに、糸がほころび始めた。Qが展開した多くの新型コロナウイルスに関する陰謀論の中には、「ロックダウンは、『深い地下の軍事基地』から、誘拐された子どもたちを救済するための策略だ」というものがあった。

「もっとも馬鹿馬鹿しいとわたしが感じたのは、Qの推進者たちが、トンネルにいる子どもたちを救出するための作戦として、『深い地下の軍事基地』が爆破されていると主張し始めたことです。そこが全く腑に落ちなかったのです」。このひとつの疑念が消えずに残り、ビーは、無害なニューエイジ信仰から、Qアノンへと急速に先鋭化したことが、自分に何をもたらしたのか、そして、それがどれほど悪い方向に進んできたのかを理解し始めたのである。

そしてついに、ビーはほころんだ糸を引いたのだ。親しい友人たちは、彼女がフェイスブックに投稿している「非常識な戯言」に気づき始めていたが、夫はその変化に気づかなかったという。ビーの中でQに対する疑いが少しずつ生じたにもかかわらず、Q関連のグループが疑念を解くような答えを用意してくれなかったことから、ついに彼女は夫に救いを求めた。重要なのは、夫が嘲笑ではなく、共感と理解を持って対応したことである。そのことにより、ビーははまり込んでいたソーシャルメディアのグループで見聞きしたすべてに疑いを持つようになり、そこから立ち去る一歩を踏み出したのである。終わりのない陰謀論や機密情報の更新、そして予言といったものがビーにとって何も意味を持たなくなった。自分の人生にそうしたものが必要でないと思えるようになったのである。

「わたしの脱却は四月から始まったと言えますが、完全にすべてから脱け出すには五月までかかりました」とわたし宛てのメールにビーは書いてきた。「ネサラのグループとかQの投稿にみられる戯言に飽きするようになってしまったんです。ある日、もうQとかネサラとかニューエイジに関することとすべてに巻き込まれたくないと思うようになりました。精神的にも、ずっと悩んでいました」。

こうして最終的にビーは、Qアノンやネサラのすべてのグループから退会し、フェイスブック上のメンバーもすべてブロックした。そして、彼女は今うつ病と不安症に対処するために必要な取り組みを続けているが、もうQアノンやその他の陰謀論に頼ることはない。ビーはQアノンから脱却し、もはや後ろを振り返ることはないのだ。

家族を失う瀬戸際まで行き、Qアノンや関連する陰謀論に正気を失う間際まで傾倒したことで、ビーは今では、どんなものに自分が巻き込まれていたかを理解している。ビーには伝えたいメッセージがある。

今でもテレグラムやフェイスブック・グループに頻繁に入り浸っているQ信者たちに向けて、また世界中の人たちに向けて次のようなメッセージを伝えたいと思っている。

「この右翼の『陰謀論』は文字通り家族、友人、大切な人たちの間を引き裂きます。他の人が傷つけられたり、あるいはもっと悪い場合には、誰かが殺されることだってあるかもしれません。そうなる前に、この陰謀論を止めさせなければならないのです」。

エピローグ　Qアノンの遺産
――次なるQアノンとは何か

Qにハマったわたしの従弟は、（議事堂襲撃事件が）アンティファによる偽旗作戦であると考えていました。彼の母、つまりわたしの叔母はというと、新型コロナウイルスの存在を否定し、トランプかJFKジュニアが、連邦準備金制度を廃止するだろうという理由で、去年住宅ローンの支払いを止めました。結局彼女は、新型コロナウイルスに感染して亡くなってしまいました。

ツイッターでの匿名のDM

二〇二一年一月二〇日、バイデンが大統領就任宣誓を行い、「嵐」の暗雲を永遠に打ち消した。その一時間足らず後、「不正選挙を阻止せよ」運動の首謀者であり、Qアノンの投稿と直接つながっていたとされる人物のひとり、ロン・ワトキンスが活動を停止した。

ワトキンスは、一二万人の登録者を抱えるテレグラムのアカウント上に、「これからはうなだれずに、できる限りベストな形でもとの暮らしに戻らなくては」と書いた。「新しい大統領が宣誓就任した。そして、誰が宣誓就任したか、どうやってそうしたか、気に入ろうが気に入るまいが、憲法を尊重するのがわれわれの市民としての義務だ。今や次の政権が始まろうとしている。どうかこの数年の間につくったすべての友人と楽しい思い出の数々を忘れないでほしい」。彼は「数日後」に「新プロジェクト」を発表すると示唆していたが、翌月になってもそのことについて発言することはなかった。ワトキンスが再びテレグラムに投稿したのは、それから数カ月後のことだった[†1]。

Qが沈黙し、Qアノンの英雄であったドナルド・トランプは選挙によって大統領の座を失った。その結果、これまでのQの運動がどのようなものであったにせよ、Qアノンは変化を余儀なくされている。ドナルド・トランプが善と悪の最終決戦で敵を滅ぼすという予言に基づいた哲学は、トランプがもはや大統領になれないという厳しい挫折を、なんらかの変化なくして乗り超えることはできないだろう。

実際のところ、Qアノン信者や伝道者たちは、予言の成就を示すゴールポストを動かすだけでなく、ゲームのあり方そのものを変えてしまった。いまや新たな予言は、近い将来、バイデンが大統領の座を引きずり降ろされ、選挙で地滑り的勝利を収めた真の米国大統領トランプが復権するというものである。バイデン政権初期、Q信者たちは、一八七一年のコロンビア特別区基本法や一九三三年の憲法修正第二〇条の誤った解釈に基づき、二〇二一年三月四日こそが、「真の」大統領が就任する「真の」日であると口々に言うようになった[†2]。Q信者や民兵がワシントンに集結し、一月六日の襲撃事件と同様のことが繰り返されるだろうと世界中のメディアが報じた。州兵は厳戒態勢を布《し》き、連邦議会は二日間閉鎖された。しかしながら、実際には全く何も起こらなかった。これはクーデター未遂ではなく、またもやQアノンの予言が先延ばしにされたにすぎない。

Qは今後も、トランプの政権復帰を熱望する予言を続けるだろう。もしくは全く新たな陰謀論が、Qの構成要素を取り入れ、他の理論と融合させ、さらに悪いものをつくり出すかもしれない。どちらの選択肢も発展するには何年もかかるだろう。どちらに転ぶのかは、そのときになってみないとわからない。願わくば、ソーシャルメディア各社が、次に同じようなことが起こったときには、より早く、より真剣に対応してくれることだ。

しかし、再び同じようなことが起きたならば、そのダメージは大きなものとなるだろう。Qが二〇一七年一〇月以来残したものは、「友だちとの楽しい思い出」などではなく、崩壊した家族、砕け散った心、そして瀬戸際に揺れる国家である。何百万人もの人間が、朝起きてから夜床に就くまでQアノンの神話を信じ続け、さらにその家族や愛する人たち何百万人が、それを理解できずに苦しんでいる。逮捕者は後を絶たない。バイデンの大統領就任式後の数週間で起訴された議事堂襲撃者のうち一二人以上が、Qアノンの信者であった。[†3] そして、彼らと並んで連邦議会を襲撃した極右のネオナチやその他のヘイトグループは、暴動後にソーシャルメディアが取り締まりを強めたことに不平を抱いているQ信者たちを、自分たちのグループに引き込む千載一遇の好機とみている。

Q信者と関わって、「楽しい思い出」を抱えている人などまずいないであろう。自らがQから脱け出し、他の人の離脱を助けるために、最善を尽くしている少数の幸運な人々がいる一方で、それよりはるかに多くの人々が、自身の生活の中でQの影響に対処し続けている。これらの問題は、解決するのに何年もかかるだろう。

「リック」の三〇年来の友人である「ガース」は、Qアノンを熱烈に信奉するようになった。リックは、ガースが自分にストーカー行為をはたらき、殺害予告までしてきたことをわたしに話してくれた。そのリックから後日談を聞くことができた。ガースに訴訟能力があるかどうかを判断するための公聴会が開かれた後、何が起こったかについてだ。

「ガースは取り決めを破って、裁判所の外でわたしに向かって金切り声を上げました。わたしを殺人者、裏切り者と呼び、『死ね』と叫んだんです」とリックは語った。法廷に入るとガースは、判事、リック、家族に対して四度も怒りを爆発させたので、手錠をかけられ、法廷から引きずり出された。間もなく彼は訴訟能力がないと判断された。彼は精神科の施設に再送され、広範囲にわたる治療を受けることになった。「ガースは、重罪の保釈中に逃亡した罪二件と治安紊乱《びんらん》の罪二件で起訴されました。彼は、間もなく出される判決に基づいた実刑を終えるまで、国の施設から一歩も外に出ることはないでしょう」。リックは最後にこう付け加えた。「ようやく少し安心できるようになりました」。

Qから脱け出せた他の人々からも、友情が永遠に失われてしまった話や人間関係が壊れてしまった話を聞かせてもらった。また、Q信者の女性とその配偶者が、別居をして親権争いをしているという話を聞いたこともある。女性が何度かQのもとを去ったり戻ったりしているうちに、ついに二人は決裂し、別れてしまったという。

男性は次のように語る。「彼女と離れて約二カ月になりますが、気持ちが楽になりました。息子がいなくなったことでひどく落ち込みましたが、彼女がQにのめり込んでいるときに放出する奇妙なネガティブなエネルギーから離れることができて良かったです。これで、彼女がQから目を覚ますかどうかはわかりません。良い面としては、彼女はわたしから息子を遠ざけようとは思っていないようです。わたしたちは子どもたちの親権を分けましたが、今のところ、かなり穏便に済んでいます。こういう大きな出来事があると、彼女がキレて何かおかしなことをするんじゃないかと心配になりますが、まだそんなことはないです」。

Qアノンは、今まさに共和党に重大な影響を及ぼしつつある。議事堂襲撃事件の後、Qと保守主義が当面の間、密接な関わりを持ち続けるであろうことは明白に思われた。しかし、実際にどのような形で関係し合うかについては、今後選挙が繰り返されていく中で明らかになるだろう。トランプは大統領選敗北後、真のＭＡＧＡイズムの旗印を立てるために、共和党と競合する「愛国者党」を結成すると発言したことが伝えられた。このような第三政党は、ポピュリストのレトリックと不満に基づくもので、一八五〇年代に熱狂的な移民排斥主義を掲げたノウ・ナッシング党の二一世紀版といえる。ノウ・ナッシング党は、街頭暴力と反カトリック陰謀論を用いて全国で数十の議席を獲得したが、南北戦争直前に崩壊した。[†4]

しかし、Ｑが今現在の共和党で影響力を保持するにあたって、新党結成のような思い切ったこと（そしておそらくは、決定的なこと）をする必要はないだろう。在ベンガジ米領事館襲撃事件やヒラリー・クリントンのメール問題をめぐる偽りの論争と同様に、人身売買組織やディープステートが二〇二〇年の選挙を盗んだと訴えるＱアノンの荒唐無稽な陰謀論は、いまや保守派の主流に定着しつつあるのだ。民主党でさえ、明示的にＱアノンと共和党を結びつけるような広告を打ち始めている。もっとも、民主党はそのために、特にＱ信者やＭＡＧＡ信者全般を無教養な田舎者とする不公平で不正確なステレオタイプを使用しているのだが。[†5]

しかしながら、Ｑアノンが共和党を包囲しつつある一方で、Ｑの存在感が低下しつつあることもまた事実である。今ではリンク切れとなっているトランプのプロパガンダ動画を、二〇二〇年一二月六日に投稿したのを最後に、それ以来Ｑは沈黙を保っている。今後一切発言しないかもしれないし、そうではないかもしれない。つまり、Ｑは二度と新たなドロップを投稿しないかもしれないし、もしくは突然戻ってきて数百のドロップを投稿し、解読者やＱを応援する人たちのために、解かれるべき新たな謎を大量に提供するのかもしれない。ドロップをつくる人以外に、どうなるのかは誰にもわからない。そして、それが一体誰なのかさえも永遠に謎だろう。

誤解のないように言うと、わたしがこの本を書くために取材した専門家や偽情報をテーマに取材しているジャーナリストのほとんどは、最初のQの投稿をした人物が誰であるかについて、かなりのところわかっているようだ。それはおそらくポール・ファーバーが中心となり、コールマン・ロジャースもしくはトレイシー・「ビーンズ」・ディアスがそこに加担したというものだ。Qが8chanに移ってから投稿し始めたのはファーバーの掲示板であり、またロジャースは、誤ってQとしてログインする様子をライブ配信してしまった。そしてディアスは、Qアノンに関する最初のビデオを作成し、本当に広く拡散させた。推測の域を出ないが、これがもっとも事実に近いと思われる。

また、8chan／8kunに大量にドロップを投稿したのは、ワトキンス親子に直接関係する人物であり、おそらくロン自身であろうということもわかっている。結局のところ、ワトキンス親子となんらかのつながりがなければ、Qが二〇一九年に8chanが復活するのを待つ理由もないし、二〇二〇年の大統領選投票日にロンが8chanを離れると宣言して以降、Qはほぼ沈黙しているのだ。ロンはツイッター上でもQと近い内容のツイートをたびたび投稿していたが、同じように消滅してしまった。ロンとQの関係性への指摘は新しいものではないが、HBO〔米の有料ケーブルテレビ放送局〕のドキュメンタリー番組『Qアノンの正体』（Q: Into the Storm）が暴露した事実は、ロンがQである可能性がもっとも高いということを証明するものであった。一例を挙げると、ロンとQは、高級時計やペンの愛好家といった多くの趣味を共有しており、これらは数多くのQドロップに登場した。また、ロンの書く文章には、Qがよく使う文体の癖がみられる。ロンは、Qが投稿する8chan掲示板で使われるトリップコードを全面的に管理しており、Qが新しく生まれた8kunに確実に投稿できるようにしたと考えられる。そんなことができる人物はロン以外にはいないのだが、ロン自身は「Qが一生懸命にやった結果だ」としている。[+6]

最後に、ロンは『Qアノンの正体』の最終話の後半、監督であるカレン・ホーバックに対して、うっかり口を滑らせた。自分とQアノンの関わりを、ほぼ認める発言をしたのだ。すなわち、ロンは不正投票だとか投票機に関する専門知識は正当であると主張し、その理由について「僕は三年間の諜報技術のトレーニングを受け、諜報活動を一般の人に教えてきた。僕は基本的に匿名でやってきた。ただし、Qとしてじゃなくてね」と発言したのである。[†7] 当然のことながら、ロンはすぐに自分がQではないと断言し、テレグラムでも同様の主張を続けた。

しかしながら、本当のところはわからない。また、Qアノンの運動に巻き込まれている人々にとっては、Qの正体などどうでもいいことかもしれない。まじめなQの研究者や偽情報を取材するジャーナリストは、Qの正体がこの運動の方向性になんらかの影響を与えるとは考えていない。新しいドロップがもっとも必要とされたその時にQが姿を消してしまった後では、なおさらその傾向は強まっただろう。あるQ信者にQの正体が問題かどうかを尋ねたところ、「まさか！ そんなことはどうでもいいよ」という答えが返ってきた。多くの元信者も、Qの正体について考えたこともないし、もしそれがわかったとしても、何も変わらなかっただろうと述べている。

だが、Qの正体は誰かという疑問は当然生じてくるし、歴史的記録としては重要である。結局のところ、「誰か」が投稿したのは間違いない。それが、Q信者たちの言うような大統領直属の軍事諜報部員でなくとも、少なくともストーリーテリングの才能があり、聴衆を夢中にさせることができる人物であることは明白だ。「誰か」が、あり合わせの材料に既存の陰謀論や4chanの荒らし行為を組み合わせてQをつくった。他の「誰か」がそれを何年も継続させ、膨大な数の聴衆を生み出し、全国的な注目を集めることになったのだ。これは「誰か」の仕業《しわざ》であり、その「誰か」は今もどこかにいる。その人たちは、自分たちがやったことに責任を持てるのだろうか。

しかし、最初の投稿をしたのが誰なのかを真剣に考えようとすると、ただちに推測や陰謀に頼った答え以外見出せない、果てしない謎を追う旅になってしまう。そこでは、数多くの怪し気な人間たちと出くわすことになる。Qアノンのアイデアを思いついたと自ら主張する人や、Qアノンをつくったと他の人から訴えられている常習的な嘘つきや煽動者たちである。しかし、誰もその主張の裏づけとなるような、信頼できる証拠を持ち合わせていない。真剣に受け止めるべき人物がいるとは、到底思えないのだ。

Qの正体に関してはあらゆる説が存在し、上がった名前だけでも数知れない。その中には、オンラインパズルの組織であるシケイダ３３０１（Cicada 3301）のメンバー、陰謀論者に転じた元ＣＩＡ職員であるロバート・デイヴィッド・スティール、マイクロチップというハンドルネームで活動するオルタナ右翼、Qアノンの英雄マイケル・フリンやロジャー・ストーン、Qの伝道者であるデービッド・「プレイング・メディック」・ヘイズ、トランプ政権の情報活動スタッフであったエズラ・コーエン・ワトニック、「ルーサー・ブリセット（Luther Blissett）」として知られるイタリアのアナキスト集団、自称国防情報局の工作員、オースティン・スタインバート、ニューエイジの伝道者リサ・クラピエ、アレックス・ジョーンズ、ジェローム・コルシが含まれる。ドナルド・トランプがQアノンの原点だという人もいれば、背後にプーチンがいると指摘する者もいる。保守メディアはQアノンをリベラルによる心理作戦と呼び、他方リベラルメディアはこれを保守による心理作戦としている。

Qの正体を探ろうとすると、ともするとQを成功させた心理的、社会的な力を無視することになってしまう。しかもQの正体を追求する試みは、Qについての数多くの陰謀論と親和性が高い。Qの正体を語ろうとする陰謀論は、Qについてのどんな洞察ももたらさない。代わりに、その手の陰謀論は嵐のように主張を並べ立て、ソーシャルメディア上に大量の非難を生み出すばかりである。それらの主張を読み解くことは絶望的に困難であり、試みたところでなんら得られるものはないだろう。

実際のところ、Qは、本書が最初に想定した通り、悪人が罰せられ、善人が罰を与えるというストーリーで人気を博した、なんの特徴もない 4chan 上のライブRPG（LARP）である可能性が圧倒的に高いのである。Q信者は、Qの言葉が真実であってほしいと望んだ。そして、これこそがQにおいてもっとも重要な点である。誰が 8kun の画面に文章をタイプして投稿したかということは、さほど重要ではないのだ。Qドロップの投稿をする人が特別なわけではないし、秘密の知識を持つ当事者でもない。このことを受け入れるなら、その人が誰であるかは、Qの掲示板を閉じるための問題でしかない。それは前述した人物の誰かかもしれない。もしくは誰も聞いたことがない人物の可能性もある。HBOのドキュメンタリー番組『Qアノンの正体』は、ロン・ワトキンソンが少なくともいくつかのQドロップを投稿していたという決定的証拠を示したが、最初のQドロップが誰によって投稿されたのかについては、いまだ不明である。最初に 4chan にQドロップを投稿した人物でさえ、自分の後に誰が同様の投稿をしたかを知らないかもしれないし、またその逆のことも言えるだろう。つまり、誰がQドロップの作成者かという議論は、旧約聖書と新約聖書の作者を議論するのと同じようなものである。誰が何をいつやったのかについて、すべての時系列を把握することなど不可能だ。

「誰がQアノンを始めたのか」を考えることは、Qアノンが名前を変えて再生したり他の陰謀論に引き込まれたりした場合には、まるで無益な問いとなってしまう。かつてQが、数え切れないほどの古い詐欺や荒らしの一部を再利用したのと同様に、Qが誰か他の人によって再利用されるのは仕方ないことだ。そうなれば、誰がつくったかなどということは、まったく問題ではなくなる。「第二のQアノン」が醜い頭をもたげるときに、問われるべき本当の疑問は、もっと単純なものだろう。

なぜこのような陰謀論が出てきたのか。なぜ今なのか。信者たちの生活の中で、どのようなニーズが満たされるのか。何が重要なのか。過去の陰謀論やカルトの運動とどう合致し、どう違うのか。どのように危険なのか。検閲のような印象を与えることなく、どのようにプラットフォームへのアクセスを遮断することができるのか。そして、自ら進んでQを信じる人たちをどうすれば救うことができるのか。

Qアノンが四九五三件にものぼるドロップにおいて予言した「嵐」は、今や過ぎ去ったかもしれない。しかしながら、再び陰謀論者が待望する「嵐」が来ることは間違いないだろう。それがどのような体裁をなし、どのように対処すべきなのかは未知数である。だが人々の心を捉える陰謀論は、必ずや現れる。

少なくとも今度は、それをみて「嵐」が来たのだと認識できるかもしれない。

謝辞

執筆中に、急激に事態が展開していくテーマというものがある。そのようなテーマについて本を書くということは、ハリケーンのさなかに凧揚げをするようなものだ。しかも、本書執筆時には、世界的なパンデミックがわれわれの生活や仕事、子育てを変えていくこととなった。このパンデミックの時期にあって、このようなテーマの執筆に取り組むということは、最初のハリケーンがもう一つのハリケーンによって覆われていく中で凧揚げをするようなものだった。それは、なかなか大変なことだった。数多くの人々の助けや専門的助言、そして励ましがなければ本書を仕上げることは到底不可能であっただろう。本書で筆者が言及するのを忘れてしまった人たちも間違いなくいると思われるのだが。

筆者のマネージャーであるセス・ネイグル、ブック・エージェントのウォーターサイド社クリステン・モーラーに感謝したい。セスは、筆者が取り組んでいることの価値を常に理解してくれたし、作家生活に絶えずつきまとう落胆や失敗を乗り越えて、ユニークで持続可能なキャリアの道を探し出す手助けをしてくれた。クリステンは、Qアノンの本が必要であることを早くから理解してくれた。それは、Qアノンがあらゆる主流メディアで取り上げられるようになるずっと以前からのことだった。その上で、誰も触れようとしなかったプロジェクトの擁護者となり、唱導者となってくれた。

本書の刊行にあたっては、メルビル・ハウス社という素晴らしいパートナーに出会うことができた。特に編集者のアシーナ・ブライアンには感謝している。彼女は、なぜQが問題なのかを直ちに理解し、本書の内容をどのように伝えればよいかについて、筆者と絶え間なく会話を続けてくれた。彼女は、本書のトーンやテンポを整えるのを手伝ってくれた。筆者がディテールの山に埋もれてしまいそうになるのを救ってくれた。恐ろしく複雑な陰謀論の世界を、親しみやすい物語の中に落とし込みつつ、同時に、人々がなぜ信じられそうもないことを信じてしまうのかという問題を考え抜くことができるよう手伝ってくれた。とてつもなく鋭い校閲担当のアマンダ・ガーステンにも感謝したい。全くもってパンデミック疲れのせいにしたいような、われながら信じられない間違いの数々を彼女は発見してくれた。また、最終局面で重要な手助けをしてくれたイーサン・ウェン、さらにステファニー・デルーカ、グレゴリー・ヘンリー、アミリア・スティマックス、ティム・マッコールらメルビルの広報マーケティングチームにも感謝したい。本書を読者の手に届けようとするこの方々の熱意には、並々ならぬものがあった。本書を扱ってくれたイギリスの出版社、オクトパス・ブックスのジェイク・リンウッドにも感謝したい。彼は、Qアノンのようなアメリカ特有の陰謀論の運動が、世界の他の国々の人たちにも関心を持ってもらえるものであることをよく理解してくれた。

『デイリー・ドット』の担当編集者デービッド・コーヴァックサイは、筆者がQアノンについて掘り下げる価値があると思ったことについては、ほとんどすべて書く機会を与えてくれた。これほどの機会を提供してくれたのはコーヴァックサイが最初で、これらの経験を通して筆者はQアノンについての基本的な理解を身につけていった。

Qアノンはあまりに複雑なテーマであるため、誰も全容を把握することなどできない。幸いなことに、筆者はQアノンのすべてを一人で調査する必要がなかった。筆者と同様にラビット・ホールの中を掘り進んでいってくれたすべてのジャーナリストや研究者に感謝したい。ウィル・ソマー、ベン・コリンズ、ブランディ・ザドロズニイ、アレックス・カプラン、ジャレド・ホールト、デイル・ベラン、E・J・ディクソン、アンナ・メルラン、ケビン・ルース、ジョー・オンドラック、ニック・バーコーヴィック、P・J・ボーイトゥ、エイドリアン・ラフランス、レイチェル・グリーンスパン、デービッド・ギルバート、ケリー・ウェイル、アマーナス・アマラジンガム、その他多くの人々がQアノンの世界について驚くべき話を披露してくれたので、本書執筆にあたって筆者は何度も繰り返しそれらを頼りにした。

専門家やネット探偵の方々が、ソーシャルメディア上でQアノンについての謎解きに熱心に取り組んでくれたことにも感謝したい。この人たちは、Q信者の報復から身を守るために仮名を使うことが多かった。Qアノン匿名ポッドキャストのトラビス・ビュー（最初の章の原稿を早くに読んでコメントをしてくれた）、ジュリアン・フィールド、ジェイク・ロッカタンスキーは、とにかく素晴らしい仕事ぶりであった。彼らの番組は、荒唐無稽なQアノンの世界を理解するための不可欠なリソースであった。マイク・レインズ、ダッパーガンダー、シャヤン・サルダイゼデイ、サラ・アナイアーノなどQオリジンズ・プロジェクトのようなリサーチャーたちの発見の数々は、大変に貴重なものだった。同様に、Qアノンの成長と拡散に関するマーク・アンドレ・アルジェンティーノのツイッター投稿も、極めて価値あるものだった。フレデリック・ブレンナンについては特に感謝している。彼は前作で8chanの技術的な側面について、嫌味なく一つ一つ本当に丁寧に教えてくれた。また、サラ・ハイタワーにも感謝している。彼女は、カルトや過激派の専門家を筆者に紹介してくれたし、Qにハマってしまった人たちに思いを寄せて、よく理解してくれた。

取材と執筆の過程で話をさせてもらったすべての人に感謝したい。とりわけ、元Qアノン信者や、愛する人々をQアノンに奪われた人たちが、筆者を信じて自分の経験を話してくれたことにはお礼を言いたい。これらの人々へのオリジナル・インタビューがなければ、本書は既存のコンテンツをまとめただけのものになってしまっていただろう。専門家の方々が努力して獲得した専門的知識や過去の経験を、本書のために提供してくださったことにも心より感謝したい。Q信者の家族や、愛する人をQアノンに奪われた人たちから聞かせてもらった話を、すべて掲載することはできなかった。しかし、それらの話はいずれをとっても重大な問題であり、聞くに値する話であった。ブライアン・ダニングには心から感謝している。彼のポッドキャスト「スケプトイド（Skeptoid）」は、デマや陰謀論の虚偽を暴くことでキャリアを築いていくことができると最初に実感させてくれたものだ。本書の内容を書いてみようと思わせてくれた、最初のきっかけであった。

本書の内容について、筆者が長々と話すのを我慢して聞いてくれた友人や家族には最大限の感謝をしたい。両親のジャンとエド、義理の両親のキャロリン、マイケル、ガーティ、そして近親者たちは、筆者が陰謀論界隈で仕事を始めた頃、お金にならない仕事を数多くやることを否定しないでいてくれた。やることすべてに大賛成してくれたのだ。彼ら彼女らは、筆者が行ったインタビューのすべてを見たり読んだりしてくれている。資料に使えそうな記事や本を送ってくれたこともある。コロナ禍のあの最悪のロックダウンの時期、とにかく静かに集中できる時間が必要だった。そんな時、執筆やインタビューができるようにと自分たちの家を筆者に使わせてくれたのだった。二人の息子は、父の仕事が随分退屈だと思いながらも、父にありったけの愛情と応援を注いでくれた。

そして何より、妻のキャリンに感謝したい。彼女は忍耐強く、常に筆者を励ましてくれる存在だ。本書の刊行にあたって、実際の執筆作業以外のありとあらゆる点において、彼女の助けが筆者を支えてくれた。こうした彼女の支えと前向きさなくして、本書が完成することはなかっただろう。

訳者解説

本書は、二〇二一年に出版されたマイク・ロスチャイルドの *The Storm Is Upon Us: How QAnon Became a Movement, Cult, and Conspiracy Theory of Everything*. Brooklyn,London: Melville House Publishing. の全訳である。

著者のロスチャイルドは、アメリカのジャーナリストである。これまでにも陰謀論をテーマにした *The World's Worst Conspiracies*（二〇一九年）や *Jewish Space Lasers*（二〇二三年）を出版している。今売り出し中の気鋭の書き手といってよい。肩書きはジャーナリストであるが、主要メディアに所属しているわけではなく、フリーで活動するデバンカー（陰謀論やニセ科学などの主張の虚偽を暴く人々のこと）といった方が正確かもしれない。二〇一八年からQアノンの陰謀論についての記事を執筆しはじめ、『ニューヨークタイムズ』や『ワシントンポスト』、ＣＮＮなどアメリカの主要メディアに陰謀論に精通した識者のひとりとして数多く登場するようになった。

著者の出世作といってもよい本書は、アメリカの匿名画像掲示板 4chan から生まれたQアノン陰謀論のムーブメントが急激に成長を遂げていった経緯をたどりながら、このQアノン現象の全体像に迫ろうとした意欲作である。

Qアノンという名称は、Qを名乗る投稿者の陰謀論を匿名のネットユーザーたちが熱狂的に信奉しているところから生まれた。アノンというのは、「匿名の」を意味する英語 anonymous の省略形 anon に由来するものだ。本書は、Qアノンの陰謀論に関するもっとも信頼のおける解説書のひとつであり、それゆえ、ここでQアノンの解説を書くことは避けたい。Qアノンとは何か、それがいかにして生まれ、どのように拡大していったのか、詳細を知りたい人は、本書をじっくり読むのが一番であろう。

とりわけ読者の中に、陰謀論から自分の家族や友人をどのように救い出すことができるのかという点に切実な関心を持たれている方がいるならば、第13章を一読することをお勧めしたい。これまで多くのQ信者の家族と接してきた著者が、悩みながらも考え抜いた内容がそこには書かれている。決して楽観的な助言とは言えないにしても、陰謀論者との距離の取り方についてなんらかのヒントが得られるのではないかと思われる。

ところで、読者の中には、陰謀論というテーマそのものにあまり馴染みのない人もいるかもしれない。正直なところ、訳者も二〇二一年一月六日にアメリカで起きた連邦議会議事堂襲撃事件を目の当たりにするまでは、陰謀論というテーマにほとんど関心を向けたことがなかった。しかし、あの日議事堂を襲撃した暴徒たちは、二〇二〇年のアメリカ大統領選挙が「盗まれた」と思い込んでいた。本当はドナルド・トランプが勝利したのに、バイデン陣営が不正な方法でその勝利を「盗み取った」と信じていたのである。これがいわゆる「不正選挙」陰謀論と呼ばれる考え方だ。

この一・六の襲撃事件によって、陰謀論は一部の人間だけが強い関心を持つサブカル的話題ではなくなり、現代の民主政治の根幹を揺さぶる大問題となった。そこで、以下においては、特に「不正選挙」陰謀論に焦点を当てながら、陰謀論とは何か、なぜ陰謀論が容易に拡散するようになったのか、陰謀論が今後の民主政治にどのような影響を及ぼしていくのかという点に限定した解説を加えておきたい。

陰謀論とは何か

まず、本書の中心的テーマである陰謀論とは何かという点を取り上げておこう。陰謀論研究における重要な論点のひとつに、「陰謀」と「陰謀論」の区別に関わるものがある。この点については、本書の第6章においても言及があるが、ここではジョゼフ・ユージンスキによる概念の定義に注目してみよう。

ユージンスキによると、「陰謀」とは、権力を持つ少人数の集団が、自分たちの利益のために、公共の利益に反して秘密裏に行動することをいう（『陰謀論入門——誰が、なぜ信じるのか？』北村京子訳、作品社、二〇二二年、四一頁）。他方で「陰謀論」は、過去、現在、未来における出来事や状況を説明するにあたって、その主な原因として陰謀を挙げる考え方を指す（同四三頁）。

乱暴にいえば、「陰謀」とは、現実に計画、実行された悪巧みのことであり、「陰謀論」とは世の中の出来事がすべて誰かによって仕組まれた陰謀であるかのようにみなす考え方のことである。注目したいのは、陰謀論者が常に針小棒大な論理で物を考える事実があるにしても、現実政治において陰謀や謀略の果たす役割をあまりに軽視しすぎることも問題であるということだ。

規模や効果・影響の大小はともかく、政治的な敵対関係が存在する状況下では、陰謀が企てられることはさほど珍しくはない。近年においては、ロシアが数多くの悪名高き事例を提供してくれている。とりわけ、二〇一六年のアメリカ大統領選挙にロシアが国家として大々的に介入した「ロシアゲート事件」は、その規模、方法、影響などの点で特筆に値する。

実行された陰謀と陰謀論を区別することはそれほど簡単なことではない。特に陰謀のスケールが大きくなるほど、その内容は映画のつくり話のようにしか思えず、荒唐無稽な陰謀論のようにみえてしまうのが普通である。「ロシアゲート事件」にしても、訳者は二〇二二年にロシアがウクライナに侵攻するまでそれほど深刻な問題として認識していなかった。事件の調査結果の詳細が記された「モラー・レポート」（特別検察官ロバート・モラーの責任においてまとめられたロシアゲート事件の詳細な報告書のこと。二〇一九年四月に公開された）に強い関心を覚えることもなかった。「ロシアゲート事件」について大騒ぎする人たちの口ぶりが、水面下の政治的工作を必要以上に深刻に捉える陰謀論的思考のように感じられたからである。

北朝鮮の拉致問題について最初に聞いたときも同じだった。現代の国家がそこまで悪意に満ちた大規模かつ計画的な犯罪をやるものだろうかと思ったからである。しかし、これらの印象はいずれも間違っていた。北朝鮮拉致問題も「ロシアゲート事件」も紛れもない事実であったのだ。

それでは、陰謀と陰謀論の区別を見極めるための決定的要素とは何であろうか。ユージンスキはそれは「認識論的権威」が決めるほかないという考え方を提案している（同四二頁）。ここでいう認識論的権威とは、ある知識を評価するための専門的な訓練を受けた人々のことを指す（同四二頁）。物理学や歴史学に関わる認識論的権威は物理学者、歴史学者であり、法に関わることであれば裁判官、検察官、弁護士、法学者といった人たちが認識論的権威ということになる。内容それ自体ではなく、こうした認識論的権威の下す結論によってしか「陰謀」と「陰謀論」の違いを定義することはできないということだ。「ロシアゲート事件」も北朝鮮の拉致問題も、捜査当局による大規模な捜査によって真相が明らかにされた。そして、関係機関の認定を経て初めてわれわれはそれを社会的現実として受け入れたのである。

陰謀論とは何かという点について、もうひとつ取り上げておきたい点がある。それは、マイケル・バーカンの表現を借りていえば、陰謀論が「烙印を押された知識」（stigmatized knowledge）であるということだ

（『現代アメリカの陰謀論――黙示録・秘密結社・ユダヤ人・異星人』林和彦訳、三交社、二〇〇四年、四六―五〇頁）。「烙印を押された知識」という表現は、陰謀論が世の中で正当な知識とはみなされず、いかがわしいもの、胡散臭いものであると認知されている点を上手く捉えている。陰謀論の研究を進めていく上では、こうした「烙印を押された知識」を生産する文化的土壌がどのようなものであるかを知ることも欠かせない。著者はQアノン陰謀論を生んだアメリカの匿名画像掲示板 4chan が、反ユダヤ主義や信用詐欺、ネオナチや白人至上主義の思想が合流する場所であったことを興味深く描き出している。現代の陰謀論が、アンダーグランドなネット文化を苗床として成長するものであることがここから伺える。

日本の読者は、ルポライター清義明の「Qアノンと日本発の匿名掲示板カルチャー」を読むことで、この点についての理解を一層深めることができるだろう。一・六の事件の余韻も冷めやらぬ二〇二一年三月にウェブマガジン『論座』に連載されたこの論文において、清はQアノンを生み出したのが日本発の匿名掲示板文化であったという驚くべき主張を展開した。

本書でも言及されているように、4chan は当時若干一五歳のクリストファー・プールが二〇〇三年に開設した掲示板だ。2ちゃんねるから分派した「ふたば☆ちゃんねる」の影響を受けて始まった 4chan は、当初日本のアニメ好きのオタクたちが集まる場所にすぎなかった。清の論考は、この 4chan がQアノンというモンスターを生み出していく経緯を、2ちゃんねるから続く匿名掲示板の世界の人脈とネット文化史を交錯させながら読み解いていったものだ。

清の論文の主たる狙いは、無法地帯化する匿名掲示板を管理人が野放しにし続けたことの社会的責任を一・六の襲撃事件後の文脈において、改めて厳しく問うことにあったといってよい。特に2ちゃんねる開設者であり、Qアノンが誕生した当時の 4chan の管理人であった「ひろゆき」こと西村博之氏の責任が、いかに重いものであるかを清は徹底して問いかけていった。清のひろゆき論は現在も続いており、『2ちゃん化する世界――匿名掲示板文化と社会運動』（新曜社、二〇二三年）、「アンチ・ヒーロー『ひろゆき』は何者なのか」（日刊ゲンダイDIGITAL、二〇二三年）などでその後の展開を読むことができる。

本書は、匿名掲示板の文化がどのようなものであるかについて大きな関心を向けているわけではない。むしろネットのダークサイドの部分から這い出してきたQアノン陰謀論が、二〇二〇年に世界を襲った新型コロナウイルスのパンデミックを経て、共和党主流派の中にまで入り込んでいくその急激な拡大の過程に主な焦点を当てている。だが、陰謀論とは何かという基本的な問題について考える際に、「烙印を押された知識」としての陰謀論がどのような文化的土壌のもとに生まれ、成長してきたのかという視点は欠かすことができないものである。

「不正選挙」陰謀論

「陰謀」と「陰謀論」の区別に関する考え方を、「不正選挙」陰謀論に当てはめてみよう。「不正選挙」陰謀論の具体的な主張としては、選挙期間中から選挙終了後にかけて、インターネットを中心に以下のような主張が拡散したことが報告されている（BBCリアリティーチェック（ファクトチェック）チーム「【米大統領選二〇二〇】検証：投票について色々なうわさ――投票の数や投票機など」二〇二〇年十一月二四日BBC NEWS Japan）。

「トランプに投票されたはずの票が消えてしまった」

「民主党の票が開票作業中に一気に急増した」

「投票機がトランプの票をバイデンの票に書き換えている」
「登録されている有権者の数よりも実際に投票された投票数の方が多い」
「死んだはずの人間が大量に投票している」

これらの主張が本物の陰謀なのか、それとも陰謀論にすぎないのか、ネットユーザーは自由に各自の心象について語ることはできる。しかし、明確な証拠をもってその真実性に関わる結論を引き出せるのは、やはり「認識論的権威」のみであろう。

もっとも明白な例は、トランプ陣営が全米各地に選挙の不正を訴えて起こした裁判の結果だ。アメリカの司法省の発表によると、六二件の訴訟が起こされたものの、トランプ陣営が勝利を収めたのはわずか一件のみであった。その一件にしても、不正選挙が行われたという主張を証明できたわけではなく、選挙結果を覆すようなものではなかった。なお六二件のうち、三〇件については裁判をやる意味がないと判断され、訴えそのものが却下されている。アメリカの司法の場において、選挙に不正があったという訴えは明確に否定されたといってよい。

加えて、議会襲撃事件の後、下院の特別委員会では事件の真相解明に向けた大規模な調査が行われた。非公開も含めて千人を超える関係者が、この特別委員会で証言を重ね、その成果が英文八〇〇ページを超える最終報告書にまとめられた。二〇二二年の一二月に発表されたこの報告書では、膨大な証言を踏まえながら、選挙に不正がなかったことが結論づけられている。逆に、トランプ自身がそのことを承知の上で、あらゆる手を尽くして選挙結果を覆そうとしていたことが詳細に記述されている。選挙を盗もうとしたのは、トランプの方だったのだ。

ともあれ、選挙の不正を訴える右に記した一連の主張は、いずれも「認識論的権威」に明確に退けられたのであり、これによって根拠のない陰謀論であることが明らかとなったわけだ。

「不正選挙」陰謀論の拡散

「不正選挙」陰謀論は、どのようにしてつくられ、どのように拡散していったのだろうか。この点に関連する本書の内容として、第9章冒頭の記述は非常に示唆に富むものである。著者は、ここでインターネットの登場が陰謀論者の世界を劇的に変化させたことを指摘している。

ネットの普及は、陰謀論に関連する情報へのアクセスを驚くほど容易にし、陰謀論を拡散させるスピードを劇的に速めた。加えて、ソーシャルメディアの普及は、陰謀論の生産方法を大きく変化させたという。昔から現在に至るまで、変わることのない陰謀論の発生パターンというものがある。それは、大きな事件や事故が起きた後に、事件や事故の背後に隠された「真相」を語るという形で陰謀論が生まれてくるというパターンだ。

例えば、アメリカで二〇〇一年に発生した九・一一同時多発テロの後には、様々な陰謀論が生まれた。九・一一のテロは完全にアメリカ政府の自作自演であったとか、政府がテロ攻撃を事前に察知しながら黙認していたという陰謀論だ。こうした大事件の発生に伴って、陰謀論が活性化する現象は昔から観察されてきたし、ネットが普及した今日でも広くみられる。

しかし、陰謀論はもはやこのような事件先行型のパターンに限定されなくなった。事件が起きても、起きなくても、ソーシャルメディアの陰謀論コミュニティにおいて、日常的に陰謀論が生産されるようになったのだ。例えば、自分の嫌いな有名人の発言を取り上げて、この発言の裏にはこれこれの邪悪な意図があるに違いないと勝手に決めつけて、その発言がより大きな陰謀の計画につながっているかもしれないなどと主張したとしよう。誰も反応しなければそれまでだが、それがソーシャルメディアで広く拡散して多くの賛同者が生まれる場合、それだけで新しい陰謀論が成立し、現実に影響力を持つことさえある。「不正選挙」陰謀論の拡散プロセスを考える場合でも、この点を理解しておくことが重要だ。不正選挙陰謀論は、トランプが選挙に敗北したことで初めて発生したというわけではない。トランプは自分が勝利した二〇一六年の大統領選においてさえ、不正があったと主張していたような人物だ。「不正選挙」陰謀論の世界観は、熱烈なトランプ支持者の間で早くから共有されていたとみるべきだ。

また、大統領選の行われた二〇二〇年は、新型コロナウイルスの世界的な大流行が生まれた年だった。本書第8章では、Qアノンの急激な成長を考える上で、二〇二〇年に発生した新型コロナウイルスのパンデミックがどれほど大きな影響を及ぼしたかということが強調されている。

ロックダウンと呼ばれる強制的な外出制限措置が取られたアメリカでは、どこにも出かけることのできなくなった多くの人たちが、不安に苛まれながら家にこもってインターネットに膨大な時間を使うようになっていた。この期間にQアノンのコミュニティは、凄まじいスピードで成長を遂げ、共和党の主流派の中にまで浸透していったと著者は指摘している。

加えて、「不正選挙」陰謀論が爆発的に拡散していく前提として、著者は一年近くの時間をかけて、トランプとQがバイデンのことを取るに足らない相手であり、バイデンが選挙に勝利するなどあり得ないと徹底して言い続けたことを強調している。バイデンのような「老いぼれ」は、民主党の本命ではあり得ず、いずれほかの候補者が彼に代わって登場する、バイデンはディープステートによって都合よくいつでも切り捨てられる捨て駒にすぎない、なんの価値もない人間なのだとトランプとQは言い続けた。

その結果、まともに公正な選挙をやりさえすれば、必ずやトランプが勝つ、万が一バイデンが勝つようなことがあれば、それは必ずや大規模な不正によるものだという強い思い込みをトランプ支持者たちが共有するようになっていたというのである。

陰謀論を拡散したフォックスニュース

「不正選挙」陰謀論の爆発的な拡散について考える場合、以上のようなインターネット経由の拡散過程に加えて、テレビの果たした役割についても無視できない。とりわけ、フォックスニュースの報道については、裁判沙汰にまで発展したこともあって、これまで強い批判が加えられてきた。

報道機関は、政治権力が適切に運用されているかどうかを常に監視し、なにか問題があればそれを世に伝える役割を担っている。選挙に関わる大規模な不正ということであれば、それは民主主義の制度の根幹に関わる大問題であり、関係者に取材し、慎重に事実確認をすることが求められる。

しかし、不正選挙陰謀論のケースについては、ケーブルチャンネルでもっとも視聴されているフォックスニュースがこれを大きく取り上げて拡散させる役割を果たした。このとき、特に攻撃の対象となったのが、投票集計機を提供していたドミニオン・ヴォーティング・システムズ社やスマートマティック社のような企業だったのだ。フォックスニュースは、これらの企業が選挙の不正に関わったと声高に訴える人物たちに注目して、その主張を大きく取り上げた。特にトランプ支持者の弁護士シドニー・パウエルと、元ニューヨーク市長でトランプの顧問弁護士でもあったルディ・ジュリアーニの二人は、大きく取り上げられた。

　もしフォックスニュースが節度のある報道機関であれば、出演者の主張が本当であるか否かを裏づけ取材し、検証したはずである。ところが、フォックスニュースはいずれの番組においても裏づけ取材もせずに、パウエルやジュリアーニの主張に共感し、視聴者に向けて「選挙が盗まれた」とセンセーショナルに訴えかけたのだ。いわば、報道機関としての役割を放棄して、ネットの中で猛烈に拡散した陰謀論に飲み込まれてしまったのである。

　この結果、これらの企業は社会的信用を著しく失うこととなった。ドミニオン社では、オフィスに殺害予告や爆破予告のヴォイス・メールが多数届き、ビルのウィンドウがレンガを投げ込まれて割られてしまうなどの被害も受けた（Jeremy W. Peters. "Defamation Suit about Election Falsehoods Puts Fox on Its Heels" *The New York Times*, 二〇二一年八月一三日)。そのため、これら二社はフォックスによって名誉を毀損されたとして高額の損害賠償（ドミニオンは一六億ドル、スマートマティックは二七億ドル）を求めて訴訟を起こした。このうちドミニオン社については、二〇二三年の四月、フォックス社が七億八七五〇万ドル（約一〇六〇億円）の和解金を支払って決着がついた。

　このフォックスニュースの一件は、現在のアメリカのメディア環境の特性を考慮する場合、一層深刻な意味を持つといえる。現在のアメリカは、メディアへの信頼の置き方が、極めて党派的に偏っている状況にある。例えばアメリカの調査機関ピューリサーチセンターが二〇二〇年に発表した調査（U.S. Media Polarization and the 2020 Election, Pew Research Center, 二〇二〇年一月二四日）によると、保守的な価値観を持つと自認する回答者の七五％がフォックスニュースを信頼できるメディアであると回答している。同時に保守的な価値観を持つと自認する回答者の六七％はＣＮＮを信頼できないと回答している。これは、リベラルな価値観を持つと自認する人がＣＮＮをもっとも信頼し（七〇％）、フォックスニュースをもっとも信頼できないと回答している（七七％）のと見事に対称をなしている。

このような状況では、フォックスニュースが陰謀論を拡散したときに、ＣＮＮのようなリベラル系のメディアがファクトチェックを実施したとしても、その効果には大きな限界が伴うことになる。共和党支持者たちの多くは、「どうせまたリベラル系のメディアがいつもと同じようにトランプを叩いているだけだ」としか思わないので、共和党支持者の認識を改めることにならないのだ。

他者から何らかの批判を受けるようなとき、全く同じことを指摘される場合でも、敵対する立場の人間から言われるよりも、価値観が類似した人から指摘される方がより受容しやすいという社会心理学的な研究知見（主要価値類似性モデル）もある（中谷内一也『リスクのモノサシ――安全・安心生活はありうるか』ＮＨＫブックス、二〇〇六年）。その意味で、トランプ支持者たちと価値観を共有しているフォックスニュースこそが、陰謀論の拡散を食い止める上でもっとも大きな影響力を発揮できる立場にいたのだ。そのため、フォックスニュースが、不正選挙の主張の間違いを指摘せず、同調して拡散したことは深刻な意味を持っていたといわざるを得ない。

民主政治の不安定化

近年、世界各地で民主主義国家の政治の不安定化を思わせる報告が相次いでいる。その原因のひとつに、ソーシャルメディアの普及を指摘する声は少なくない。ポピュリスト的指導者が台頭し、自らの政治的影響力を高めるために敵対勢力を悪魔化する言説を量産し、社会の分断を煽り立てている。ソーシャルメディアは、その分断を煽る言説をいとも容易に拡散させてしまうのだ。
フェイスブック、ツイッター（現X）、ユーチューブなどの主要ソーシャルメディアがQアノンの成長を野放しにしてきたことがいかに深刻な誤りであったかを、本書の著者ロスチャイルドも、再三繰り返し指摘している。二〇二〇年の大統領選終了直後、ツイッターとフェイスブックはまるで偽情報の巣窟のようになり果てて、「不正選挙」陰謀論の巨大な拡散装置として機能したことが指摘されている。

一・六議事堂襲撃事件の後、ツイッターやフェイスブックのアカウントを閉鎖されたトランプは、自らの手で新しいソーシャルメディア「トゥルース・ソーシャル」を立ち上げた。二〇二四年の大統領選に向けて、彼は今でも二〇二〇年の大統領選が「盗まれた」という主張を繰り返している。同時に、Qアノンがつくりあげた世界観を自身のメッセージのなかに積極的に取り込むようになっている。

例えば、二〇二二年の八月にリリースされたキャンペーン動画「A Nation in Decline（衰退するアメリカ）」では、バイデン政権下で衰弱しつつあるアメリカを再建できるのは、ドナルド・トランプ以外にいないというメッセージが情感たっぷりのBGMと共に切々と訴えられている。興味深いのはその動画のオープニングにおいて、小雨が降り始め、雷鳴が轟くサウンドが演出として用いられていることだ。つまりQアノン陰謀論における「嵐」の演出が効果的に用いられているのである。なんら躊躇することなく、Qアノン陰謀論を自らの政治的影響力の資源としてフル活用していることが読み取れる。

このように陰謀論を政治資源として活用するトランプの政治スタイルを「陰謀論政治」と呼ぶならば、この陰謀論政治が一体どれほどのダメージをアメリカの民主政治にもたらすのかは、今まさに多くの人が懸念しているところである。

二〇二三年八月、トランプはとうとう一・六襲撃事件に関わる容疑で起訴された。ひとつは、二〇二〇年の大統領選の結果を認めず、集計作業や勝敗の確定手続きを妨害した罪を問われたものだ。いまひとつは、大接戦だったジョージア州で選挙結果を覆そうとして集計作業に政治的に圧力をかけて介入した罪を問われたものだ。

いずれも、選挙による平和的な政治権力の移行という、民主主義の政治制度における根幹をなすルールを否定するものであり、その罪はあまりに重い。それゆえ、検察の側としてはトランプの罪を看過することはできないであろう。他方でトランプの側は、これら一連の検察の動きについて、政敵を追い落とすために司法が政治的な武器として悪用されているという筋書きで批判してきた。今後もひたすら「選挙妨害」という批判を検察に向けて投げかけていくであろう。検察がまっとうな職務を果たそうとするほど、トランプ支持者たちにとっては、自分たちの陰謀論的世界観の中で英雄トランプが「迫害」されているようにみえてしまう悪循環が生まれている。

いずれにせよ、これほどの重大事件で訴訟を抱えている人物が、有力な大統領候補者として選挙戦に突入するということは異例の事態だ。そのため、二〇二四年の大統領選を控えた現在のアメリカ社会には、ある種の異様な雰囲気が生まれ始めているといってもよい。

この雰囲気を象徴する一冊の本がある。アメリカの政治学者であり、内戦研究の専門家でもあるバーバラ・ウォルターの話題作『アメリカは内戦に向かうのか』（井坂康志訳、東洋経済新報社）である。二〇二二年に原書が出版されたこの著書において、彼女は驚くべきことを主張している。今やアメリカが「内戦の危機」に直面しているというのだ。

ウォルターのいう「内戦」は、必ずしも、正規の軍隊が二手に分かれて戦場で戦うというものではない。国家の正規軍の規模が恐ろしく巨大化した今日においては、民間人が武装した民兵の数が多少増えたとしても、正規の軍隊と戦って民兵に勝ち目などない。そのため、内戦はテロやゲリラの形を取って勃発する可能性が高いという。ウォルターはそのイメージを読者にわかりやすく伝えるために、二〇二八年一一月のアメリカで、複数の州議会や裁判所が同時に爆弾テロの攻撃を受けるという架空の状況を描いている。襲撃後、アメリカの匿名掲示板に犯行宣言文が投稿される。その犯行宣言文の内容は、ソーシャルメディアの中で数年ほどの間拡散されてきた陰謀論をもとに書かれたものであった。

ウォルターは、読者を怖がらせて楽しんでいるわけではない。内戦研究の専門家である彼女には、アメリカが内戦に陥る状況を考えずにはいられない理論的根拠があった。それが、アノクラシー・ゾーンという考え方だ。アノクラシーとは、民主主義国家と専制国家の中間に位置する国家の形態のことである。つまり、民主主義国家ともいえないし、独裁的な国家ともいえない、ちょうどその中間にあるような国家のことを指している。部分的民主主義と言い換えてもよい。独裁的な国家が民主化するとき、また民主主義国家の指導者が民主主義のルールを踏みにじって独裁化していくとき、この中間領域のアノクラシー・ゾーンに突入することになる。そして、ウォルターによると、この領域に位置する国家は民主主義国家や専制国家よりも、内戦に陥りやすいというのだ。

こうしたアノクラシーと内戦の関係についての考え方は、もともとアメリカ政府の依頼を受けて行われた政治的不安定性の共同研究から生まれてきたものだった。アメリカ政府は、途上国などで政情不安や武力衝突が発生する二年前に、事態の悪化を予測できないか、関係機関や研究者に予測モデルを開発するよう依頼したのだという。まさか、アメリカ社会そのものが、この予測モデルによって内戦の危機を論じられることになろうとは、誰も予想し得ないことだった。

改めていうまでもないことだが、二〇二四年の大統領選が内戦の引き金になるような事態を、関係者は全力で防ぐ必要があるだろう。そのために何が必要なのだろうか。考えるべき点は数多くあるだろうが、ウォルターは、内戦に陥ることを防ぐために一番大事なことは、ソーシャルメディアの規制であると主張している。陰謀論や偽情報を共有し、敵対する集団を悪魔化していくようなメディア環境を野放しにすることこそが、政治意識の分断を深刻化させ、憎悪を蔓延させ、内戦のリスクを高めていくことになると考えられるからだ。

陰謀論政治の後遺症

陰謀論が社会的に浸透し、政治意識の分極化が深刻になってくると、もうひとつ考えなければならない問題が生まれてくる。それは、陰謀論の後遺症の問題である。言い換えるなら、集合的記憶として定着した陰謀論が、その後の社会や政治にどのような悪影響を及ぼしていくのかという問題だ。

本書の最後に、著者は「第二のQアノン」が出現する可能性に言及している。不気味な指摘であるが、この点についてもっとも現実的な脅威として考えられるのが、「不正選挙」陰謀論が創作者の手を離れて生き延びていく事態である。

二〇二四年の大統領選がどのような結末を迎えるのかは、現時点では定かではないが、いずれトランプが政界を去るときがくるだろう。そのとき、彼が有権者の中に、置き土産のように選挙に対する不信感だけを残していくことにならないだろうか。「選挙に不正はつきもの」だという歪んだ形で一般化された認識が集合的記憶として定着し、自分たちにとって都合の悪い選挙結果に直面した時だけ、その記憶が想起されるということにならないだろうか。

一度深く浸透した陰謀論は、その後真相究明が進んだとしても、人々の記憶の中で簡単に訂正されることはない。このことは、一・六襲撃事件後の世論調査をみるとよくわかる。「二〇二〇年の大統領選が正当に行われたか」という趣旨の設問に対して、CNNが定期的に実施している調査結果(CNN Poll on Biden, economy, and elections, 二〇二三年八月三日)をみると、二〇二一年の一月から現在に至るまでほとんど変化がみられない。「正当な選挙ではなかった」と回答する共和党支持者(および共和党寄りの無党派も含む)の回答は、二〇二一年一月調査で七一%、同年八月調査で七二%、二〇二二年一月調査で六七%、同年一〇月調査で六三%、二〇二三年三月調査で六三%、同年七月調査で六九%であった。

ここから読み取れるのは、共和党支持者の六~七割が、二〇二〇年の大統領選挙を不正な選挙であったと一貫して考え続けているということだ。「不正選挙」陰謀論は、共和党支持者の中に根強く定着しているのであり、これがトランプの陰謀論政治を支えているのだ。一度多くの人の心を強く捉えた陰謀論は、その内容が虚偽であることが事後的に広く伝えられても、人々の頭の中で簡単に訂正されないことが、ここに示されている。これは本当に恐ろしいことだ。そして、選挙に対する不信感が人々の心の中に残り続ける限り、またその不信感を悪用する指導者がいる限り、「不正選挙」陰謀論はいつでも容易に復活して蔓延することになりかねない。第二、第三のトランプの登場を警戒し続ける必要がある。

これを単なる杞憂と片づけることはできないし、アメリカ一国の問題と考えることもできない。現に、アメリカの議会襲撃事件から二年後の二〇二三年一月、ブラジルの首都ブラジリアでボルソナロ前大統領の支持者が、議会、大統領府、最高裁判所を襲撃する事件が起きた。アメリカのケースと類似しており、前の年の大統領選で敗れたボルソナロ氏の支持者たちが、選挙に不正があったと抗議しながら襲撃を実行したのだ。

アメリカはこれまで自由民主主義の思想を掲げ、国際社会の中で指導的地位を築き上げてきた。それゆえ、アメリカを震源とする「不正選挙」陰謀論が、今後どの程度国際社会の中に広まっていくのかという点は、見過ごせない問題である。そして、「第二のQアノン」を素早く見極めるためには、過去に何が起きたのかを詳しく学ぶ必要がある。荒唐無稽とも思える陰謀論は、なぜかくも多くの人の心を捉えたのか。Qアノンはいかにして急激な成長を遂げて、アメリカの民主主義を根底から揺さぶることになったのか。本書は、その苦い経験を学ぶための格好のテキストである。

（烏谷昌幸）

＊＊＊＊＊

本書の翻訳を思い立った大きなきっかけは、二〇二一年一月六日の米連邦議会議事堂襲撃事件であった。事件後、ある偶然からQアノンの主張を支持する日本人の青年と話す機会を得た。落ち着いた物腰で冷静さを失わない、その「普通」の青年と出会ったことで、漠然と抱いていた「トランプ支持者像」や「陰謀論者像」が見事に崩れる経験をした。陰謀論はなぜ生まれるのか。人はなぜ陰謀論に惹きつけられるのか。本書のタイトルにもなった根本的な疑問が頭から離れなくなった。

情報収集の過程において、ツイッター（現X）上で陰謀論やカルト団体の動向を監視しているウォッチャーやジャーナリストの方々が発信する情報は大変有益なものだった。ひとりひとりのお名前を挙げることはできないが、この場を借りて感謝を申し述べる次第である。

本書の企画に当初から強く賛同して下さった慶應義塾大学出版会の乗みどり氏には、厚く御礼申し上げたい。また、印象深い装幀をデザインして下さった木下悠氏にも感謝している。

そして、こちらからの慌ただしい問い合わせに、いつも気さくに素早く応答してくれた著者のマイク・ロスチャイルド氏には最大限の御礼を申し上げたい。

本書の翻訳作業にあたっては、イントロダクション、第1〜5、7〜12章、用語集の翻訳を烏谷が担当した。第6、13章とエピローグの翻訳、また訳文全体の点検作業を昇が担当した。訳語の統一や訳文の最終的な仕上げについては、二人で協働した。

二〇二三年一一月

烏谷昌幸・昇亜美子

白帽子（White Hat）：トランプとQを支持する政府役人や軍当局者のこと。反対語が悪の秘密結社にいる人間を指す「黒帽子」。

WWG1WGA：「われら団結して共に進まん（where we go one we go all）」の略語。Qと陰謀論信奉者たちが使用する。Qはこの言葉をジョン・F・ケネディに由来するものだと間違った説明をしている。そのため、Q信者はこの言葉を、トランプ以前の大統領の中で、ケネディこそがディープステートと関わりを持たなかった最後の大統領であると考える根拠としている。

封印された起訴（Sealed Indictments）：Q信者たちは、「嵐」が約束する大量検挙が今まさに起きようとしていることを示す証拠として、連邦地裁のシステムに何十万件もの封印された起訴案件が存在するのだと大袈裟に宣伝する。数字が大きいのは、封印された裁判書類がどのように機能するのかを誤解しているせいである。

サクラ（Shill）：もともとの意味は、不正なゲームに参加者を呼び寄せようとして熱心にゲームを盛り立てようとする詐欺師のこと。陰謀論用語においては通常、政府や悪の秘密結社の利益に好意的に報道するメディア関係者に適用される。

静かな戦争（Silent War）：Qの概念における善と悪の間で密かに進行中の秘密の戦争のこと。眠れる公衆には知られておらず、「嵐」が発動された時にはじめてこの戦争のことが明るみに出ると考えられている。

嵐（The Storm）：Qアノンの人々が長らく待ち焦がれているディープステート関係者の粛清のこと。Q神話の中核をなす考え方であり、2017年10月7日にトランプ大統領が発した謎めいた発言に基づく。トランプの発言は、軍の高官たちの集まりを「嵐の前の静けさ」と仄めかすものであった。嵐についての考え方は、「大いなる覚醒」という表現でも知られている。

トリップコード（Tripcode）：ユーザーの識別を可能にする固有の文字列のこと。4chanとその後継のネット掲示板で使用された。暗号化されたユーザーのパスワードが表示されることでユーザーの身元が認識できる。トリップコードが簡単に解読されてしまうものであることは、有名である。

計画を信じろ（Trust the plan）：Qのキャッチフレーズ。Q信者たちにすべて上手くいくのだと信じるよう要請する言葉。こうしたフレーズは「思考停止させる」決まり文句として知られている。Qが使う同じような決まり文句としては他に、「神は勝つ」「迫り来るものを止めるものは何もない」「ショーを楽しんでくれ」「暗闇から光へ」などがある。

Q信者たちは「Qアノン」という言葉がメディアによってでっちあげられたもので、現実に「Qアノン」は存在せず、ただ「Q」と「アノン」がいるだけだと言うことを好む。だが「Qアノン」という言葉は、最初の幾つかのQドロップが投稿された直後からQ信者たちによって使われていたので、その主張は正しくない。

Q+：ドナルド・トランプ自らがQドロップを投稿する際に使用しているとされるコードネーム。トランプにはコンピューター・リテラシーがなく、電子メールやネットを使っていないことに注意が必要。

Qクリアランス（Q Clearance）：エネルギー省における核兵器関連のセキュリティレベルを指す言葉。Qの最初の投稿は、「Qクリアランス〔機密情報へのアクセス権限〕を持つ愛国者」を名乗る人物によって行われた。

Qマップ（Q Map）：以前はもっとも人気のあるQドロップのまとめサイトだった。しかし、サイトをつくった人間がシティバンクの幹部であることが発覚して、閉鎖された。

Qリサーチ（Q Research）：2018年から2019年までの間、Qがもっとも熱心にドロップを投稿した8chanの掲示板のこと。

CBTSストリーム（R/CBTS_Stream）：Qアノンに特化した最初の大規模なレディットのフォーラム。ポール・「パールーク・ザ・スクライブ」・ファーバーとコールマン・ロジャースによって、最初のQドロップが投稿されたすぐ後に始められた。このフォーラムは2018年5月に禁止されて、新しいフォーラム「大いなる覚醒」に取って代わられたが、Qのコンテンツがレディットで禁止されるに及んで同年9月にこちらも閉鎖された。

レッド・ピル（Red Pill）：「一般人」（信者でない人たち）をQドロップに触れさせる行為のこと。映画『マトリックス』がネタ元であり、様々な周縁グループや陰謀論集団が信者でない人間に布教しようとする際にこの言葉を用いる。

MSM：トランプとQチームを貶めるために超過勤務する主流メディア（Mainstream media）のリベラル派たちのこと。

愛国者のお立ち台（Patriot's Soapbox）：ユーチューブ上で24時間年中休むことなく流されていたQに関するライブ動画配信。後に専用サイトで配信されるようになった。二人の最初期のQ伝道者であるコールマン・「パンフレット・アノン」・ロジャースと彼の妻クリスティーナ・「ラディックス」・アーソによって始められた。

ペドゲイト（Pedogate）：民主党やハリウッド、大企業、銀行など有力者層の間で行われているとQ信者たちが考えている児童の性的人身売買を指す総称。

覚醒者（Pilled）：陰謀論に目覚めた人のこと。

ピザゲート（Pizzagate）：ヒラリー・クリントンと他の民主党有力者たちが、ワシントンDCの外れにあるピザレストランで、児童の性的人身売買のネットワークを運営していると主張する、Qアノンの先駆けとなった陰謀論のこと。

Pol：/pol/とも表記される。これは4chanの「Politically Incorrect（政治的に不適切）」フォーラムのことで、ここから大量の匿名アカウントが生まれた。Qアノンも2017年10月にここで生まれた。

プルーフ（Proofs）：Qが本物であるという証拠を提供するミームや画像のこと。あるいはQドロップが将来の出来事に関する情報を明らかにし、その出来事が現実のものとなったことを示すミームや画像のこと。

Q：暗号化された極秘情報をオンライン上の支持者たちに向けてリークしているのだと訴える匿名画像掲示板の投稿者が自ら用いたコードネーム。Q神話を信じる人たちは、Qが「10人未満」のチームであり、そのうちの「3人は非軍人」であると考えている。投稿者Qの正体は未だ知られていない。

Qアノン（Q Anon）：Qの投稿の解釈をもとに生まれたムーブメントのこと。

ドロップ（Drops）：Q が 4chan、8chan、8kun に投稿したメッセージのこと。それら Q の投稿は、ソーシャルメディアやまとめサイトに再投稿される。

偽旗（False Flag）：一方が友好的なフリをして他方を誘き寄せ、攻撃させる戦法のこと。陰謀論者たちは、目的を推進するためにディープステートによって仕組まれたり、捏造されたと思われる事件を指してこの言葉を用いている。例）偽旗作戦としての学校での銃乱射事件。

未来が過去を証明する（Future proves past）：Q のキャッチフレーズのひとつ。未来の出来事が、過去の Q ドロップの真実性を証明するという意味。

伝道者・推進者（Guru/Promoter）：Q ドロップを解読し、Q の動画をつくり、Q の本を書き、Q の存在をより広い世界に向けて伝道することにもっとも貢献しているソーシャルメディア上の人々のこと。本書で取り上げられている著名な伝道者としては、デービッド・「プレイング・メディック」・ヘイズ、ロバート・「ネオン・リボルト」・コルネロ、ジュニア・ジェフ・「イン・ザ・マトリックス」・ピダーソン、ジョーダン・サザー、ジョー・M などがいる。

フセイン（Hussein）：バラク・オバマに対する Q のコードネーム。オバマ元大統領のミドル・ネームがフセインであることに由来する。

ラープ（LARP）：「ライブ・アクション・ロールプレイング・ゲーム」の略。Q アノンが、ネット上のロールプレイング・ゲームに過ぎないのではないかという人もいる。Q はこれについて、陰謀論について書かれた記事のリンクを投稿して、大袈裟に「すべてはラープのためなのか？」と問いかけてあざ笑うことも多い。

地図（The map）：「ディープステートの地図作成プロジェクト」としても知られているこの文書は、陰謀論やオカルトの概念はもちろんのこと歴史上記録されている何百もの世界中の出来事と人物とをつなぎ合わせるものである。Q はよくニュースになる出来事が「地図の鍵を開ける」だろうと言っていた。

自閉症者（Autists）：曖昧なつながりや出来事を発見するために、Qドロップを執拗に掘り下げることを得意とするアノンのこと。まさかと思うかもしれないが、自閉症者という言葉は褒め言葉である。

パン職人／パン（Bakers/Breads）：Qの投稿を解読するために、匿名掲示板やソーシャルメディア上でスレッドをまとめるアノンは「パン職人」と呼ばれ、それらのまとめられたスレッドが「パン」と呼ばれている。

悪の秘密結社（Cabal）：Qが考える世界を秘密裡に動かす富裕層の黒幕、グローバリストたちの集団のこと。1990年代の新世界秩序やイルミナティのような存在。Q神話における悪者たち。

コミュニケーション（Comms）：「コミュニケーション（communications）」の一般的な略語。Q信者たちは、8kunの外側でQとして投稿しているのはすべて偽物であることを訴えるために、しばしば「外部とのコミュニケーションはない」という言い方をする。

ディープステート（Deep State）：もともとは、トルコにおける政府と軍が運営する「国家の中の国家」組織のことを指して用いられていた言葉。今では公式のルートを通じてトランプやQと敵対する政府機関のすべてに対して用いられる言葉となっている。

差分（Delta）：二つの数字の間にある差を示す数学の用語だが、Qドロップの投稿とトランプのツイートとの時差やQドロップと世界の出来事との時差を示すのにも用いられている。

デジタル兵士（Digital Soldier）：元国家安全保障問題担当大統領補佐官マイケル・フリンが、2016年の大統領選後の演説において、オンライン上のトランプ支持者たちを褒め称えて用いた言葉。その後、Q信者たちがデジタル・リサーチャーやミームをつくる人々を指すのに使うようになった。2020年の7月4日［独立記念日］の週末に数多くのQ信者たちが「デジタル兵士の誓い」をしたが、フリンもそのうちのひとりだった。

Qアノン用語解説

17：Qはアルファベットの17番目の文字であるため、Q信者たちは17という数字に特別な意味を見出し、比較的取るに足らないような場面で17の数字の出現を指摘することが多い。

4chan：日本で人気のあった匿名掲示板2ちゃんねるのアメリカ版として、2003年に15歳のクリストファー・プールが始めた匿名で管理のゆるい画像掲示板。ネットミームと迷惑行為でよく知られている。2017年の10月から12月まで、4chanはQドロップが投稿されるQのホームだった。

8chan：4chanに代わる「言論の自由」の空間として2013年にフレドリック・ブレンナンによって始められた。ユーザーが、コンテンツに関わる制限なしに独自の掲示板をつくって運営することができた。ジム・ワトキンスが買収し、息子のロン・ワトキンスが管理するようになり、ブレンナンはほどなくして8chanを去った。2019年に閉鎖されるまで8chanはQのホームだった。

8kun：8chanの後継として生まれた掲示板。2020年11月までジム・ワトキンスが所有、運営し、ロン・ワトキンスが管理した。8kunは、2019年11月の掲示板開設時からトランプ政権時代に最後のQドロップが投稿された2020年10月まで、Qのホームだった。

アドレノクロム（Adrenochrome）：アドレナリンの酸化で生成される化合物で、Q信者の間では、子どもから抽出される非常に強力な薬であり、寿命を延ばし、使用する人間に神のような力を与えると考えられている。

アノン（Anons）：Qドロップの内容を詳しく調べてその意味を知る手がかりを探ろうとする匿名のQ支持者たちのこと。アノンの中には、FBIアノンやホワイトハウス・インサイダー・アノン、そしてもちろんQアノンのように、よく知られている者もいる。

［著者］

マイク・ロスチャイルド（Mike Rothschild）

インターネット文化と政治の相互関係に焦点をあてて活動しているジャーナリスト。2018 年から Q アノンの陰謀論の調査に注力してきた。『ニューヨーク・タイムズ』『ワシントン・ポスト』や CNN、NPR（ナショナル・パブリック・ラジオ）、BBC などへのコメンテーターとしても知られる。

［訳者］

烏谷 昌幸（からすだに まさゆき）

慶應義塾大学法学部教授。慶應義塾大学大学院法学研究科後期博士課程単位取得退学。博士（法学）。主要著作：『シンボル化の政治学—政治コミュニケーション研究の構成主義的展開』（新曜社、2022 年）、『メディアが震えた—テレビ・ラジオと東日本大震災』（共著、東京大学出版会、2013 年）ほか。

昇亜美子（のぼり あみこ）

慶應義塾大学国際センター非常勤講師。慶應義塾大学大学院法学研究科後期博士課程単位取得退学。博士（法学）。主要著作：『アジアの国際関係—移行期の地域秩序』（共著、春風社、2018年）、『秩序変動と日本外交—拡大と収縮の七〇年』（共著、慶應義塾大学出版会、2016 年）ほか。

陰謀論はなぜ生まれるのか
——Qアノンとソーシャルメディア

2024年1月30日　初版第1刷発行

著　者————マイク・ロスチャイルド
訳　者————烏谷昌幸・昇亜美子
発行者————大野友寛
発行所————慶應義塾大学出版会株式会社
〒108-8346　東京都港区三田2-19-30
TEL〔編集部〕03-3451-0931
〔営業部〕03-3451-3584〈ご注文〉
〔　〃　〕03-3451-6926
FAX〔営業部〕03-3451-3122
振替　00190-8-155497
https://www.keio-up.co.jp/
装　丁————木下悠
組　版————株式会社キャップス
印刷・製本——中央精版印刷株式会社

Printed in Japan　ISBN 978-4-7664-2936-7

慶應義塾大学出版会

言葉はいかに人を欺くか

――嘘、ミスリード、犬笛を読み解く

ジェニファー・M・ソール著／小野純一訳　嘘をつくことと、ミスリードして意図的に誤解させることには、倫理的にどんな違いがあるのだろうか。日常会話から政治における嘘や欺瞞、人種差別の発話まで、多くの事例を読み解き、言葉による印象・感情操作のメカニズムを明らかにする。　定価 3,520 円（本体 3,200 円）

ナショナリズム入門

リア・グリーンフェルド著／小坂恵理訳／張彧暋解説
既存の「ナショナリズム」研究に、決定的に欠けていた「ネーション」概念の詳細な起源とその政治、経済、文化、精神への影響を論じる。ナショナリズム研究の泰斗が長年にわたる研究をコンパクトに解説した入門書。
定価 2,970 円（本体 2,700 円）

メディア・社会・世界

――デジタルメディアと社会理論

ニック・クドリー著／山腰修三監訳　メディアを通じて秩序化される現代社会、そこで作用する権力とは。さまざまな社会理論を渉猟しながら、メディアが飽和する時代の正義や倫理とは何かを問う、メディア理論研究の第一人者の重要著作、待望の邦訳！
定価 5,060 円（本体 4,600 円）